10년 후 통일

10년 후 통일

1판 1쇄 발행 2013년 11월 3일
1판 4쇄 발행 2014년 1월 11일

지은이 정동영 · 지승호
펴낸이 김승희
펴낸곳 도서출판 살림터

기획 정광일
편집 조현주
정리 오순애
디자인 시아
사진 · 자료 협조 사)대륙으로 가는 길

인쇄 · 제본 (주)현문
종이 월드페이퍼(주)

주소 서울시 마포구 서교동 395-27
전화 02-3141-6553
팩스 02-3141-6555

출판등록 2008년 3월 18일 제313-1990-12호
이메일 gwang80@hanmail.net

ISBN 978-89-9445-47-2 03300

* 책값은 뒤표지에 있습니다.
* 잘못된 책은 바꾸어 드립니다.

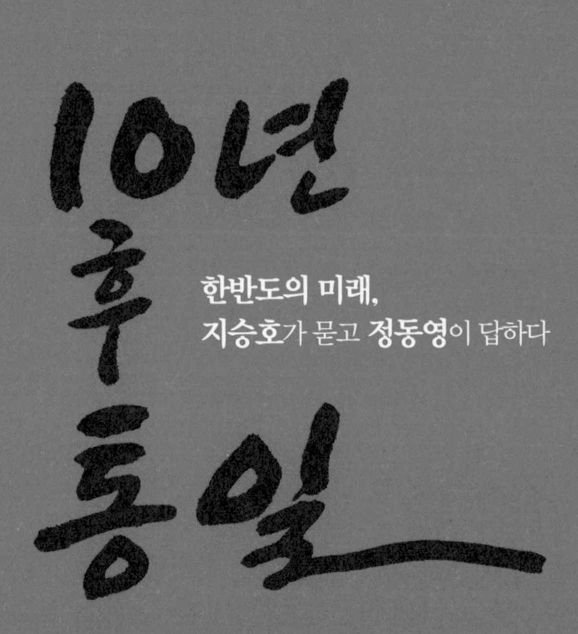

정동영 · 지승호 지음

살림터

글머리

개성공단과 평화 체제로 통일의 미래를 열자

독일이 통일된 지 23년이 지났다. 이렇듯 세계적으로 냉전이 끝난 지 오래건만 왜 한반도는 통일은커녕 아직까지 평화 정착도 못 한 채 갈등과 냉전 상태에 머물러 있는 것일까?

'왜?'라는 물음 앞에 맨 먼저 떠오르는 것은 전쟁이다. 동서독 간에는 전쟁이 없었고 남북한은 참혹한 전쟁을 치렀다. 동서독에는 증오가 없었고 남북 간에는 뿌리 깊은 증오가 자리 잡았다.

한국전쟁은 한국인에게 전쟁이 시작된 날짜로 기억된다. 유례없는 일이다. 그래서 6·25를 모르는 사람은 없지만 전쟁이 끝난 7·27을 기억하는 이는 많지 않다. 그러나 다른 사람은 몰라도 필자는 평생 1953년 7월 27일을 잊을 수가 없다. 그날이 생일이기 때문이다. 7·27은 평화가 시작된 날이지만 그 평화는 잠정적이고 임시적인 평화일 뿐이다.

7·27과 더불어 형성된 정전 체제는 전후 60년 한국의 정치, 군사,

외교, 경제, 사회, 문화를 규율하는 근본 조건이었다. 동서고금에 전쟁이 끝난 지 60년이 넘도록 뒤처리를 하지 못한 전쟁은 없었다. 왜 한반도에서만 휴전 60년이 지나도록, 탈냉전 이십여 년이 지나도록 불안정한 정전 체제가 흔들리지 않는 것일까? 외부 요인이 있을 것이고 내부 요인이 있을 것이다. 한반도의 분단과 정전 체제는 미국, 중국, 일본, 러시아 등 주변 강대국들의 국익과 충돌하지 않았다. 한반도의 현상 유지는 그들에게 나쁘지 않았다. 내부적으로 남과 북의 역대 정치 세력들은 분단과 정전 체제 아래서 적대적으로 공존했다. 남은 반공과 반북으로 권위주의 체제를 공고히 하고, 북은 반미와 반남을 축으로 3대 세습 체제를 구축해왔다. 양측의 기득 세력에게 분단과 정전 체제는 나쁘지 않았다. 아니 체제 유지의 강력한 기반이었다.

오늘날 지구를 빙 둘러보니 한반도는 동물원 원숭이가 된 격이다. 탈냉전의 세상에서 홀로 남아 동족 간에 적대와 대결을 지속하고 있는 모습이 이성적 한국인이라면 부끄럽지 아니할까? 분단을 넘기 위해서는 우선 정전 체제를 넘어야 한다. 불가능할까? 아니다. 우리는 이미 6·15와 10·4를 통해 남과 북이 적대와 증오를 넘고, 불안정한 오랜 정전 체제를 새롭고 항구적인 평화 체제로 바꾸어가자는 원칙에 합의한 바 있다. 하지만 실천에 이르지 못했다. 설상가상으로 북은 그사이 여러 차례의 핵 실험과 미사일 발사로 상황을 벼랑 끝으로 몰고 갔다. 정녕 핵 문제에 답은 없는가?

아니다. 해법은 이미 나와 있다. 2005년 9월 19일 베이징 6자 회담 공동성명으로 돌아가는 것이다. 비록 9·19는 타결과 거의 동시에 불행하게도 북한과의 협상을 혐오하는 미국 내 강경파에 의해 폐기됐으나,

결국 이것 말고는 길이 없다는 공통 인식 아래 되살아난 것이 9·19이다. 최근 미국과 중국의 최고 지도자도 9·19로 돌아가 한반도를 비핵화하자고 의견을 모은 바 있다.

9·19 합의의 핵심은 세 가지다. 하나, 북은 핵을 포기하고, 둘, 미국은 북과의 적대를 청산하고 수교하며, 셋, 불안정한 정전 체제를 항구적인 평화 체제로 바꾼다. 여기에는 한반도 평화를 위한 3대 과제가 다 들어 있는 셈이다. 9·19는 한국 외교사에서 우리의 운명을 우리가 스스로 주도한 드문 예이다. 필자는 9·19 합의 석 달 전 특사로 평양에 갔다. 김정일 위원장과의 5시간 담판을 통해 6자 회담 복귀와 핵 포기를 설득하고 대신 미국이 끝내 북한에 경수로 공급을 거부할 경우 남측이 전기를 제공하겠다고 밝혔다. 그 후 남북 관계는 급물살을 탔다. 김 위원장은 전략적 결단을 내렸다. 그래서 이루어진 것이 9·19이다.

남은 것은 실천이다. 우리가 앞장서야 한다. 우리의 문제이기 때문에. 지난 백 년 한반도와 관련한 여러 개의 국제조약에서 주변 열강들은 한국인의 참여 없이 자기들 마음대로 한국 문제를 논의하고 이익을 나누어왔다.

지금은 다르다. 우리가 운전석에 앉아야 한다. 조수석에 북한을 앉히고 평화 공존과 공동 번영의 고속도로 위로 올라가야 한다. 주변 강대국들을 뒷좌석에 태우고 협력을 구하면서 같이 가야 한다. 둘러보면 분단되었다가 통일을 이룩한 나라로 베트남과 독일이 있다. 베트남은 무력과 전쟁으로 통일했고 독일은 동독이 백기 들고 투항한 흡수 통일이었다. 한반도 통일은 어떤 모습이 될까? 독일형 통일과 베트남형 통일 둘 다 우리에게는 적용이 불가능하다. 우리는 우리 나름대로의 통일 방안을 모색할 수밖에 없다. 그런데 자체 모델이 생긴 것이다. 개성공단 모델이다. 개성공단은 국내 또는 해외의 다른 산업공단과는 성격이 다르다. 그것은 경제적 가치와 군사 안보적 가치를 뛰어넘는다. 개성공단은 손에 잡히는 한국형 통일 방안이다. 남의 자본과 기술, 북의 노동력과 토지가 결합하니 국제적 경쟁력이 생겼다.

개성공단은 정치인으로서 나의 정체성이기도 하다. 2004년 7월 통일부 장관에 취임했을 때 개성공단은 벽에 부딪쳐 있었다. 벽은 미국의 속도 조절론이었다. 2차 핵 위기가 진행되고 있었기 때문에 천천히 가자는 것이었다. 하지만 내 생각은 달랐다. 워싱턴에 날아가 네오콘 수장을 설득했다. 미국은 입장을 바꿔 적극 협조했다. 나는 개성공단이 민족의 미래를 열 대안이라고 믿는다.

개성공단을 원래 설계대로 2,000만 평 토지에 2,000개 공장이 들어서고 50만 인구가 생활하는 첨단 공업도시로 완성해야 한다. 그와 동시에 해주, 남포, 원산, 신의주, 나진 선봉, 함흥, 청진 등 해안선을 따라 경제특구를 설치해가면 북은 중국과 베트남을 뒤쫓아 가게 될 것이다.

세계적 금융기관 골드만삭스는 2040년 한국 경제가 영국·프랑스·독일을 추월하고, 2050년에는 미국 다음으로 국민소득이 높은 나라가 될 것이라고 예측한 보고서를 내놓았다. 한국이 30~40년 뒤 제조업 강국인 독일과 일본을 제칠 것이라고 보았다. 그런가 하면 얼마 전 경제협력개발기구(OECD)는 한국의 잠재성장률이 2031년이 되면 0% 대로 떨어질 것이라고 어두운 전망을 보고했다. 한마디로 한국 경제의 엔진이 꺼진다는 예상이다.

왜 이렇게 정반대의 예측을 내놓는 것일까? 전자는 한국 경제가 평화적·점진적으로 북한 경제와 결합하는 것을 전제로, 다시 말하면 개성공단을 계속 확장한다는 것을 전제로 밝은 미래를 예측한 것이다. 후자는 남북이 분리된 것을 전제로 남한만의 단독 경제를 기준으로 전망한 결과치이다. 그렇다면 가야 할 길은 자명하다. 북한과의 적대와 대결을 청산하고 화해와 협력의 한반도 경제 시대를 여는 길뿐이다. 그것은 곧 대륙으로 가는 길을 여는 것이다.

중국과 독일은 최근 중국 내륙 도시 정주와 독일 북부 함부르크 사이 1만 킬로미터를 오고 가는 유라시아 대륙 열차 시대를 열었다. 부러워만 하고 있을 일이 아니다. 우리는 이미 10년 전에 남북 간에 경의선과 동해선 철도를 이어놓았다. 이 철도를 남과 북이 손잡고 만주와 시베리아로 연결하면 대륙 철도 시대가 열리는 것이다. 우리의 꿈을 막는 자 누구인가?

책의 제목을 『10년 후 통일』로 잡았다. 불과 몇 년 사이에 눈부시게 발전한 대만과 중국 관계를 보면 우리라고 10년 안에 사실상의 통일 상태를 이루지 못하란 법이 없다는 뜻에서다. 대만-중국 도시 간에는 1주일에 800편의 비행기가 뜨고 내린다. 대만에서 연간 500만 명, 중국에서 200만 명의 관광객이 상대 지역을 방문한다. 전화, 편지, 송금, 투자, 여행, 관광이 자유롭다. 대만 인구의 10분의 1인 200만 명이 중국 본토 영주권을 받았다. 이만하면 서로 간에 고통이 없는 사실상의 통일이라 할 만하지 않은가? 민주정부 시절만 해도 남북 관계가 대만-중국 관계보다 훨씬 앞서 있었다. 그들을 따라잡지 못할 이유가 없다.

지난 봄 '백가공명'이라는 명칭의 공부 모임의 초청으로 북핵 문제에 대해 강연했다. 강연을 들은 살림터 출판사의 정광일 대표가 책으로 만들자고 제안했다. 보다 쉽게 읽히기 위해 인터뷰 형식으로 하기로 했다. 인터뷰를 맡아준 지승호 작가와 정 대표에게 감사드린다.

표지 글씨는 신영복 선생님이 써주셨고, 표지 캐리커처는 박재동 화백님이 그려주셨다. 감사드린다. 추천 글을 써주신 백낙청 선생님, 임동원 전 국정원장님, 함세웅 신부님 그리고 생생한 인터뷰를 해주신 개성공단 유동옥 대표님께 깊은 감사를 올린다.

2013년 10월

정동영 씀

바보야, 문제는 통일이야

어느 날 살림터 출판사 대표님으로부터 연락이 왔다. 민주당 정동영 상임고문과 남북 관계, 통일 문제에 대해서 인터뷰를 해보지 않겠느냐는 연락이었다. 출판사의 제안에 정 상임고문께서 인터뷰어로 저를 추천하셨다는 얘기도 같이 전해주셨다. 이런저런 인터뷰 작업이 밀려 있는 상태에서 새로운 작업을 선뜻 수락하기 어려웠다. 게다가 '통일, 이거 낡은 얘기 아닌가? 더 급한 얘기들이 많지 않을까?' 하는 생각도 들었다. 하지만 이내 '우리에게 평화가 얼마나 소중한지, 남북 관계의 활로를 열어서 경제를 회복하는 것이 얼마나 급선무인지' 그리고 '우리가 통일이라는 단어를 얼마나 오래 잊고 있었는지.' 하는 생각이 들었다.

2007년 대통령 선거에서의 패배로 본인은 물론 민주 진영 전체가 큰 상실감에 빠졌지만 그 이후에 정치인 정동영이 얼마나 철저한 성찰을 통해 반성의 정치인으로 거듭났는지, 숱한 오해와 비난을 받으면서도 갈등의 현장에서 중재 노력을 멈추지 않고 거리의 정치인으로 각인

되었는지, 그가 보여준 현장 정치인으로서의 감동을 기억하고 있기에 이 작업을 해야겠다고 마음먹었다. 그리고 참여정부에서 통일부 장관으로 개성공단 사업을 성사시킨 그가 남북 관계에 대해 어떤 견해와 비전을 가지고 있는지도 궁금했다.

정 고문은 남북한 관계에서 한국형 통일 모델로서 개성공단의 중요성을 역설했다. 동방 정책의 설계사이자, 독일 통일에 지대한 역할을 했던 에곤 바르 박사조차 개성공단에 대한 설명을 듣고, "대단한 상상력이다. 동방 정책을 설계하면서 동독 지역에 서독 공단을 만든다는 생각은 못 했는데, 이건 놀라운 일이다. 만일 개성공단처럼 동독 지역에 서독 공단을 만들었더라면 통일 비용은 훨씬 줄어들었을 것이고 통독 후 경제적·사회적 통합 과정도 쉬웠을 것이다. 이게 한국형 통일 모델이다, 한국이 통일로 가려면 개성공단을 계속 확대하라, 그것이 중간의 경제 통일이고, 종점이 결국 정치적 통일로 가는 길이다, 한국은 이미 자기 스스로 통일 모델을 찾았다."라고 칭찬했다는 것이다.

정 고문은 개성공단은 남북 관계의 안전핀이며, 개성공단의 기적을 통해 남과 북의 경제 발전을 이룰 수 있고, 이룩해야 한다고 역설하고 있다. 이 길만이 대한민국 경제가 새로운 도약을 할 수 있다는 것이다. 다행히도 이런 생각에 동감해주는 사람들이 늘어나고 있다.

이 인터뷰를 위해 강원도 고성의 통일전망대를 정 고문과 같이 찾았다. 이미 참여정부 때 금강산으로 가는 길을 만들어놓았는데, 지금은 통일전망대에서 먼발치로 금강산을 바라보는 정 고문의 심경은 착잡한 듯했다. 그때 정 고문은 초록색과 검푸른 빛의 바다가 "왠지 슬퍼 보인다."고 했고, 금강산 관광 중단 5년으로 폐허로 변한 마을의 사람들을 찾아서 얘기를 들으며 현장에서 길을 찾으려는, '현장 정신으로 당당히 맞서려고 하는' 정치인 정동영을 지켜볼 수 있었다. "평화는 밥이고, 생명이고, 미래다", "대화는 생명이다", "개성공단에 가면 통일이 보인다", "개성에서는 매일매일 작은 통일이 이루어지고 있다", "부산역과 광주역에서 파리행 열차표를 끊을 수 있게 하겠다", "대륙으로 가는 길을 열어 대한민국의 경제 활로를 찾자"는 정동영 고문의 제안과 호소를 우리 사회가 귀담아들었으면 좋겠다.

정 고문은 1년 6개월간의 통일부 장관 시절 경제적 가치뿐만 아니라 안보적인 가치가 매우 높은 개성공단을 완성시켰다. 지금도 난항을 겪고는 있지만 이명박 정부 5년 동안 끊어놓은 남북 관계를 생각해보면 개성공단이 없었다면 대화의 물꼬를 트기도 힘들었을 것이란 점에서 남북 관계의 산소 호흡기이자 생명줄이라는 생각도 든다. 이 책을 통해 그가 어떻게 대북 강경파인 럼스펠드를 설득해서 미 상무부의 적극적인 지원을 끌어냈는지 알 수 있다. 외교라는 것은 하기 나름이란 것이다.

10년 후 통일? 무슨 뜬구름 잡는 얘기냐고 할지 모르겠지만, 이 책을 보면 우리가 국민의 정부, 참여정부 시절에 얼마나 큰 남북 관계의 진전을 이루었는지, 특히 2005년 한 해에 어떤 성과가 있었는지, 그리고 우리가 모르는 사이에 대만과 중국이 통일의 단계로 어떻게 접어들고 있는지 알 수 있다. 평화가 커지면 시장도 커지고, 시장이 커지면 평화도 커진다. 세계가 하루가 멀다 하고 변하고 있는 지금 통일만이 답이다. 바보야, 문제는 평화고, 문제는 통일이다.

정동영의 일관된 원칙 '자주성, 대화, 그리고 원대한 꿈'을 통해 평화통일이 앞당겨졌으면 좋겠다.

2013년 10월

지승호 씀

차례

글머리 개성공단과 평화 체제로 통일의 미래를 열자 • 5
글머리 바보야, 문제는 통일이야 • 11

1장
고성 통일전망대에서 남북 관계를 전망하다

한반도의 화두는 여전히 전쟁과 평화 • 021
햇볕정책에서 강풍정책으로 • 023
'길 위의 대통령'이라는 칭호 • 026
공존할 것인가, 대결할 것인가 • 033
최고 지도자와 직접 대화해야 • 036
국민적 공감대가 정책의 핵심 • 040
2005년 6월 대통령 특사로 평양에 가다 • 044
6·25의 한 페이지가 아니라 한 단원을 넘기자 • 055
작전 계획 5029 • 059
동맹 일방주의보다 국익 우선 원칙으로 • 062
북은 제재와 압박으로 무너지지 않는다 • 066
NLL 문제 평화적 해결이 평화 체제 출발선 • 069
분단과 남북 긴장을 국내 선거에 악용한 정권들 • 073
햇볕정책은 강자의 정책 • 079

2장

한국형 통일 모델 개성공단

개성공단에 인민군대 옷 벗겨 30만 명 집어넣겠소 · 085

한국형 통일 모델이 바로 이거다! · 089

개성공단 세일즈하러 왔습니다-럼스펠드와의 회담 · 093

큰길 놔두고 왜 덤불로 가나 · 103

5·24 조치 해제를 촉구함 · 107

신남북 관계, 우리가 한반도 정세를 선도해야 · 111

매일매일 작은 통일이 이루어지고 있었다 · 115

중소기업의 유일한 탈출구 · 121

한국 경제 대운론, 8만 불 시대는 가능하다 · 124

대만과 중국은 경제적 통일 상태 · 129

개성공단이 10년 후 통일로 가는 길 · 131

3장

북핵 문제, 9·19 평화 체제로 풀자

남북문제는 대통령 어젠다 · 137

박근혜 대통령의 '북핵 밥상론' 아직도 유효한가? · 140

북핵 문제, 9·19 공동성명으로 돌아가야 · 143

종전 선언하고 평화 협정으로 · 148

김정일 위원장과 핵 문제를 전격 토론하다 · 154

한반도 역사의 고단함, 9·19 하루 만에 찢겨 나가다 • 164
파월, 콘돌리자 라이스, 반기문 • 177
주거니 받거니, 만일 경수로 안 되면 우리가 전기 줄게 • 185
특검이라는 정치적 패착 • 189
최고 지도자끼리의 소통이 가장 빠른 길 • 191

4장
평화 체제와 기회의 땅 한반도

평화 체제는 과정이다 • 197
작전권 없는 나라는 세계에서 한국뿐 • 201
한국은 북미 대화 도와야 한다 • 207
냉전 구조 해체를 위하여-한반도 페리 프로세스 • 209
상호 위협 감소를 위한 포괄적 대화를 하자 • 214
한반도 현상 유지가 4대 강국의 국익 • 220
동족 간에 증오가 없는 독일의 작은 발걸음 정책 • 223
'10년 후 통일'로 가는 두 바퀴, 개성공단과 9·19 • 226
퍼주기라는 말은 반인도주의, 왜곡 과장 • 231
붕괴론의 입장에서 벗어나야 • 234
북한 인권 문제는 포괄적 접근법으로 • 237
인도적 문제 대만·중국처럼 풀어야 • 241
갈등의 역사를 기회의 역사로! • 244

5장

대륙으로 가는 길, 통일 미래로 가는 길

대화는 선택이 아니라 필수 · 251

민주주의와 평화에 대한 철학을 기대하며 · 256

NSC는 누가 대통령이 되더라도 필요한 시스템 · 260

탈북자를 새터민으로 바꾸다 · 262

국가보안법과 남북관계발전법 사이에서 · 267

대륙으로 가는 길이 평화 해법 · 270

외교를 잘해야 통일로 간다 · 275

좋은 정치는 분단을 해소하고 나쁜 정치는 분단을 고착화한다 · 278

통상 관료들의 개성공단 FTA 항명 · 284

TKR과 TSR을 이어 유라시아 대륙으로 가자 · 286

사람의 문제, 상상력의 문제, 민주주의의 문제 · 291

통일, 모두가 행복해지는 길 · 297

개성공단 희망 인터뷰 · 299

1장

고성 통일전망대에서 **남북 관계를 전망하다**

2013년 6월 12일.
강원도 고성에서 정동영 전 통일부 장관과
지승호 작가의 10년 후 통일에 관한 인터뷰가 이루어졌다.
이후 여러 차례의 만남을 통해 대화가 계속되었다.

한반도의 화두는 여전히 전쟁과 평화

지승호(이하 지) ▷ 고성 지역은 오랜만에 오신 거죠?

정동영(이하 정) ▶ 2007년에 왔었으니까 6년 만에 왔네요. 예전에는 새로 난 도로를 통해 차를 타고 금강산에 갔는데, 새로 난 도로와 철도에는 철조망이 쳐져 있고 해서 샛길로 통일전망대를 다녀왔습니다. 대결 시대에 통일전망대에서 북한을 바라보니 바다 색깔도 왠지 슬퍼 보였습니다. 제가 너무 감상적인가요? 우리가 대결 시대에서 화해 시대로 갔다가 다시 대결 시대가 됐습니다.

1980년대에는 통일전망대에서 북녘 땅을 건너다보는 것만으로도 감동적이었잖아요. 나무도 똑같고, 풀도 똑같고, 물도 똑같고, 새들도 자유롭게 오가는데, 사람만 갈라놓고 막아놓았습니다. 사람도 오갈 수 있다는 것을 보여준 것이 화해 시대의 풍경인데, 인간 정신의 퇴행이라는 생각이 들어요. 개방하고, 소통하는 것이 순리일 텐데, 그것을 막는 것을 보면 인간의 양면성인지, 정치의 양면성인지 하는 회의가 듭니다. 한반도의 화두는 여전히 전쟁과 평화죠. 법적으로는 전쟁이 끝나지 않은 상태잖아요. 정치가들이 자기 이해관계나 기득권을 놓치지 않으려는 탐욕을 내려놓았으면 좋겠습니다. 남북 장관급 회담이 무산된 6월 12일, 강원도 최북단에 속하는 대진항 금강산콘도에 와서 지 작가와 밤을 새면서 남북 관계 얘기를 하게 된 것이 아주 공교롭습니다.(웃음)

지 ▷ 오늘 남북 장관급 회담이 성사될 줄 알았는데, 무산된 날 만나게 된 것도 공교로운데요.(웃음)

정 ▶ 한반도의 현실과 현주소를 적나라하게 보여주는 거죠. 눈앞에 보이는 대진항과 고성 주변의 살풍경과 남북 간의 살풍경한 모습, 두 개가 겹쳐서 떠오르는 시간입니다. 박근혜 대통령이 취임을 해서 아직 자리를 잡기 전인데, 너무 큰 파도가 덮쳤어요. 잔잔한 파도가 아니라 거대한 격동의 파도지요. 지난 20여 년간 누적된 북핵 문제의 갈등과 모순이 3차 핵 실험, 유엔 제재, 키리졸브 군사 연습과 독수리 훈련, 북한의 전쟁 불바다 위협 등 연이어 집채만 한 파도가 덮쳤는데, 막 출범한 정부의 지도자로서 어려움이 있겠죠.

지 ▷ 어쨌든 대통령이 된 거니까 51%만의 대통령도 아니고, 48%의 대통령도 아니잖아요. 이명박 정부가 초기에 촛불 정국에 잘못 대처함으로써 꼬였던 것을 생각해보세요. 이 정부도 말씀하신 대로 초기에 너무 큰일을 당해서 5년 동안 우왕좌왕하다 보면 국민들이 힘들어질 수도 있을 텐데요. 그런 부분들을 잘 수습해야 할 것 같습니다.

정 ▶ 여기서 남북 관계를 수습하지 못하고, 남북 관계가 좌초하면 사실 이명박 정부 시즌 2가 되어버리는 건데요. 그러면 불행한 일이죠. 지금 우리는 두 가지 도전에 직면해 있습니다. 하나는 내부 통합, 사회적 통합을 해야 하는 과제이고, 바깥으로는 남북 통합의 길로 한발 한발 다가가야 하는 과제입니다. 내부 통합이라는 것은 경제 민주화와 복지국가라는 화두로 정리될 수 있겠고, 바깥으로 주어진 도전은 평화의 관리, 평화와 안정이죠. 이것을 넘어서서 남북 경제 협력의 효과를 국내 경제에 선순환시키는 것까지도 연결해야 하는 과제가 있습니다. 임기 초반에 남북 관계에 실패하면 외교의 실패, 경제의 실패로까지 여파가 미칠 수 있어요.

햇볕정책에서 강풍정책으로

지 ▷ 오늘 다시 여기 와보시고 많이 착잡하셨지요. 사람도 없고, 아까 만난 슈퍼 할아버지께서도 예전 생각이 많이 나셨나 봅니다. 이런 상황을 정치인들이 많이 와서 봐야 할 텐데요. 정치가 모든 이해관계를 다 대변할 수는 없겠지만, 국민 하나하나 잘 챙기려고 노력해야지, 감정 싸움을 하느라 국민들이 피해를 보면 안 될 테니까요. 남한 당국의 잘못이라고만 할 수 없겠지만, 잘 풀어나가서 개성공단에 관련된

분들이나 이 지역에 사시는 분들이 어느 정도 살 수 있도록 해줘야 할 것 같습니다.

정 ▶ 슈퍼 어르신이 하시는 말씀은 이웃 사람들이 자기 이해관계에 반하는 투표를 했다는 말 같아요. 힘드니까, 장사가 안 되니까. 과거 금강산 관광객이 오갈 때는 이 동네에 슈퍼가 열 개나 됐는데, 다 문 닫고 어르신 가게랑 달랑 두 개만 남았다는 겁니다. 그런데 막상 장사가 안 되는 것은 남북 관계가 후퇴했기 때문인데, 투표는 남북 대결 강경파에 했다는 볼멘소리겠지요. 그 결과가 부메랑이 되어 지역 경제의 피폐로 오니까 더욱 힘들 테고요. 지난 5년 동안 강원도의 설악산 쪽, 속초, 고성, 양양 지역의 피해가 5,000억 원이 넘어요. 금강산에 투자한 현대아산을 포함해서 중소기업들도 많잖아요. 납품도 하고, 중장비도 있고, 골프장도 있고, 숙박 시설도 있고, 여러 중소기업 등등 피해가 전부 해서 3조 원 대입니다. 적은 금액이 아니죠. 대북 사업했다가 사업이 실패해서 절망적인 처지에 몰린 분들이 많습니다. 그렇게 피해를 본 분들에게 개인의 책임으로 돌리는 것은 정부가 무책임한 겁니다. 정부는 연속성이 있어야 하잖아요. 전임 정부가 한 거니까 나는 모르겠다, 그건 아니죠. 정부는 국민에 대해서 무한 책임을 져야 합니다. 정치라는 것이 국민의 눈물을 닦아주는 거잖아요. 국민이 아파하고 눈물을 흘리면 "어디가 아프세요? 어떻게 해드릴까요?" 하고 눈물을 닦아주려고 해야 하는 것이 정부입니다. 정말 피도 눈물도 없는 냉혈한 정부의 모습이었다고 생각합니다. 금강산 닫고 나서 한 번도 안타까워하는 모습이 없었잖아요.

지 ▷ 어느 정부에서 했던 간에 국가를 믿고 한 일이니까요. 그 부분에 대한 고민들을 했어야 하는데, 그런 고민들이 거의 없었던 걸로 보입니다.

정 ▶ 그렇죠. 독일하고 차이가 많습니다. 동서독 화해 협력 정책, 동방 정책을 사민당 정부가 했잖아요. 나중에 슈미트 수상을 거쳐서 기민당의 콜 정부로 넘어가는데요. 콜도 기본적으로 화해 협력 정책의 기조를 계승하거든요. 그런데 우리는 온탕 냉탕으로 가고 있는 거죠. 햇볕정책에서 강풍정책으로 말입니다.(웃음)

지 ▷ 말만 세게 했지 실제로 강하게 한 것도 없는 것 같은데요. 허풍정책 아닌가요?(웃음)

정 ▶ 오히려 우리 몸만 상했잖아요. 죽고, 다치고, 피해보고, 무리하게 상대방을 쓰러뜨리려고 하다 보니까 나한테 피해가 온 거죠.

지 ▷ 실제로 연평도에 포격을 당했어도 말만 세게 했지, 아무런 대응도 하지 못했고요. 경제 협력 같은 것을 지속해서 서로 이득을 보는 관계로 가야 하는데, 그것도 깨버렸고요.

정 ▶ 정치와 경제를 분리했어야 합니다. 5·24 조치라는 것이 모든 것을 동결해버렸잖아요. 천안함 사건 이후에 2010년 5월 24일의 조치로, "제주해협 통항을 봉쇄하고 모든 인적 교류를 중단한다. 모든 교역을 중단한다, 모든 교류 협력 사업을 중단한다."는 상황이 되었습니다. 심지어 적십자 선까지 다 끊어졌습니다. 남북 절연 시대, 관계 단절의 시대가 된 겁니다. 역사의 퇴행이죠. 6·25 직후 같은 상황이 된 것 아닙니까? 첨예한 냉전으로 돌아갔어요. 그래서 정치가 중요하고, 지도자의 철학이 중요한 거죠. 한마디로 얘기하면 철학이 없는 정부였어요. 오늘 박근혜 정부에 대해서도 걱정이 되는 것이 과연 철학은 있는가, 바로 그 문제입니다.

'길 위의 대통령' 이라는 칭호

지 ▷ 오늘 여길 둘러보다 보니까 예전에 태안반도에서 기름 유출 사고 난 이후에 장사 다 접고, 쓸쓸한 모습이 연상되었어요. 계속 현장을 강조하시면서 현장을 많이 다니셨잖아요. 정치인들이 이런 곳에 와서 얘기도 듣고 해야 하는데, 그런 노력들이 부족해 보입니다. 이렇게 현장에 와서 얘기를 듣는 정치인이 없다시피 한 것 같은데요.

정 ▶ 정치가 불신받는 이유는 정치가 삶의 현장에서 너무 떨어져 있기 때문입니다. 지금 삶의 현장은 너무 고달픈데 하소연할 데도 없어요. 와서 들어주기만 해도 좋겠는데, 너무 멀리 떨어져 있는 거죠. 정부도 열심히 하고, 국회에서도 열심히 법을 만드는데, 막상 현장에 뿌리를 두지 않은 여의도에서 만들어진 법률이나 관청, 공무원 책상에

2009년 1월 19일 발생한 용산 참사는 '우리에게 국가란 무엇인가'라는 근본적인 질문을 던졌다. 매일 저녁 7시 용산 남일당 골목에서는 용산 참사 진상 규명과 책임자 처벌을 요구하는 천주교 미사가 열렸다.

서 만들어진 정책은 현장에 오면 피부에 와 닿지 않아요. 현장과 멀거든요. 그렇기 때문에 현장에 뿌리를 내린다는 것이 중요하죠. 정당은 대의 정치의 매개로서 지원하고 육성하라고 헌법에 나와 있지 않습니까. 그 정당이 주인인 주권자와 정치와 정책 결정 과정을 연결해주라는 것입니다. 정당은 주권자가 숨 쉬고 있는 현장에 뿌리를 박아야 하는데, 이게 붕 떠 있어요. 여기서 정당의 위기도 발생하고, 주권자의 불신과 불만이 팽배해지는 거죠. 해법은 하방(下放)이라고 생각해요. 정당의 하방, 정치의 하방, 현장으로 가라, 현장으로. 현장의 삶을 개선하는 것, 그것이 치료법입니다. 정치 불신의 치료법.

지 ▷ 그래서 대통령 선거에서 패배한 뒤 아래로 내려가신 건가요? 많은 이들이 처음엔 못 믿겠다, 그러다가 용산에, 한진에, 쌍용에, 강정에, 한미 FTA 반대 싸움에…… 이 세상 힘들고 고통받는 사람들이 있는 곳엔 항상 정동영이 먼저 달려와 있더라 하는 소문이 입에서 입으로 퍼져 나가니까 어느 누군가 '길 위의 대통령'이란 명예스러운 별명도 붙여주셨어요. 아래로 달려가게 한 깨달음이 뭘까요?

정 ▶ 깨달음이라기보다는 그동안 깨닫지 못하고 있었다는 것을 알게 되었지요.(웃음) 첫 번째 계기는 미국에서 2008년 9월 15일 월가의 리먼 브라더스가 무너졌을 때였어요. 줄줄이 거대한 금융기관들이 무너지기 시작했죠. 그때 미국의 듀크 대학에 머물고 있었어요. 뒤통수를 얻어맞는 느낌이었어요. 이게 모래 위의 성이라는 거구나. 이걸 몰랐구나. 아홉 달 전 대선에서 나라를 경영해보겠다고 나섰는데 한 치 앞을 몰랐구나. 불과 몇 달 앞에 닥쳐올 재앙을 상상도 못 하고 있었다니 한심한 일이구나, 충격이 컸어요.

물론 2008년 미국발 세계 금융위기 이전 대부분의 나라에서 보수 정부는 말할 것도 없고 진보적인 정부들조차도 '시장의 지배'와 '지구화'는 되돌이킬 수 없는 현상이며, 수용하는 것 외에 길이 없다고 생각했었지요. 단적인 예가 미국 민주당의 클린턴, 영국 노동당의 블레어, 독일 사민당의 슈뢰더 정부 등 서구의 진보 정당들이 이름은 '제3의 길'이라고 붙였지만 기실은 신자유주의 노선과 다름이 없는 노동시장 유연화, 금융시장 자유화, 공공 부문의 민영화, 복지 서비스의 민간 주도화 등을 앞다투어 적극 추진했던 거죠. 우리나라에서도 보수 진영으로부터 '좌익 빨갱이' 정권이라고 몰리는 김대중 정부와 노무현 정부가 진보 진영으로부터는 '신자유주의' 정권이라는 비판을 면치 못하고 있는 이유가 여기 있는 거죠. 내 자신의 역량 부족이지만, 규제완화니 노동 유연화니 금융 자유화니 하는 신자유주의 정책 기조를 뛰어넘을 고민을 하지 못하고 그 속에 안주한 내 자신의 한계가 비로소 눈에 들어왔어요. 미국이 가는 길을 어쩔 수 없는 세계 표준이라고 체념하고 뒤따라갈 일이 아니라 경제가 발전하면 그 사회 구성원인 노동자들의 삶과 환경도 함께 개선돼야 한다는 투철한 인식을 갖고 좀 더 근본적인 고민을 했어야 한다는 자책감이 컸습니다.

2007년 대선 때 내가 내걸었던 '가족행복시대'라는 슬로건이 교육, 일자리, 주거, 건강, 노후 등 5대 불안으로부터 국민의 행복을 지켜드리겠다는 문제의식을 담고 있었지만 진정성이 국민 가슴으로 전달되지 못했죠. 그동안 제대로 실천한 일이 없으니 설득력을 못 가졌던

거예요. 그런데 행복시대라는 구호는 이번 대선 때 엉뚱한 후보가 가져가고 말았어요.(웃음)

참여정부가 출범했을 때 여당의 일원으로서 시대적 과제가 정치개혁이요, 새로운 정치라고 부르짖었던 게 부끄러워졌어요. 물론 정치개혁은 필수적이지만 그에 앞서 무너지는 평범한 사람들의 삶을 생각했어야 했죠. IMF 고통의 터널을 빠져나온 2000년대 초반 비정규직 문제가 심각하게 등장했는데도 여기에 눈 돌리지 못했습니다. 비정규직이 폭증한 시기였는데, 특히 2002년에서 2005년까지가 가장 가파르게 비정규직 비율이 상승했어요. 국민들은 이 고통을 해결해줄 것을 기대하고 노무현을 선택했다고 봐요. 하지만 현실은 바뀌지 않았어요. 재벌 대기업들은 최대의 호황을 구가했죠. 부채 비율이 100% 대로 사상 최저 수준으로 떨어졌고, 금리는 낮았고, 구조조정으로 인건비 부담은 크게 줄었고, 수익률과 사내 유보금은 사상 최고를 기록했어요. 반면에 중산층과 서민의 고통은 몇 배로 커졌습니다.

이걸 파고들지 못했어요. 국민소득 2만 불 시대를 만들자는 참여정부의 목표 설정은 시대를 잘못 읽은 것이었습니다. 성장 지상주의 시대의 틀 안에 갇혀서 이걸 뛰어넘지 못한 게 정부 여당의 한계였어요. 관료와 정부는 그렇다 치더라도 대중에 뿌리박은 정당은 달랐어야죠. 불과 넉 달 남짓씩 두 번 여당을 이끌었지만 당 의장을 맡은 기간의 문제보다 새로운 비전을 창출하는 데 실패했다는 것이 뼈아팠습니다.

당시 재벌 대기업 투자에 기대어 기업하기 좋은 나라를 만들겠다는 구호도 앞뒤가 틀린 거였습니다. 기업하기 좋은 환경은 당연하지만 그것은 공정성과 투명성을 높이는 데서 시작했어야죠. 요샛말로 하면 먼저 경제 민주화를 내걸었어야 했습니다. 헌법 119조가 명령하고 있는 경제력 집중과 시장 지배력의 남용을 막기 위해 국민이 위임한 권력을 쓰도록 당이 앞장섰어야 합니다.

결국 그 대가로 너무 비싼 수업료를 지불했죠. 대선에서 정권이 넘어감으로써 한국은 옛날로 되돌아가버렸잖아요. 경제도 문제였고, 더구나 지난 5년 도덕과 양심이 무너지고 4대강이 무너지고 남북 관계가 무너지는 현실을 보면서 많이 부끄러웠습니다.

두 번째는 용산 참사 현장에 갔을 때였어요. 추모 미사를 집전하던 문정현 신부님이 중간에 앉아 있던 나를 보더니 이렇게 말씀하셨어요. "저기 정동영 의원이 와 있다. 저 사람이 조금만 잘해주었더라면 이분들은 돌아가시지 않았을 것이다."

이 말을 듣는 순간 또 한 번 뒤통수를 꽝 하고 얻어맞는 느낌이었어요. '아, 이분들 죽음에 나의 책임이 무겁구나.' 하는 생각에 고개를 들 수가 없었습니다. '정치란 무엇인가? 나는 왜 정치를 하는가? 국가란 무엇인가?' 근본적인 질문이 끊임없이 머릿속을 맴돌았어요.

보궐선거에서 국회에 들어간 뒤 의사당에서 의원 선서를 하면서 이렇게 다짐했습니다. '정치란 국민의 눈에서 흐르는 눈물을 닦아주는 것입니다. 여야를 넘어 눈물을 닦는 일을 함께함으로써 정치에 대한 신뢰를 회복합시다.'

지난 18대 국회에서 나름대로 의미 있었던 것은 강제 철거 금지법, 경비 용역 폭력 방지법, 국가 폭력 후유증 트라우마 치유법 등 용산 3법을 용산 가족들과 전문가들과 힘을 합쳐 만들고 발의한 것인데, 다수당의 반대로 무산된 게 아쉬웠습니다. 19대 국회 들어와서 정청래 의원이 경비 용역 폭력 방지법을 재발의해서 통과시킨 것은 보람 있는 일이었어요. 내가 용산 분들을 도와드렸다기보다 용산 가족들과 함께하면서 많이 배우고 많이 느꼈다고 생각합니다.

아버지를 용산 남일당 건물 화염 속에서 잃고 자신은 폭도 누명을 쓴 채 징역 6년형을 살고 있던 신혼의 청년 이충연 씨를 교도소로 찾아갔을 때 이렇게 말하더군요. "여기 있는 동안 열심히 수양하고 공부해서 밖에 나가면 나보다 어려운 사람들을 돕고 살겠습니다." 이 말 듣고 참 많은 생각이 들었습니다. 이런 청년이 있어 우리나라에 미래가 있다고 생각했지요.

지 ▷ 남북문제로 돌아가서, 아까 참여정부 때 남북 회담 시 북한의 대표가 저녁 때 숙소로 와서 자존심 다 버리고 "아이들 신발과 학생복이 없다. 도와줄 방법이 없겠느냐?"고 마음을 터놓고 상의한 적이 있다고 하셨지요. 그게 일정한 신뢰가 있어야 할 수 있는 말이었을 듯한데요. 예전에 우리가 못살던 시절 공무원들은 '우리 국민들을 위해서 헌신해야겠다.'는 책임감과 진심이 있었는데, 지금 공직자들은 그렇지 않은 것 같습니다. 자기 이익, 혹은 자기 계급의 이익만 챙기려 한다는 느낌이 들거든요.

정 ▶ 엘리트주의와 매너리즘 때문이죠. 소련이 붕괴된 이유에 대해 여러 가지 분석을 하지만, 그중에 설득력이 있는 것은 관료주의가 소련을 붕괴시켰다는 겁니다. 관료주의를 견제하고 통제할 수 있는 것이 정치죠. 주민 대표들이 모여 있는 의회가 관료주의를 적절하게 통제하고, 정책 결정 과정이 현장에서 동떨어지지 않게 하는 역할일 텐데, 정당이 현장에서 붕 떠 있으니까 관료 천국이 되는 겁니다.

공존할 것인가,
대결할 것인가

지 ▷ 남북 장관급 회담 얘기가 나오면서 남북 관계에 대한 관심이 고조되었습니다. 그만큼 대화의 물꼬를 트는 데 중요한 회담이라는 얘긴데요. 2000년 7월에서 2007년 5월까지 21차례나 열렸는데, 이명박 정권에서는 한 차례도 열리지 않았다는 것은 그만큼 단절의 시간을 보냈다는 얘기도 되겠지요. 총리급 회담도 있었지만, 통일에 관해서 실무를 담당할 수 있는 장관급 회담을 5년 동안 끊어놔서 지금 정권도 그걸 복구하기 힘들 것 같습니다. 조언을 해주신다면…….

정 ▶ 기본에 충실해야 합니다. 공존할 것인가, 대결할 것인가를 분명히 해야죠. 1980년대까지가 남북 대결 시대였잖아요. 대결 시대의 대전환이 1991년 기본합의서입니다. 그 대결 시대가 화해 시대로 바뀌는 것입니다. 그런데 이명박 정부는 20년 이전의 대결 시대의 행태를 보였어요. 장관급 회담 한 번도 못 했잖아요. 정상 회담 했나요? 총리회담 했나요? 오늘 장관급 회담을 하려고 했는데, 안 됐잖아요. 지난 5년 동안의 적대감이 쌓여 영향을 미쳤어요. 기본에 충실하려면 북한과 공존할 것인가를 확실히 해야 합니다.

돌이켜보면 1970년대에 동서 냉전 속에서 데탕트 시대가 오잖아요. 그게 한반도에도 영향을 미쳐서 1972년 7월 4일에 7·4 공동성명이 나옵니다. 1972년 2월에 미국 대통령 닉슨이 중국에 가잖아요. 독일과 비교를 해보면 독일은 데탕트 시대에 공존으로 갔어요. 통일을 직접 얘기하지 않으면서 분단 극복 노력을 했습니다. 작은 발걸음 정책, 접촉을 통한 변화 정책, 접촉을 통한 변화로 분단을 넘고자 노력했단 말이죠. 이걸 통틀어 동방 정책이라고 합니다.

우리는 7·4 공동성명에서 통일을 말했어요. 자주, 평화, 민족대단결. 통일 3대 원칙을 얘기했습니다. 저는 그때 대학생이었는데, 그 말을 듣고 심장이 뛰었어요. 흥분했습니다. 그런데 통일을 말했지만, 분단은 고착화됐어요. 그리고 동서독이 공존을 택한 것과 달리 남북은 계속 대결로 갔죠. 서로 인정을 하지 않았습니다. 7·4 공동성명의 서명 주체가 그걸 보여줍니다. '서로 상부의 뜻을 받들어, 이후락, 김영주.' 서로의 체제를 인정하지 않는 거예요. 남북 간 최초로 직통전화선을 가설하는 합의서에 서명 주체가 '서울 중앙정보부장 이후락, 평양 조직지도부장 김영주.' 이렇게 되어 있어요. 대한민국 중앙정보부장 이후락이 아니고, 서울 중앙정보부장, 조선민주주의인민공화국 노동당 조직지도부장이 아니라 평양 조직지도부장 김영주예요. 서로 인정하지 않는 거죠. 그건 공존을 선택한 것이 아니에요. 그것이 동서독과 남북의 차이였습니다. 그 차이의 원인은 어떻게 보면 동서독은 전쟁을 하지 않은 반면, 우리는 남북 간 골육상쟁의 전쟁을 했다는 증오의 뿌리가 있어서 극복하기가 더 힘들었겠죠. 그런데 이명박 정부 5년 동안 공존 대신 대결로 갔거든요. 그러면 여기서 탈출해야 하는데, 지금 탈출하기가 쉽지 않습니다.

지 ▷ 대화를 하겠다는 대전제는 합의한 것 같은데요. 남북 당국자 회담으로 명칭도 바뀌고, 회담 상대가 격에 맞지 않다고 해서 회담이 무산되었잖아요.

정 ▶ 논어에 정명론이 나옵니다. 명분을 바로잡는 일이 정치의 중심이란 뜻이겠죠. 동시에 모든 이름은 그 역할에 합당해야 한다는 의미도 있어요. 그런데 이번 남북 당국 회담이란 명칭은 명칭부터 틀렸어요. 바른 이름이 아니란 말입니다.

남북 당국 회담이 뭡니까? 원래 저쪽에서 포괄적으로 논의를 하자고 하니까, 여기서 장관급 회담을 하자고 말했잖아요. 장관급 회담은 바른 이름이에요. 21번이나 했고, 그걸 2013년 6월 6일에 북한이 대화 제안을 했어요. 우리가 6월 12일에 장관급 회담을 하자고 했는데, 결과적으로 과정을 빼고 얘기하면, 명단을 낸 것이 차관을 냈잖아요. 그러면 일관성이 없죠. 장관급 회담을 하자고 하고서 차관을 내다니. 그 사이에 우여곡절이 있는 것인데, 과연 공존의 철학이 있는 건가, 공존의 철학이 있는 정부라면 이렇게는 할 수 없죠. 남북 당국 회담이라는 것은 이름이 틀렸어요. 과장급 회담도 당국 회담이고, 국장급 회담도 당국 회담인데요. 틀린 이름을 내놓으니까 정명정행이 안 되는 겁니다.

지 ▷ 박근혜 정부 입장에서는 그동안 북한이 격에 맞지 않는 사람을 회담 상대로 내세웠기 때문에 이걸 바로잡아야 한다고 합니다. 그게 박근혜 대통령의 원칙이라고 얘기하고 있고요.

정 ▶ 이치에 맞아야 바로잡을 수 있지요. 첫째, 이치에 맞지 않는 것은 상대방의 대표를 여기서 지명할 수가 없잖아요. 국제 관례나 상식으로 보면. 두 번째로 더 근본적인 것은 상대방과 제도가 다른데, 체제가 다른데, 그것을 인정하지 않는 거잖아요. '노동당의 통전부장이 나와야 한다.' 밀어붙이기 식인데, 상대방이 저쪽에서 지목한다고 해서 꼭 끌려 나가란 법이 없고요. 북한 입장에서는 당 말고 내각이 있는데, 집행부서, 이런 입장에서 내각책임참사라는 비상설 직위를 임명해서 장관급 대표라고 내보냈는데요. 내각책임참사가 나와서 남북 장관급 회담이 잘못된 적이 있나요? 국내 정치용, 국내 정치의 시각으로 남북 관계를 보는 겁니다. 국민 정서가 받아들이지 않는다는 말을 하잖아요. 그렇게 굴종을 강요하는 남북 관계는 안 된다고 하면서 정서적으로 자존심을 자극해서 국민 여론을 동원하는 겁니다. 남쪽의 여론을 동원해서 북쪽을 굴복시키겠다는 발상을 저는 이해할 수가 없어요.

최고 지도자와 직접 대화해야

지 ▷ 장관급 회담을 직접 해보신 경험을 통해서 해주실 말씀이 있으신가요?

형식이 내용을 지배한다. 남북 회담 역사상 처음으로 원탁이 도입된 2005년 6월 21일 장관급 회담 분위기는 과거 대결적 분위기와 사뭇 달랐다. 장방형 탁자를 원탁으로 바꾸라는 지시에 통일부 직원들은 처음엔 의아해했으나 회담이 시작되자 곧 내 뜻을 이해했다.

정 ▶ 남북 관계는 일반적인 국제 관계와 다릅니다. 그중에서도 특히 북한은 모든 정책 결정 권한이 한 사람에게 집중되어 있어요. 거긴 의회라든지, 언론이라든지, 시민사회가 존재하지 않잖아요. 그러기 때문에 가장 효과적인 방법은 최고 지도자와 직접 대화하는 거예요. 그래서 특사가 효과가 있는 것이고, 정상 회담이 특효가 있는 거죠. 남북 관계의 역사를 보면 2000년 6·15 이전사와 이후사로 나눌 수가 있습니다. 6·15라는 것이 최초의 정상 회담이잖아요. 동서독 역사도 1970년 정상 회담 이전과 이후로 나눌 수 있어요. 그런 것처럼 남북 관계도 정상 회담을 분수령으로 삼은 거죠. 두 번째 정상 회담도 의미가 있는데, 아쉬운 것은 임기가 다 끝나버렸잖아요. 임기가 끝났더라도 정권이 이어졌으면 좋은데, 정권이 바뀌었단 말이죠. 그래서 의미가 반감된 건데요. 정상 회담 추진은 빠르면 빠를수록 좋다고 생각합니다.

지 ▷ 북한 측이랑 자주 만나다 보니까 서로 신뢰가 쌓였고, 그래서 어려운 부탁도 하더라고 말씀하셨지요.

정 ▶ 신뢰가 쌓이면 서로 어려운 사정도 얘기할 수 있고, 서로를 불신하면 이야기의 의제 범위도 좁아지고, 깊이 들어갈 수도 없죠. 남북 장관급 회담의 역사에서, 황금기의 하나가 2005년입니다. 그때 제가 통일부 장관이었어요. 2005년이 어떤 의미가 있느냐 하면 최초로 남쪽 주민등록증을 가진 우리 국민이 북쪽 땅을 1년에 10만 명이 밟습니다. 금강산 관광객을 제외하고, 10만 명이 밟아요. 그 전까지는 만 명 단위였어요. 김대중 정부 전에는 50년 동안 합쳐서 2,500명이었어요. 6·25 이후부터 1998년 김대중 대통령 취임 전까지 북쪽 땅을 밟아본 사람이 2,500명이라는 겁니다. 그런데 김대중 정부를 거치면서 만 명까지 올라왔고, 2005년에 10만 명 단위로 뛰어 올라갑니다. 제가 통일부 장관을 하면서 몇 가지 바꾼 것이 있어요. 첫째, 북쪽으로 가는 문턱을 낮춰라. 북쪽 사람과 만나고 접촉하는 데 왜 우리가 장애물을 설치하는가. 문턱을 없애고 전방위로 만나라, 전방위로. 그러니까 서독의 동방 정책에서 접촉을 통한 변화가 핵심이었거든요. 접촉하면 서로 영향을 받고, 변하잖아요. 예를 하나 들자면 금강산 관광 가는 데 초기에는 보름 걸렸어요. 신원 조회도 하고. 이런 것을 다 없앴죠.

지 ▷ 안보 교육인지도 받았어야 했고요.

정 ▶ 그것도 없앴죠. 외국에 나가서 북쪽 사람을 만나려면 신고를 해야 했잖아요. 그런 문턱을 다 없앴습니다. 특히 우리 국민이 북쪽 방문하려고 하면 가능한 한 예외 없이 다 승인을 했어요. 정치, 경제, 종교, 학생, 시민사회, 문화, 학계 할 것 없이 한총련, 범민련까지 다 승인을 했습니다. 접촉면을 최대한 늘리는 것이 50년 적대를 화해와 신뢰로 물꼬를 바꾸는 가장 효과적인 방법이라고 저는 굳게 믿고 있었기 때문에 그렇게 했습니다. 예를 들면 2000년 가을에 정상 회담 이후, 만경대 서명 사건으로 강정구 교수가 구속도 되고 그랬잖아요. 그래서 범민련, 한총련은 2000년 이후 5년 동안 북쪽 땅을 밟을 수가 없었어요. 불법화되어 있었으니까요. 저는 문턱을 없애는 데 있어서 예외를 둘 필요가 없다는 원칙을 가지고, 범민련, 한총련까지도 막지 않았어요. 문턱을 없애라고 했는데, 거기다 이건 안 되고, 저건 안 된다는 예외를 두지 말라고 한 거죠. 그런 것들이 북한에게 '진짜 뭘 해보려고 하는구나.' 하는 신호를 준 겁니다. 사실 갔다 왔다고 해서 뭐 나빠진 것도 없어요. 국가 안보가 나빠졌습니까?

지 ▷ 소위 남남 갈등을 부추긴 면도 있다고 평가될 수 있지 않습니까? 강정구 교수 건만 해도 당시 천정배 법무부 장관이 불구속 수사 지휘를 했던 것에 대해서 한나라당 측의 반발도 있었던 것 같고요. 그런 여론들을 살피면서 갈 필요도 있지 않았을까 하는 생각도 드는데요. 북한에 신뢰를 줬지만, 그 부메랑이라고 하긴 뭐하지만 이명박 정부하에서 그런 얘기들이 상당히 먹혀서 남북 관계가 냉각된 면이 있는데요. 속도 조절이라고 할까, 국민들을 설득하고 가는 과정이나 노력이 부족하지 않았나, 좀 급했지 않나 하는 판단을 하는 분들도 계신 것 같습니다. 그런 점에 대해서는 어떻게 생각하십니까?

정 ▶ 국민들을 충분히 설득하고 입장을 알리는 데 있어서 부족한 점이 많았죠. 예를 들어 이명박 정부의 4대강 홍보에 비춰보면 국가의 모든 물적, 인적 자원을 총동원해서 말도 안 되는 국민 세뇌 작업을 벌였는데요. 일정 부분은 먹히거든요. 거기서도 배울 점은 있어요.(웃음) 남북 화해 협력 정책을 펼치면서 국가가 가진 영향력과 수단을 다 하지 못했다는 점에서 좀 아쉬운 점이 있어요. 좀 더 적극적으로 설득하고 국민적 공감대의 폭을 넓혔어야 하는 아쉬움이 있습니다.

국민적 공감대가 정책의 핵심

지 ▷ 그러면 다음에 만약 야당이 정권을 잡는다면 그 부분에 대해서는 방법을 달리하실 생각이신가요?

정 ▶ 충분히 많은 정보를 공개하고, 남북 관계의 현실, 특히 불편한 진실들을 가감 없이, 있는 그대로 실상을 전달해야 한다고 생각합니다. 남북이 대결하고 적대하니까 어떤 피해가 왔다는 것, 여기는 산 교육장이잖아요. 강원도 속초, 고성 이분들은 설명이 필요 없이 자기가 피부로 느끼는 거잖아요.

그래서 국민과 함께 가는 것은 중요하다고 생각합니다. 개성공단, 저도 주무 장관이었지만, 아쉬움이 있어요. 개성공단을 버스로 사람들이 직접 가서, 한 명이라도 더 봤으면 좋았을 것 같은데요. 백문이 불여일견 아니겠어요. 그런데 북이 좀 까다롭게 굴었어요. 하루에 오는 사람 숫자를 제한했거든요. 적극적으로 북을 설득해서 개성공단을 확대하고 발전시키기 위해서는 남쪽의 여론 주도층이 확실히 좀 더 이해를 해야 한다, 백문이 불여일견 아니냐, 와서 좀 보게 활짝 열어라, 이렇게 했어야 하는 게 아니었나 하는 아쉬움이 있죠. 실제 홍준표 지사와 김문수 지사가 국회의원이었을 때 개성공단에 다녀와서 "직접 보고 나니 생각이 달라졌다."고 말하기도 했습니다.

지 ▷ 요즘 북방 정책에 관한 노태우 전 대통령의 회고록을 읽고 계신다고 하셨는데요. 그중에 그런 구절도 있다고 말씀하셨잖아요. 대북정책에 관해 '처음 시작할 때는 어쩔 수 없이 알리지 못한 부분도 있지만, 최대한 투명하게 하려고 노력했다.' 보수 정권이 남북 관계에는 유리하지 않습니까? 뭘 해도 국민들이 의심을 덜하게 되고요. 진보 정권은 뭘 하려고 하면 북한과의 관계를 의심하는 일부 국민들이 있기 때문에 어려운 상황인데요. 참여정부 초기에 대북송금 특검 얘기가 나오면서 '어, 불법적인 돈을 전한 것이 아닌가?' 하는 생각을 갖게 된 국민들도 많은 것 같습니다.

정 ▶ 대북송금 특검은 명백히 잘못된 겁니다. 남북 관계의 특수성 속에서 남북 정상 회담과 관련된 것을 대통령이 지명하는 특검으로 수

사한 것 자체가 결정적으로 남북 관계를 훼손했죠. 상대가 있는 건데. 그 다음에 정권의 연속성에 있어서도 상처를 줬습니다. 국민의 정부에서 참여정부로 넘어오는 정권 초입에 그랬잖아요. 특검을 해서는 안 되는데, 하는 바람에 참여정부 초기 2년을 허송한 겁니다. 남북 관계에 있어서는.

지 ▷ 참여정부 인사 중에서 당시 특검 수용에 대해 '한나라당에 주는 선물'이라고 표현한 경우도 있었습니다. 그걸 계기로 한나라당이 국정 운영에 협조해주기를 바랐던 측면도 있었던 것 같은데요. 결과적으로 보면 남북 관계를 어렵게 만들었고, 시쳇말로 한나라당에 호구 잡히는 첫 번째 계기가 아니었냐고 보는 시각도 있습니다. 대북송금 특검을 함으로써 구민주당 세력과 열린우리당으로 대변되는 세력이 갈라지는 계기가 되기도 했고요.

정 ▶ 그런 아픔이 있죠. 좀 더 크게 봤어야 해요. 남북 관계의 미래라는 큰 틀에서 보고, 특검은 하지 말았어야 합니다.

지 ▷ 노태우 전 대통령의 예를 들어보자면 투명하게 해야 한다는 원칙이 있었다면, 좀 느리더라도 국민을 설득하고 가는 과정이 있었어야 후폭풍을 맞지 않았을 것 같고요. 여전히 북한에 대해서 퍼줬다고 하고, 친북 딱지를 붙이는 국민들이 많잖아요.

정 ▶ 당시에 국민의 정부, 참여 정부에서 금강산 관광과 개성공단에 대한 지지가 높았습니다. 적어도 국민의 3분의 2는 남북 화해 정책을 지지했어요. 어떤 경우에도 지지하지 않는 30%를 설득하지 못한 아쉬움은 있지만, 상당히 폭넓은 지지, 국민적 공감대를 바탕으로 대북 포용 정책을 한 거죠. 실제 전쟁의 위협으로부터 벗어났잖아요. 심리적으로, 실질적으로.

지 ▷ 대북송금 특검은 안 했어야 한다고 말씀하셨는데요. 노무현 정부가 김대중 정부의 대북 정책을 제대로 승계했다고 보시나요?

정 ▶ 참여정부 초기에는 대북송금 특검 때문에 국민의 정부 철학을 계승하는 데도 흠집이 났고, 남북 간의 신뢰 관계에도 상처가 났습니다. 그걸 회복하는 데 시간이 걸린 거죠. 그러면서 또 하나의 파도인 2차 핵 위기가 덮쳐 오죠. 2003년 1월에 북한이 NPT를 탈퇴하면서 한반도 주변 정세가 험악해지고, 3자 회담을 거쳐, 6자 회담으로 갔는데요. 그런 어려운 대내외 조건이 있었고, 그 시기를 넘어서서 제가 2004년 7월에 통일부 장관으로 갔습니다. 그때도 어려움은 계속됐어요. 장관으로 가자마자 베트남에서 탈북자를 전세기로 실어 오게 됩니다. 그 사안은 장관으로 가기 직전에 결정이 됐어요. 그런데 후폭풍을 맞은 거죠. 그래서 남북 관계가 거의 단절되다시피 했어요.

2005년 6월 대통령 특사로 평양에 가다

지 ▷ 노무현 정권 전반부 2년 반 동안 남북 관계가 경색을 면치 못했다는 이야기인데요. 그러다가 2005년 6·15 5주년을 기해 정 장관께서 평양에 특사로 가서 김정일 위원장과 대화하고 소통해서 남북 관계가 풀리게 되죠?

정 ▶ 의욕을 갖고 통일부 장관으로 갔는데 처음부터 시련에 부딪쳤지요. 하지만 어떡합니까? 북이 온갖 욕을 해대도 참고 인내하면서 해빙기가 오기를 기다려야 했죠. 물론 그 사이 개성공단을 문 여는 데 혼신의 힘을 다했습니다. 개성공단 1등 공신을 들라면 김대중 대통령과 정주영 회장이고, 그 다음은 정동영도 이름이 들어갈 수 있다고 생각해요.(웃음)

끈질기게 인내했죠. 그러면서 그 다음해인 2005년이 6·15 5주년이었어요. 6·15 남측위원회, 북측위원회, 해외위원회 3자가 공동으로 기념행사를 하기로 했는데, 제가 정부 대표로 참석했습니다. 이게 어떤 의미가 있었는가 하면, 그 당시에도 정부 내에서 반대가 있었어요. 민간이 주도하는 행사에 정부가 곁다리로 가는 것이 맞느냐는 거였고, 저는 그 점에서 실용적 입장을 취했던 겁니다. 남북 관계가 어려운데, 민간이 공동 행사를 만들고, 정부 대표가 함께 가서 축하하고 기념함으로써 남북 관계를 부드럽게 하는 데 기여할 수 있다면 형식은 중요하지 않다고 생각했어요. 바로 그 형식에 대한 겁니다. 정부의 통일부 장관이 민간 행사에 간다고 해서 남쪽 정부의 자존심을 훼손한다? 나는 그렇게 생각하지 않았어요. 정부가 중요하게 생각해야 할 것은 문제를 해결할 능력을 갖는 거죠. 남북 관계가 경색되어 있고, 막혀 있는 상황에서 남북 관계를 어떻게 풀어낼 것인가 하는 문제 해결이 중요하고, 형식은 그 다음이라고 본 것이죠. 그래서 평양에 갔는데, 그걸 계기로 해서 제2의 6·15 시대가 개막됩니다. 김정일 위원장과 다섯 시간 만나게 되죠.

참여정부 5년에서 가장 중요한 남북의 소통은 2005년 6월 17일 대통령 특사로서 저와 김정일 위원장이 다섯 시간 만난 거예요. 두 시간 반은 배석자가 한 명씩 있었지만, 사실상 일대일로 대화한 것이고, 오찬 회동을 하면서 두 시간 반까지 합하면 전부 다섯 시간을 얘기했는데요. 거의 모든 현안을 다 얘기했어요. 충분히 소통을 한 거죠. 아까 말씀드린 것처럼 북한의 모든 의사 결정은 한 사람에게 집중되어 있는데, 그 한 사람과 남북한에 맺혀 있는 거의 모든 얘기들을 솔직하게 얘기하고, 되는 것은 되고 안 되는 것은 안 된다고 대화를 나누었습니다. 이렇게 해서 거기서 시작한 것이 이른바 제2의 6·15 시대입니다. 그 연장에서 만들어진 것이 2005년 9월 19일 베이징 공동성명이고요. '핵을 포기하겠다, 북미 수교하자, 한반도 평화 체제를 논의하자.'는 보따리가 만들어지는 거죠.

지 ▷ 김정일 위원장에게 남북 정상 회담 개최 문제는 안 꺼내셨나요?

정 ▶ 핵심 의제 가운데 하나였지요. 2000년 6·15 공동선언 마지막

항에 '김정일 위원장은 적절한 시기에 서울을 방문하기로 하였다.'고 명시돼 있었지만 그때까지 5년 동안 서울 답방은 이루어지지 않고 있었죠.

그래서 제가 이렇게 제안했어요. 여러 가지 상황과 조건으로 보아 서울 답방은 조속한 시일 내에 이루어지기 힘들 것으로 보이니 남측은 이를 고집하지 않겠다. 장소는 위원장께서 알아서 결정하시고, 다만 시기 문제는 6자 회담이 재개된 때로부터 멀지 않은 빠른 시일 내에, 가능하다면 9월 이내에 이루어지기를 희망한다고 밝혔어요.

김 위원장은 즉답하지는 않았지만 나중에 헤어질 때 귀엣말로 좋은 소식을 내려 보내겠다고 답했어요. 김 위원장과 내가 서서 대화할 때 귀엣말하는 장면이 방송에 나갔는데 만나는 사람마다 도대체 무슨 얘길 나눴느냐고 물어요.(웃음)

지금 비로소 공개하는 건데요. 그때 김 위원장이 노무현 대통령과 정상 회담할 작정을 하고 내게 귀엣말을 한 것 같아요. 그리고 두 달 뒤 8·15에 서울에 파견한 임동옥 통전부장을 통해서 답을 보냈어요. 정상 회담 장소를 제3국으로 하면 어떻겠느냐는 거예요. 안 된다고 했지요.

지 ▷ 제3국이라고 하면 러시아인가요?

정 ▶ 맞아요. 지 작가가 귀신이네.(웃음) 이르쿠츠크를 생각하고 있었던 것 같아요. 안 된다고 했죠. 개성이든 금강산이든 백두산이든 평양이든 어디라도 좋으나 반드시 한반도 내여야 한다고 말했어요. 왜냐하

2005년 6월 17일 김정일 위원장과의 회담은 오전 11시부터 5시간 동안 이루어졌다. 오후 1시 반에 시작한 늦은 점심에서 김 위원장은 시종 유머와 위트를 섞어가며 국내외 정세에 관한 의견을 거침없이 피력했다.

면 과거 김대중 대통령 시절에도 이르쿠츠크 정상 회담 제안을 북이 했던 적이 있었지만 불필요한 오해를 유발할 수도 있고 남북이 만나는데 강대국이 후견인 노릇하는 것처럼 비치는 것도 좋지 않잖아요.

지 ▷ 시기 문제는 어떻게 됐나요?

정 ▶ 평양에서 제안한 대로 내가 9월 개최를 강조했지요. 당시 북한 핵 문제 해결을 위한 6자 회담이 막 베이징에서 재개돼 진행되고 있었기 때문에 남북 정상 회담이 되면 이를 추동할 힘이 생긴다고 생각했죠. 그런데 시기 문제는 6자 회담이 진행되는 추이를 보고 잡자며 북이 꼬리를 빼는 거예요. 미국이 진정으로 적대시 정책을 포기할 의사가 있는지 확인해보고 결정하려는 속내였던 것 같아요.

지 ▷ 그때 2005년에 2차 남북 정상 회담이 성사됐더라면 한반도 운명이 어느 정도는 바뀌었겠지요?

정 ▶ 그 점이 못내 아쉬워요. 북은 지나치게 미국을 두려워해요. 사실 2000년도에 한반도 정세가 급물살을 탔을 때 북이 결정적으로 실기를 하죠. 5월에 북-중 정상 회담, 6월에 역사적인 남-북 정상 회담, 7월에 북-러 정상 회담, 여기까진 빠르게 왔는데 그 다음 미국과의 소통이 지체되지요. 바로 8월 늦어도 9월에는 북-미 대화와 정상 회담 추진으로 갔으면 한반도 냉전 해체의 결정적 전기를 마련했을 텐데, 역사의 신이 아직 한민족에게 연단의 시간을 더 주고 계신 것 아닌가 싶네요.

지 ▷ 그해 10월에 북의 조명록 국방위원회 제1부위원장이 군복 차림으로 백악관에 가서 클린턴 대통령이랑 대화하고 북-미 정상 회담 제안을 하게 되죠?

정 ▶ 맞습니다. 조명록 차수의 백악관 군복 연출은 치밀하게 계산된 거였죠. 미국 관리들 가운데는 당황한 사람들도 있었지만 군복 연출은 김정일 뒤에 있는 북한의 당·군 일체성을 과시한 거였죠. 어쨌든 2000년 10월 북한 특사가 클린턴 대통령을 평양에 초청하고 바로 열흘 뒤 올브라이트 미 국무장관이 평양을 방문해 사실상 미사일 문제를 타결지음으로써 북-미 정상 회담은 초읽기에 들어가게 되었지요. 하지만 2주일 뒤 치러진 미국 대선에서 역사는 또 방향을 틀어버렸습니다. 조지 부시 후보가 플로리다 개표에서 537표 차이로 엘 고어를 누르고 미국 제43대 대통령이 되었지요.

지 ▷ 부시가 안 되고 민주당 엘 고어 후보가 당선돼 예정대로 클린턴-김정일 정상 회담이 이루어졌더라면 한반도 역사가 달라졌다고 믿으시는군요.

정 ▶ 그렇습니다. 평양에 온 올브라이트 국무장관에게 김정일 위원장은 이렇게 말했어요. "소련의 붕괴와 중국의 개방, 이로 인해 우리가 군사 동맹을 잃은 지 10년이 됐소. 우리가 미사일을 개발하는 것은 외화를 벌기 위한 것이기도 하지만 자위 프로그램의 하나로 우리 군을 무장시키기 위한 것이오. 대결이 없으면 무기도 의미가 없소. 미사일은 지금은 우리에게 별로 중요하지 않아요."

그게 이루어졌어야 해요. 안타깝죠. 당시 미국 관리들은 클린턴-김정일 정상 회담 공동성명의 초안까지도 써놓았었지요. "미합중국과 조선민주주의인민공화국의 보다 정상적인 관계 발전은 쌍방 국민의 이해에 부합하며, 한반도 및 아시아 태평양 지역 전체의 장기적인 평화와 안정에 이바지할 것이다. 양국 지도자는 과거의 적대감에서 벗어나 비적대적 관계를 건설하기로 한 공약을 재확인한다." 이렇게 됐다면 그 후 1차 핵 실험, 2차 핵 실험, 3차 핵 실험도 없었을 것이고, 네 차례의 로켓 발사도 막을 수 있었겠지요. 한반도에서 냉전 구조는 해체되고 지금쯤 아마 지각 변동의 결과로 한반도가 천지개벽처럼 변해 있었겠지요. 역사에서 가정법은 허망한 일이지만 가정해보면 그 의미가 선명하게 드러나죠. 북이 꾸물꾸물하다가 실기한 것만은 분명해요. 안타깝습니다.

지 ▷ 평양에 특사로 가셨던 2005년 6월 당시 남북 관계뿐만이 아니라 북미 대화나 6자 회담도 1년 넘게 중단돼 있었죠?

정 ▶ 그랬었죠. 북미 대화는 부시 정권 들어서고는 한 번도 없다시피 했지요. 왜냐하면 북을 '악의 축'이니 '공포의 전진기지', '김정일 정권 교체'니 해서 철저하게 적대시하고 있었기 때문이죠. 클린턴 정부 때 북미 정상 회담 직전까지 갔던 분위기와는 영 딴판이었죠. '클린턴 때 한 것은 죄다 틀렸다.'는 이른바 ABC(Anything But Clinton) 정책이었으니까요.

그래서 제가 서두에 김정일 위원장에게 꺼낸 말이 국가 간 신뢰 쌓기에는 지도자 간의 존중과 예의가 중요한데, "얼마 전 워싱턴에서 열린 한미 정상 회담에서 부시 미국 대통령이 김 위원장을 Mr. 김정일이라고 불렀다. 영어에서 미스터는 존칭 아니냐. 부시 대통령이 김 위원장을 존중한다는 뜻을 표시한 것으로 보이는데 김 위원장께서도 부시 대통령을 예컨대 부시 대통령 각하라고 부른다면 서로 좋은 신호가 될 것입니다." 그랬더니 김 위원장 말이 "우리를 존중하고 인정한다면 내가 각하라고 못 부를 이유도 없지요. 부시 대통령 각하!" 이러더라고요. (웃음)

지 ▷ 북한과 미국 사이를 좋게 하느라고 애를 쓰셨군요.

정 ▶ 사실 핵심 중의 핵심이 북-미 간 불신과 적대잖아요. 미국은 북한을 못 믿을 존재라고 보는 것이고 북한 또한 미국을 못 믿는 건 마찬가지예요. 그래서 거듭 강조한 것이 "미국과는 우리가 친하지 않으냐. 우리를 활용하시오. 우리가 도와주겠소."라고 한 것이죠.

크리스토퍼 힐 대사 얘기도 했어요. "최근에 서울 주재 미국 대사가 국무부 동아시아태평양 담당 차관보로 영전했고 동시에 6자 회담 미국 대표가 됐는데, 내가 겪어본 바로는 굉장히 솔직한 인물이고 외교관으로서 탁월한 능력과 야심을 가졌다. 특히 그는 코소보 분쟁을 해결한 경력도 갖고 있는데, 이번에 어떻게든 북핵 문제를 타결해보려고 자기가 가진 능력을 최대한 발휘할 것이다. 그를 활용하시오."라고 말해주었죠.

서울로 돌아온 뒤 아직 서울에 머무르고 있던 힐 대사에게 김 위원장에게 전한 얘기를 그대로 전해주고 당신이야말로 한반도 냉전을 걷어낼 적임자라고 추켜주기도 했죠.

지 ▷ 한 사람에게 정책 결정 권한이 집중되어 있는데, 정상 회담이 쉽지는 않잖아요. 이명박 정부조차도 하고 싶었는데, 성사되지는 않았잖습니까?

정 ▶ 정상 회담의 정례화가 필요하죠.

지 ▷ 정상 회담의 정례화를 가로막는 것이 뭔가요?

정 ▶ 남북만 있으면 정례화가 쉬워요. 주변 국가의 이해관계가 걸려 있고, 북한 핵 문제가 걸려 있잖아요. 예컨대 잘하고 싶어도 미국에 보수 강경파 정부가 등장해서, 미국의 부시 정부 같은 보수 정권이 등장해서 북을 악의 축으로 규정하고 몰아붙이는 상황에서는 아무래도 남북 간의 긴장이 고조되는 거죠. 그렇게 되면 대화 국면이 조성되기 어려운 것이지요. 이런 외부의 영향을 받는다는 겁니다. 그러기 때문에 더더구나 남북 간의 화해 협력의 수준을 더 넓고, 깊게 가져가야 하는 겁니다.

지 ▷ 정상 회담이 쉽지 않을 때는 특사를 보냈던 것 같은데요. 김정일 위원장을 다섯 시간 동안 만나고 한반도 정세를 둘러싼 모든 얘기를 다 하셨다고 했는데요. 그때 어떤 생각이 드셨나요?

정 ▶ 김정일 위원장은 토론하기 좋은 대화 상대였어요. 상대방의 말을 끊지 않고 끝까지 경청하는 모습을 보여줬지요. 또 하나 중요한 것은 말이 통한다는 느낌이었어요. 상대방의 말이 듣기에 이치에 맞다, 사리에 합당하다고 하면 즉석에서 "좋습니다. 그렇게 합시다." 하고 즉석에서 의사 결정을 내리는 거죠. 북한에는 단 한 사람의 정책 결정자가 있고, 바로 자신이 그런 사람이라는 것을 자신의 답변을 통해 분명히 보여 주었죠. 예를 들면 이산가족의 화상 상봉을 제가 제안했단 말이에요. "좋은 제안입니다. 흥분되는 제안입니다. 이번 8·15부터 합시다."라고 해서 실제 시행이 됩니다. 그런데 안 되는 건 안 되는 거예요. "3년 뒤에 북경 올림픽이 있는데, 남북 공동 응원단을 기차로 북경에 보냅시다." 그랬는데요, 그건 안 된다는 거예요.

지 ▷ 왜 그런 거죠?

정 ▶ "혁명의 심장부 수도 평양을 남쪽 주민들이 통과하려면 북남 관계가 지금보다 몇 단계 더 발전해야 합니다, 지금은 안 됩니다." 그러더라고요. 실제 서울에서 평양을 거쳐 북경까지 기차로 올림픽 남북 공동 응원단을 보내는 문제는 2년 뒤 정상 회담에서 합의가 되죠. 김 위원장 말대로 그 사이에 남북 관계가 몇 단계 발전한 셈이거든요. 아까운 건 이명박 대통령이 전임자의 업적을 부정하지 않고 약속대로 올림픽 응원단이 철도로 서울-평양-북경을 왕복하게 했더라면 얼마나 좋았겠습니까. 금강산 관광과 관련해서 김정일 위원장이 "금강산 관광이 생각보다 지지부진하다."고 얘기를 해서 "금강산 관광을 진흥하기 위해서 우리도 노력을 하는데, 좋은 방법으로 개별 승용차로 관광을 가게 허용해달라."고 했어요. "그러면 굉장히 관광객이 많이 늘어날 겁니다."라고 했어요. "좋습니다." 하고 허락할 태세였는데, 옆에 있는 통일전선부장 임동옥이 벌떡 일어나서 "장군님 그건 안 됩니다."라고 해요. 환경 훼손이 심하단 얘기였어요. 주차장 만들어야 하고, 환경 오염과 자연 훼손을 들어서 승용차 관광은 안 된다고 브레이크를 걸었습니다.

지 ▷ 안보나 이런 문제가 아니라 환경 문제 때문에 그런 거군요.(웃음)

정 ▶ 재미있는 장면이지요. 되는 건 되고, 안 되는 건 안 되고. 실무 접촉을 하면 몇 년 걸려서 의사 결정이 되거나 말거나 하는데, 시원시원하게 되잖아요.

지 ▷ 그날 다섯 시간 동안에 걸쳐 김 위원장과 토론한 내용을 한마디로 줄이자면 "우리 통 크게 한번 합시다."라고 말씀하셨는데요. 6·17 소통을 바탕으로 그 뒤 석 달간은 참 숨 가쁘게 돌아갔죠.

정 ▶ 소통을 바탕으로 쭉 실천을 했어요. 무슨 실천을 했느냐, 신뢰 조치를 한 것이지요. 첫 번째로 제주해협을 북한 선박이 통과하는 것을 허용한 겁니다. 이게 5년 뒤에 이명박 대통령에 의해서 5·24 조치로 중단이 됩니다. 북쪽 배가 제주해협을 5년 동안 삼백 척이 지나갔어요. 상선이. 일주일에 한 척 정도 지나간 거죠. 남쪽 배가 원산 앞바다를 지나서 직선으로 블라디보스토크로 가거나, 해주 앞바다를 지나서 대련으로 갈 때 전에는 직각으로, 기역자나 니은자로 갔어요. 쭉 공해상으로 나가서 올라갔다고요. 원산이나 해주 앞을 지나가지 못하고. 그런데 직항로로 5년 동안 우리 배 팔천 척이 지나갔습니다. 누가 이익입니까?

지 ▷ 거의 30배 가까이 되네요.(웃음)

정▶ 통 큰 조치예요. 우리에 이어서 이북이 통 큰 조치를 한 것이 뭐냐 하면 8월 15일날 북한 대표단, 통전부장 임동옥, 노동당 사상담당 비서 김기남 등 30여 명의 대표단이 와서 동작동 국립묘지를 헌화 참배했어요. 분단 이후 최초 아닙니까? 6·25 이후 최초입니다.

6·25의 한 페이지가 아니라 한 단원을 넘기자

지▷ 그렇죠.

정▶ 동작동 국립묘지는 6·25 전몰장병을 기리는 묘지 아닙니까? 거기에 와서 헌화, 참배를 했다는 것은 이제 6·25의 한 페이지가 아니라 한 단원을 통째로 넘기자는 거죠. 6·25를 넘어서서 새로운 관계로 가자는 구체적인 의사 표시입니다. 통 큰 조치죠. 이 같은 조처와 함께 이북은 6자 회담에 복귀합니다. 말 그대로 의지를 갖고 복귀를 해요. 그리고 남쪽이 또 통 큰 조치를 해요. 북쪽이 체제 선전극인 아리랑 축전을 합니다. 능라도 경기장에서 10만 군중과 학생들을 모아서 집단 체조를 하는데, 거기에 만 명의 우리 관광객을 보냅니다. 보내달라고 해서 보내준 건데, 얼마나 국내의 반대가 많았겠어요?(웃음) 보수 언론으로부터 거의 체제 전복 세력쯤으로 매도가 됐는데, 자신감이 있었어요. 실제 갔다 온 만 명을 국정원에서 설문 조사를 했어요. 갔다 와서 열의 아홉이 북에 대해서 "북이 그런 사회인지 몰랐다."면서

2005년 8·15 광복 60주년에 서울을 방문한 북한 대표단의 김기남 비서와 임동옥 통일전선부장 등이 동작동 국립묘지에 참배하고 있다. 한국전쟁 이후 일대 사건이라고 할 만하다.

북에 대해서 오히려 더 비판적으로 변했어요. 결국 반공 교육을 한 셈 아닌가요?

지 ▷ 답답하다는 생각이 들거나, 아까 슈퍼 할아버지께서 말씀하신 것처럼 '불쌍하다. 도와주고 싶다.'는 생각이 들거나, '난 북한에서 도저히 못 살겠다.'는 생각이 들겠죠.(웃음)

정 ▶ 그렇죠. 만 명 중에서 단 한 명도 거기 남겠다는 사람이 없었어요. 자기들 체제 선전을 하는 것을 봤으면 한 사람쯤은 남겠다고 하는 것이 맞겠죠.(웃음) 그런 정도 자신감을 가지고 남북 관계를 하라는 겁니다.

지 ▷ 그런 집체극이 우리 국민들 눈에는 촌스럽게 보이겠죠.

정 ▶ 화려하지만, 우선 그 아이들을 생각해보세요. 아이들 뙤약볕에서 운동장에 굴리고 카드 섹션을 하는 데 동원하면 우리 부모들 같으면 가만히 있을 것 같습니까? 전체주의 사회니까 가능한 건데, 그런 것에서부터 감동보다는 오히려 공포를 느끼게 되는 거겠죠.

지 ▷ 북한이 앞으로 변할 가능성이 있다고 할진 몰라도 한 사람에게 결정권이 있는 그 체제는 어느 정도 유지가 될 거고, 남북문제는 그 전제하에서 풀 수밖에 없겠지요. 지금 김정은 위원장도 약간 파격적인 부분도 있고, 김정일 위원장하고 캐릭터가 비슷한 것 같은데요. 김정일 위원장 만나보셨으니까 저런 캐릭터는 어떻게 상대하면 좋겠다는 생각이 드셨습니까.

정 ▶ 역지사지가 제일 중요한 것 같아요. 상대방이 뭘 원하는지, 상대방이 원하는 것을 주고, 내가 원하는 것을 받는 거죠. 상대방이 원하는 것을 주지 않으면 내가 원하는 것을 받을 수 없어요. 그걸 정확하게 잡아내는 것이 중요하지요. 상대방이 원하는 것은 입장 바꿔 생각해보면 나오거든요. 역지사지라는 것은 예를 들어서, 전 세계에서 남한하고 멀리 카리브해에 있는 도미니크 공화국, 이 두 나라만 자본주의 국가로 남고, 나머지 나라는 다 공산주의화 됐다고 했을 때 우리가 느끼게 될 공포감, 두려움을 한번 생각해볼 수 있잖아요. 그리고 북한이 평양에 주둔한 러시아 동맹군과 함께 핵 잠수함과 핵 폭격기 같은 첨단무기를 총동원해서 시시때때로 군사훈련을 한다고 가정해보세요. 그러면 당연히 남한도 경기를 일으키지 않겠어요. 주변을 돌아보니까 고립무원이고, 그런 속에서 이 사람들이 원하는 것은 뭔가, 체제 안전 보장이라는 겁니다.

체제를 붕괴시키지 않겠다는 것, 너희를 해칠 생각이 없다는 것, 그것이 북이 원하는 것입니다. 나는 너를 해칠 생각이 없다, 오히려 내가 도와주고 싶다, 아까 슈퍼 어르신이 가서 봤더니 도와주고 싶다고 얘기하잖아요. 상대방이 '진실이구나.' 하고 받아들이면 내가 원하는 것이 뭔지 얘기했을 때 말이 통하지 않겠습니까? 우리가 원하는 것은 핵 내려놓으라는 거잖아요. 제발 핵무기 좀 내려놔라, 핵무기 삶아서 밥이 나오냐 죽이 나오냐, 이 얘기를 할 수가 있는 거죠.

지 ▷ 일부 보수주의자들은 저쪽 체제가 위험에 빠져 있으니까 더 압박해서 빨리 무너뜨리자고 하잖아요.

정 ▶ 어리석은 거죠. 우선, 생각처럼 쉽게 무너지지 않습니다. 그리고 무너진다고 해도 우리한테 흡수되지 않습니다. 무너지지 않는다고 보는 것은요, 북한이라는 나라는 층위가 세 개가 있죠. 정권이 있고, 체제가 있고, 그 다음에 국가가 있지요. 정권은 김일성 정권에서 김정일 정권으로, 김정일 정권에서 김정은 정권으로 바뀌었는데요, 체제는 그대로예요. 주체사상과 김일성 유일 수령 체제, 북한의 체제는 그대로 있고, 조선민주주의인민공화국이라는 것도 계속되고 있는데, 우리는 제일 위에 있는 정권 붕괴를 얘기하거든요. 정권이 붕괴된다고 해서 북한의 체제나 국가가 붕괴된다고 하는 것은 한마디로 어불성설입니다. 김정일 위원장은 사망했지만, 체제와 국가는 그대로 존속되는 것 아닙니까? 그리고 북한이라는 나라가 붕괴되어서는 안 된다는 것이 북한의 후견국인 중국의 확고부동한 입장이잖아요. 이 같은 상황에서 대체 무슨 근거로 북한이 무너진다고 하는 겁니까? 무너진다는 근거가 없어요. 20년 전에 김일성 주석이 사망했을 때는 김정일 위원장 사망 때보다 충격이 더 컸어요. 모든 국민이 충격을 받았습니다. 그때 전문가라는 분들이 그렇게 말했어요. 짧으면 3일, 길면 석 달, 아주 길어도 3년밖에 못 간다고 말했습니다. 거기에 대해서 책임지는 전문가가 한 명도 없어요.

작전 계획 5029

지 ▷ 북한 체제라는 것이 여기서 생각하는 것처럼 쉽게 무너지지도 않을뿐더러 중국이라는 세력이 있기 때문에 간단하게 생각할 일이 아니라는 거네요.

정 ▶ 만에 하나 무너진다 하더라도 한국 주도로 통일이 되는가, 그건 우리의 희망 사항일 뿐입니다.

지 ▷ 중국은 어떻게 해야 할지 고민을 할 테고요.

정 ▶ 굉장히 복잡한 상황이 됩니다. 이명박 정권 때 석연치 않은 일들이 있었습니다. 작전 계획 5029라는 겁니다. 한미상호방위조약에 의해서 북한이 무력 침략을 했을 때 이걸 격퇴하기 위한 작전 계획들을 만드는데요. 1000단위로 가는 작전 계획은 중동에 관한 것이고, 2000단위로 가는 것은 미국 본토에 관한 겁니다. 태평양 미군 사령부가 작성하는 것이 5000단위입니다. 5026, 5027, 5028, 이런 작전 계획이 있어요. 그런데 작전 계획 5029는 좀 다릅니다. 5026, 5027, 5028은 무슨 계획이냐 하면 북한이 침략했을 때 어떻게 응징하고, 격퇴하느냐는 작전 계획인데요. 5029는 좀 특별해요. 침략 상황이 아니고, 북한에 혼란이 발생하거나 붕괴됐을 때 내부에 쿠데타가 발생하거나, 대규모 자연 재해가 발생하거나, 인질 사태가 발생하거나, 이럴 때 북한에 들어가겠다는 거거든요. 그런데 이것은 굉장히 위험한 발상입니다. 왜냐하면 유엔 헌장 위반이에요. 자국의 무력 행사는 자위적으로만 할 수 있거든요.

지 ▷ 다른 나라니까요.(웃음)

정 ▶ 유엔에 가입한 독립 국가잖아요. 주권 독립 국가인데, 거기서 쿠데타가 발생했다고 우리가 들어가요? 무슨 권리로. 유엔 헌장 위반입니다. 그리고 우리 헌법 위반이기도 해요. 헌법 제3조가 평화적인 통일을 규정하고 있고요. 우리 국군이 침략 행위를 할 수 없다고 되어 있어요. 그런데 무슨 근거로 들어가겠다는 겁니까? 들어가게 되면 정전 협정은 파기되는 겁니다.

지 ▷ 북한이 무너져서 탈북자들이 한꺼번에 내려왔을 때 남한 사회가 감당할 수 있냐는 논란도 있었고요. 상당히 감당하기 쉽지 않을 텐데, 서로 조금씩 교류를 하면서 통일에 대비한 연착륙이 필요할 것 같은데요. 그런 작전 계획은 좀 엉뚱한 것 아닌가요?

정 ▶ 그런 가상 상황에 대비해야 한다고 미국이 요구해서 DJ 정부와 참여정부 때 개념 계획은 갖고 있을 필요가 있다고 해서 만들었어요. 여기에 병력 배치라든지, 실전에 관한 작전 개념이 빠져 있습니다. 한마디로 가상 시나리오를 작성해보는 것인데, 그걸 개념 계획이라고 합니다. CONPLAN이라고 하는데, 거기까지 가고, 더 가려는 것을 안 된다고 했어요. 그런데 이것이 이명박 정부를 거치면서 작전 계획으로까지 가버린 것 같아요. 시인은 하지 않아요. 그런데 이미 작전 계획을 작성한 것으로 보입니다. 오퍼레이션 플랜이라고 하는데요. 콘플랜이 오플랜으로 변한 것 아니냐 하는 의심을 갖고 있어요. 작전 계획 5029, 북한은 이걸 북한에 대한 무력 침공 계획으로 규정하고 있어요. 그렇지 않겠어요? 북한 입장에서 생각해보면.

지 ▷ 만약 남한이 혼란스러울 때 북한이 질서를 잡겠다고 특수 부대를 투입하겠다고 작전을 세웠다면 남한 국민들이 받아들이기 어렵겠죠.

정 ▶ 아까 역지사지가 필요하다고 했잖아요. 남한만 자본주의 체제고, 전 세계가 다 공산당이 집권했는데, 거기서 소련 동맹군들이 와서 툭하면 군사훈련을 하고, 이쪽에 쿠데타가 나거나 혼란스러우면 쳐들어온다는 작전 계획을 만들었다고 생각해보세요. 체제 안전 위협이라는 것이 우리가 보기에는 과장된 것처럼 느껴지는데, 역지사지하면 '그럴 수 있겠네.' 하고 느낄 수 있잖아요. 상황이 더 복잡한 것은 뭐냐 하면, '북한에 만일의 돌발 사태가 발생했을 때 중국군이 개입할 경우 어떻게 하는가.' 하는 요소가 가장 예민한 부분입니다. 순진하게 무너진다, 무너지면 통일된다, 그 논리가 성립이 안 되는 거예요. 백번 양보해서 무너진다고 쳐도요.

동맹 일방주의보다 국익 우선 원칙으로

지 ▷ 한국전쟁 때 이미 중공군의 개입을 겪었잖아요. 중국이 그때보다 국력이 더 세져서 더 복잡한 시나리오가 전개될 것 같은데요.

정 ▶ 지금 어쨌든 미국과 중국이 전쟁을 하자는 것은 아니잖아요. 이른바 신형 대국이라는 새로운 관계를 통해서 서로 지구적 범위 내에서 협력을 하자, 이런 모색을 하고 있는 것인데요. 지금 그런 생각을 하는 것은 시대착오적이죠.

지 ▷ 참여정부 때 동북아 균형자론 얘기가 나왔었고요. 논란이 있었지만, 큰 틀에서는 그런 식으로 외교를 잘해야 우리가 살 수 있다, 좀 더 큰 역할을 할 수 있다는 건데요. 많은 사람들의 평가가 2040년이 되면 중국이 미국을 경제적으로는 물론이고, 군사적으로도 능가할 것이라고 판단하고 있잖아요. 그런 상황에서 아직도 우리는 한미동맹에만 집착하는 경향이 있는데요. 경제적으로는 중국과의 무역 의존도가 커지고 있지 않습니까?

정 ▶ 세상이 변했잖아요. 세상이 변했으면 우리는 거기에 맞춰 우리의 국익을 지키고 키우기 위해 노력해야 하잖아요. 우리의 국익을 지키면서 결국은 평화적으로 통일을 이루는 게 우리의 국익을 최대화하는 거죠. 그런데 지금 미국의 국익은 미일동맹, 한미동맹을 통해서 미래의 잠재적인 위협이 될 수도 있는 중국을 견제할 수 있는 띠를 만들고자 하는 것으로 보입니다. 한·미·일 삼각동맹, 중국은 그것을 중국에 대한 도전 내지는 위협이라고 생각합니다. 그런데 말씀처럼 한국과 중국의 경제적인 관계는 시간이 갈수록 더 커지고 있단 말이죠. 지금 수출 수입의 총량에서 대중 무역이 전체의 25%가 넘잖아요. 일본과 미국을 합쳐서 16%인가밖에 안 돼요.

그러면 당연히 한미동맹도 중요하고, 한중 협력도 중요한 것이 우리 현실 아닙니까? 한미동맹을 발전시키면서 그걸 활용해서 한중 관계에 활용하고, 또 한중 관계를 활용해서 한미 관계를 공고히 하고, 이런 식으로 지혜롭게 외교를 펼쳐야 할 시점이죠. 그런데 여기서 한미동맹 일방주의는 전혀 국익에 부합하지 않죠. 이건 교과서적인 상식입니다. 다행히 미국과 중국이 충돌로 가는 것이 아니라 나름대로 협력과 경쟁이라는 틀로서 접점을 찾아가지 않습니까? 그 틈바구니에서 우리의 국익을 최대화해서 평화적인 통일로 갈 수 있는 지혜가 뭔가를 고민해야죠.

그런데 미국과 중국은 한반도 문제에서 현상을 타파하고 평화적인 통일을 적극적으로 지원해야 할 뭔가가 없어요. 중국은 한반도의 현상 유지가 나쁘지 않잖아요. 미국도 현상 유지가 그렇게 나쁠 것이 없어요. 특히 네오콘들은 북한이 미사일을 쏘고, 핵 능력을 증강하고 하는 것이 한편으로는 위협적인 요소도 되지만, 한편으로는 네오콘들의 논리와 주장을 정당화하는 근거가 되거든요. 네오콘들이 아시아 MD 계획에 집착하잖아요. 미사일 방어망에 돈을 쓰고, 그것을 확대하기 위해서는 미사일을 쏘는 악당이 있어야 하는 거죠. 미사일을 쏘는 악당이 없어지면 그 정당성이 많이 약해지잖아요. 저는 어떤 의미에서 보면 지난 20년 동안 핵 문제가 해결되지 않고, 계속해서 핵 문제가 동북아의 두통거리로 남아 있고, 핵 문제가 20년 전에 비해서 몇십 배나 악화되고 커져버린 것은 이런 주변국의 이해관계와 무관하지 않다고 봅니다.

지 ▷ 어떻게 보면 적극적으로 해결할 의지가 없었다고 볼 수도 있겠네요.

정 ▶ 그렇기 때문에 한국 정부의 의지, 한국 정부를 책임진 한국 대통령의 철학과 신념이 중요한 것입니다. 김대중 대통령과 노무현 대통령 시절에는 이 핵 문제를 해결하는 데 우리가 나름대로 고민하고 역할을 모색한 거죠. 미국을 설득하고 중국을 설득하고 북한을 설득한 건데요. 이명박 정부는 그걸 놓아버렸습니다. 이명박 정부는 비핵·개방·3000, 이른바 선비핵화론이었잖아요. 북이 먼저 선비핵화 의지를 밝혀라. 그래야 대화를 한다. 대화를 보상으로 간주했습니다. 이명박 정부의 대북 정책은 정확하게 미국 부시 정부 시절의 네오콘의 논리와 일치합니다. 대화는 보상이라는 거잖아요. 저 나쁜 악당과 무슨 대화를 하느냐. 너희가 진정성을 갖고 비핵화 의지를 보이라고 한 거죠.

그러면서 결과는 어떻게 되었는가 하면, 5년이라는 시간 동안 북한은 핵 능력 강화를 향해서 질주를 해버렸습니다. 5년 동안 미사일을 2차, 3차, 4차에 걸쳐 발사했고 로켓도 세 차례나 발사했고 4차에서 성공을 했죠. 핵 실험 2차, 3차 둘 다 성공했죠. 거기다가 플루토늄 이외에 우라늄 농축을 했잖아요. 히로시마에 떨어진 것과 나가사키에 떨어진 핵무기가 우라늄과 플루토늄으로 종류가 다른데, 이명박 정부 이전에는 플루토늄 문제였어요. 그런데 이명박 정부 5년 동안 우라늄 농축과 우라늄 폭탄을 만드는 데 질주했는데, 플루토늄과 우라늄은 질적으로 다릅니다. 왜냐하면 플루토늄은 대단위 시설이 필요합니다. 원자로가 있어야 하고, 재처리 시설이 있어야 하고, 이건 인공위성 사진으로도 감시할 수가 있습니다. 가동을 하는지, 재처리를 하는지 알 수 있어요. 연기가 나기도 하고요. 그런데 우라늄은 소규모 시설일 뿐만 아니라 지하실에서도 할 수 있어요. 그러니까 추적이 안 되고 감시도 안 돼요. 북한이 그런 능력을 가져버린 거죠. 그러니까 오바마 정부 4년의 전략적 무시와 이명박 정부의 선비핵화론이라는 것이 결과적으로 북한의 핵 능력 강화를 위해서 이롭게 작용했다는 겁니다. 역설적으로.

북은 제재와 압박으로 무너지지 않는다

지 ▷ 제재를 버텨가면서 핵무기를 만들 시간을 벌었다고 볼 수 있겠네요.

정 ▶ 제재라는 것이 실효가 없다는 것이 증명이 됐잖아요. 북한이 유엔 제재를 2006년 핵 실험을 할 때 받았어요. 1718호인가 받고, 그 다음에 1874호도 있고, 최근에 받은 것이 2094호고, 작년 12월에 쏜 것 때문에 올 1월에 받은 것이 2087호입니다. 그렇게 해서 유엔 제재결의가 네 번인가 중첩이 됐는데요. 제재에는 이골이 난 상태고, 폐쇄 경제고, 고립 경제이기 때문에 괴롭기는 하지만, 그걸로 인해서 북이 붕괴하거나 와해되지는 않는 거죠. 특히 중국이 북한을 핵심적인 자신들의 전략적 자산으로 간주하는 한, 그렇게 해서 북의 평화와 안전이 중요하다고 계속 강조하는 한 유엔 제재는 실효가 없어요.

중국에게 북한의 존재는 핵심적 국익입니다. 명시적으로 밝히지는 않지만 중국은 대북 정책에 대한 세 가지 원칙을 갖고 있다고 봐요. 하나는 한반도의 비핵화, 즉 한반도에서 핵무기는 용납할 수 없다. 북한 핵뿐만이 아니라 미국의 전술핵을 남한에 다시 들여오는 것도 안 된다는 것이죠. 두 번째는 한반도에서 전쟁을 결코 용납하지 않겠다는 것입니다. 중국은 덩샤오핑 이래 '빛을 감추고 힘을 기른다.'는 '도광양회'를 국가 전략으로 채택해 경제 건설에 매진하고 있는 마당에 바로 중국의 코앞에서 전쟁이 일어나는 상황을 허용하지 않겠다는 의지 천명이죠. 북한 핵 문제 해결책으로 미국의 강경파가 군사적 해법을 들먹거렸을 때 가장 신경을 곤두세운 측은 중국이었어요. 북한 핵 문제를 평화적으로 해결해야 한다고 말은 부드럽게 하지만 그 속엔 뼈가 있습니다. 세 번째는 북한 체제의 붕괴를 용납하지 않겠다는 거예요. 중국과 북한은 한국전쟁 때 같이 싸운 혈맹이기도 하지만 남한과 수교하고 관계를 정상화한 이후에도 중국은 북한을 전략적 자산이라고 말하지요. '순망치한'이란 말처럼 입술이 상하면 이가 시리듯이, 북한의 존재는 중국과 한미동맹 사이에 하나의 완충지대 역할을 하고 있다고 보는 거죠. 이 같은 상황 아래서 북을 제재와 압박으로 붕괴시킬 수 있다고 믿은 과거 정권은 지나치게 순진하거나 아니면 이념에 눈이 어두워 현실을 제대로 못 본 거라고 생각해요. 북은 그렇게 쉽게 무너지지 않는다고 보는 것이 현실적이다, 저는 그렇게 생각합니다.

이런 상황에서 남쪽의 보수파는 계속해서 대결과 제재에만 매달려서 결국은 한반도 정세가 더욱 불안정해져버렸습니다. 게다가 남북 문제에서 발언권과 영향력만 사라져버렸습니다. 도대체 5년 동안 남북 문제에서 뭘 했다고 할 만한 게 없잖아요. 어쨌든 이명박 정부 5년은 남북 관계를 20년 후퇴시켰습니다. 1991년 기본합의서 이전 상태로 되돌린 거죠.

지 ▷ 예전에 "이명박 정부는 안보와 평화 관리 모두 실패한 정권이다. 비핵·개방·3000 노선을 즉각 폐기하고, 확고한 안보 태세 위에서 적극적인 대화 노선으로 전환하라."는 말씀도 하셨는데요. 이명박 정부는 다른 부분에 있어서도 논란이 되지만 특히 남북 관계에 있어서는 한 것이 없는 정부라는 거네요.

정 ▶ 한 게 없으면 차라리 좋은데, 역사를 후퇴시킨, 민족사에 굉장히 큰 부담을 준 정부라고 생각합니다.

지 ▷ 남북 관계라는 것이 소위 장사가 되는 거니까, 자기들도 때에 따라서는 남북 간의 대화나 이런 것을 시도했던 것으로 보이는데요. "천안함에 대해서 사과처럼 보이는 얘기를 해달라."고 비공식적으로 요청을 했던 것이 밝혀져서 언론에 보도되기도 했지요.

정 ▶ 철학이 없는 정부였죠. 분단국의 지도자는 다른 것은 몰라도 분단을 어떻게 극복해야 할 것인가 하는 고민은 가지고 지도자가 되어야죠. 단순히 권력 의지만 가지고 지도자가 돼서 비극적인 상황을 만든 대표적인 경우겠죠.

지 ▷ 이명박 전 대통령이 대통령이 됐을 때 일각에서는 실용적으로 할 것 같으니까 개성공단은 발전시키지 않을까 하는 기대도 하고, 남북 관계를 경제적으로 접근할 것이라는 기대도 했는데, 결국 그것도 안 됐잖아요.

정 ▶ 김대중 대통령도 속았어요. 이명박 대통령 취임 후에 제가 동교동을 갔습니다. 제가 걱정을 했죠. "제가 이명박 후보에게 져서 떨어진 사람이라 할 말은 없습니다만, 다른 것은 모르겠는데, 남북 관계가 걱정입니다."라고 했죠.(웃음) "남북 관계에서 문제가 생길 것 같습니다. 걱정입니다." 그랬더니 김대중 대통령께서 "나는 그렇게 생각 안 해요, 잘할 거요. 나한테 와서 햇볕정책을 계승한다고 하고, 포용 정책을 할 거라고 했어요. 실용적으로 할 거요."라고 말씀하세요. 김대중 대통령이 속은 거죠. 이명박이 그렇게 말을 했어요. 이명박이 후보 때 동교동에 찾아갔거든요. 찾아가서 김대중 대통령한테 자기가 대통령이 되면 "포용 정책을 계승하겠습니다. 남북 관계를 실용적으로 하겠습니다." 하고 약속했으니까 믿었죠. 그런데 나중에 보니 아니거든. 그래서 김대중 대통령이 3대 위기론을 얘기했잖아요. 남북 관계의 위기, 민생경제의 위기, 민주주의의 위기 얘기하면서 마지막에 피를 토하는 심정으로 호소하고 그러셨지요.

NLL 문제 평화적 해결이 평화 체제 출발선

지 ▷ 김정일 위원장과 NLL 얘기도 나눴다고 하셨잖아요. "DMZ는 선이라도 보인다, 바다는 선도 안 보이는데, 거기서 총질하고 포 쏘고 하는 것은 우스꽝스러운 일이다, 이걸 서해 평화지대로 만들어갑시다, 바다의 화약고를 바다의 개성공단으로 만들자."고 얘기했는데, 실질적으로 이루어지지 않았잖습니까?

정 ▶ 땅에서는 개성공단을 만드니까 서로 총질하던 땅에 함께 모여서 공장에서 물건을 생산하게 됐잖아요. 그래서 그것이 긴장 완화에 도움이 됐고요. 그런데 계속 문제가 발생하는 것은 서해란 말이에요. 휴전선도 아니고, 동해도 아니고, 서해예요. 서해에서 항상 문제가 생겼죠.

지 ▷ 서해 교전이 두 번이나 있었고요.

정 ▶ 이 문제를 안정화시켜야 하는 것 아닌가요? 그래서 제가 문제를 제기한 거죠. 서해를 어떻게 할 겁니까? 서해를 평화지대로 바꿔야 합니다, 그랬더니 김정일 위원장이 화답을 한 거예요. "맞아요. 육지는 선이라도 똑똑한데, 바다는 선도 똑똑하지 않은데, 거기서 총질하고 하는 것은 어리석은 일입니다." 하고 굉장히 선선하게 대답했어요. 서해를 바다의 개성공단으로 만들어야겠다고 얘기했습니다. 개성공단 해봤잖아요. 실제로 하니까 경제적 효과, 군사안보적 효과, 긴장 완화의 효과가 발생하고 있었잖아요. '아, 바다에 개성공단을 만들면 되겠다.' 개성공단은 북한 영토 안에 만든 것 아닙니까? 그런데 NLL은 양쪽에 걸쳐 있으니까 공동의 바다로, 바다의 개성공단을 만들어야겠다고 해서 그 뒤에 실무회담도 이어지고, 2007년 정상 회담의 정식 의제로도 가고 그랬는데요. 그게 미완성으로 끝났죠.

지 ▷ 지난번 선거 때 참여정부 당시의 통일부 장관들이 NLL을 팔아먹었다는 주장들이 나왔잖아요. 한국 사람들이 영토에 관련해서 민감

한 부분이 있어서 상당히 먹히기도 했는데요.

정 ▶ 선거에 사용된 선동이죠. 그런데 이성적으로 생각하면 서해를 안전한 평화의 바다로 만드는 것이 자식을 군대 보내고, 서해 연평도나 백령도에 근무하거나 서해에 근무하는 아들딸을 둔 부모들이 발 뻗고 자는 길 아니겠습니까? 그게 국민들을 위하는 길이죠. NLL에 관한 해법은 결국은 개성공단 모델이에요. 개성공단 이천만 평이 남쪽 땅입니까?북쪽 영토예요. 북쪽 영토를 우리한테 내준 거 아닙니까? 상대방이 내준 것은 당연한 건가요? 남쪽과 북쪽이 같이 공동의 바다 목장, 바다 공장으로 하자는 건데, NLL은 그 이상의 방법은 없다고 봅니다. 이미 힘으로 부딪혀 봤잖아요. 비극이잖아요. 한번은 저쪽이 크게 패전하고, 그 다음엔 우리가 당하고, 악순환 아닌가요.

지 ▷ 남북한 사이에 NLL에 대한 시각차가 있어서 문제가 발생하는 것 같은데요. 남한은 선을 그어놓고, 북한은 인정하지 않았기 때문에 계속 충돌이 벌어졌지요.

정 ▶ 박정희 정권이 영해선을 그으면서 인천 앞바다 밑에까지밖에 못 그었어요. 박정희 정권 시절의 영해 지도를 보면 그렇습니다. 특수하게 그어진 선이에요. 6·25 당시에 북한의 해군이 궤멸됐잖아요. 아마 섬이 신의주나 평양 앞에 있었어도 그 섬도 우리 것이었을 거예요. 왜냐하면 해군이 없으니까, 그 특수한 상황에서 섬을 전부 점령하고 섬 앞으로 선을 쳤잖아요. 그런데 북은 육지에서부터 영해선을 그으니까 충돌하고 마찰이 되는 겁니다. 어쨌든 대결 시대에는 NLL 사수 이외에는 다른 얘기가 필요 없죠.

그런데 대결 시대가 아니라 평화 체제 시대로 넘어가려면 평화 협정의 첫 번째 관문이 NLL입니다. NLL 문제를 넘어야 평화 협정이 가능해요. 평화 협정이라는 것을 하려면 휴전선과 그 경계선에서 어떻게 긴장 제거를 해야 할 것 아니겠어요? 이 문제에서 부딪혀버리면 평화 체제로 못 가는 겁니다. 평화 체제라는 것은 신뢰 구축을 바탕으로 휴전선과 NLL을 어떻게 관리 통제하느냐 하는 건데요. 서로의 주장이 계속 부딪히면 평화 협정이 안 되죠. 박근혜 정부는 평화 협징으로 가고 싶어도 갈 수가 없어요. 왜냐하면 NLL 문제를 정치적으로 이용하는 바람에 평화지대 구상을 펼칠 수가 없게 돼버렸어요. NLL 사수 이외에 다른 창의적인 대안이 없잖아요. 우리는 고민했고, 대안을 낸 것이 바다에 개성공단을 내자는 것 아니겠어요. 물론 박근혜 정부는 평화 체제나 평화 협정에 대한 의지도 철학도 없는 것처럼 보여요. 지금까지 평화 협정의 'ㅍ'자도 들어본 적이 없잖아요.

지 ▷ 원래 꽃게잡이철 때마다 꽃게 어획량이 부족하니까 북한 어선이 내려오면서 충돌이 있었던 것이 연평해전의 계기가 됐던 건데요. 우리 어부들도 꽃게 어획량이 부족한데, 북한에서까지 내려오는 것은 막아야 된다는 얘기도 있었지요.

정 ▶ 같이 잡아서 나누면 되죠. NLL이 북쪽 땅에 바짝 붙어 있잖아요. 우리 섬인 연평도나 백령도가 있으니까요. 우리가 가지고 있는 안이 저쪽은 바다가 좁고 이쪽은 넓으니까 공동어로구역을 남쪽으로 많이 내려오고, 저쪽 백령도 바깥으로는 북쪽 바다를 많이 내놔라, 그게 바로 등면적론입니다. 결과적으로는 면적은 같은 거죠. NLL 북쪽의 연평도 쪽은 남쪽이 많이 내놓고, 서북쪽으로 나가서 백령도 위쪽으로는 북쪽이 많이 내놓고, 합쳐서 개성공단 이천만 평이라고 하면 이천만 평을 NLL 중심으로 남쪽 천만 평, 북쪽 천만 평 이렇게 내놓자는 거죠. 그런데 바다도 평이라고 하나요?(웃음)

지 ▷ 헥타르 아닌가요?

정 ▶ 이천만 평이면 육천사백 헥타르 정도 됩니다. 육천사백 헥타르 같으면 삼천 헥타르씩 내서 똑같이 공동으로 잡아서 나누자, 그러면 총질할 이유가 없죠. 개성공단 하고 10년 동안 총 안 쐈잖아요. 그런 것처럼.

분단과 남북 긴장을 국내 선거에 악용한 정권들

지 ▷ 어떻게 보면 남북 간에 신뢰가 구축되어 있지 않기 때문에 그런 문제가 발생하는 건데요. 천안함 같은 문제도 복잡하지 않습니까? 국내에도 의혹을 가지고 있는 사람들이 꽤 있고요. 그런 부분에 대해서 정리가 되어야 남북 관계가 진전될 텐데, 남한은 사과를 받아야 한다고 하고, 북한은 자신들이 한 일이 아니라고 하고 있잖습니까?

정 ▶ 참 어려운 문제인데요. 대한민국 정부나 국방부의 발표를 기본적으로 신뢰합니다. 그러나 합리적으로 생각해서 이건 좀 이해하기 어렵다는 대목들이 있잖아요. 거기에 대해서 당연히 의심을 갖는 거죠. 천안함 사건에 대한 정부 발표를 믿느냐 안 믿느냐를 가지고 사상 검증 잣대로 이용해서 안 믿는다고 하면 종북주의자로 낙인을 찍는 사회는 민주 사회가 아니에요. 의문을 제기할 수 없는 사회는 죽은 사회나 마찬가지 아닌가요. 그러면 그 의심을 풀어줄 책임이 누구에게 있나. 정부에 있어요. 자료도 있고, 정보도 있잖아요. 그러면 의심을 소상하게 풀어줘야죠. 설명할 책임이 있는 건데, 그걸 안 하고 있거나 못 하고 있는 거예요. 우선 설명할 책임을 다 해라. 그런 다음에 북에 대해서도 요구할 것을 요구해야 하고요. 천안함 문제 때문에 남북 관계를 못한다는 것은 있을 수 없습니다. 심지어 전두환 정부도 아웅산 사태 이후에 한반도의 상황 관리를 위해서 북과의 대화를 시도하거든요. 5공 때는 남북 관계가 적대적 대결주의 시대였어요.

전환점이 노태우 정부의 1988년 7·7 선언입니다. 베를린 장벽이 무너지기 일 년 전인데요. 서울 올림픽을 앞두고 올림픽을 성공적으로 치르기 위해서 동서 화해 분위기가 필요했고 이 계기를 잘 활용한 거예요. 7·7 선언의 핵심은 '남북 간에 직교역을 하자, 교류하고 왕래하자, 해외 동포는 북한을 자유 방문해도 좋다, 북한이 미국 일본과 가까워지는 것을 막지 않겠다, 관계 개선을 도와주겠다.' 이런 거였죠. 베를린 장벽의 붕괴와 대격변이 다가오는 시기에 선제적으로 탈냉전의 흐름을 탄 셈입니다.

북방 정책은 역사적으로도 성공한 정책입니다. 북방 정책을 통해서 한중 수교, 한소 수교를 맺은 덕분에 한국 경제의 덩치가 커진 거니까 경제 발전에도 크게 기여를 한 거죠. 예를 들면 노태우 대통령이 KTX를 설계할 때 부산에서 서울 간 KTX가 아니라, 부산에서 출발해서 평양을 거쳐서 신의주를 건너서 TSR(시베리아 철도), TCR(중국 횡단 철도)로 고속 철도를 연결하는 거대 구상, 21세기에 그렇게 가겠다는 그림이 머릿속에 있었다는 것은 평가를 해줘야죠.

지 ▷ 그때도 상당한 권위주의 정권이었지만, 노태우 정권은 전두환 정권에 비해서 유화책을 많이 썼던 것 같은데요.

정 ▶ 대통령 직선제를 통해 탄생한 정부였기 때문에 그런 거죠. 전두환은 탱크로 밀고 총을 쏴서 집권을 한 거고요, 노태우 정부는 투표로 뽑힌 정부잖아요. 1988년부터 1992년까지 그 사이, 세계사적 변환기에 선제적으로 대응을 잘했죠. 한소 수교, 한중 수교, 비핵화 선언, 유엔 동시 가입, 기본합의서 등등 비전이 있었던 정부라고 말할 수 있습니다.

지 ▷ 말씀처럼 노태우 정부는 전환기의 대전략을 시의적절하게 구사했고 남북 관계도 1992년 남북기본합의서 채택을 기점으로 봇물 터지듯 화해와 협력 분위기로 흘러갔는데, 왜 이 흐름이 김영삼 정부로 이어지지 못하고 갑자기 끊어져버린 거죠? 늘 그게 궁금했습니다.

정▶ 참 안타까운 부분입니다. 같은 해에 분단된 독일과 한국 두 나라 중에 독일은 벌써 23년 전에 통일로 갔는데, 어찌 우리만 남아서 대결과 반목을 계속하고 있을까요? 독일은 분단을 국내 정치에 이용하지 않은 반면, 한국은 역대 권위주의 정권들이 끊임없이 분단 상황을 국내 선거와 정치에 이용했습니다. 대표적인 것이 1972년 7·4 공동성명과 1992년 기본합의서 파기예요. 멀리 갈 것도 없이 2012년 말에 발생한 국정원 선거 개입 사건도 같은 종류 사건이죠. 분단 상황을 악용해 반대파를 종북 세력이니 뭐니 공격하면서 정권 창출에 써먹은 것입니다. 그것도 국가 정보기관이 별도의 조직을 창설해 조직적으로 여론 조작에 나선 것은 민주 공화국의 기초를 파괴한 것이나 다름없는 일이에요. 미국에서 CIA가 대선 개입 공작을 하고 FBI가 이를 은폐하는 데 동원됐다면 어떤 일이 일어나겠습니까? 우리 국민이 이걸 묵과할 수 없는 이유가 여기 있습니다.

거슬러 올라가면 7·4 공동성명 당시 '자주, 평화, 민족대단결'이라는 통일 3원칙을 내놓아 국민들 가슴에 통일에 대한 열정의 불을 붙이고 나서 불과 석 달 만에 유신 쿠데타를 자행했어요. 더구나 헌법을 정지시키고 인권을 말살하는 친위 쿠데타를 사전에 평양 측에 통보해 준 것만 봐도 분단 체제에서 독재 정권이 서로 적대적으로 공생해온 증거인 셈이죠. 더 안타까운 일은 세월이 흘러 1990년대 초 세계적 탈냉전의 흐름에 합류하려는 노력으로 나왔던 1992년 남북기본합의서가 그해 말 대통령 선거를 앞두고 휴지통에 던져진 사건입니다. 이건 반드시 역사의 법정에 세워져야 합니다.

1992년 9월 평양에서 열린 남북 총리 회담에서 우리 측 대표단은 북이 요구하는 미전향 장기수 이인모 노인을 북측에 송환하기로 하되, 우리 측은 이산가족 상봉과 판문점 면회소 설치 운영이라는 두 가지를 보장받고자 했어요. 그런데 서울에서 뜻밖의 전문이 왔어요. 두 가지 요구사항 외에, 동진호 납북 선원 송환이라는 조건을 북측이 받지 않으면 협상을 깨라는 훈령이었어요. 그런데 이 훈령은 조작된 것이었습니다. 나중에 훈령 조작 사건은 안기부장 특보였던 이 모 씨가 주축이 되어 '가짜 훈령 조작', '진짜 훈령 조작'이라는 엄중한 범행을 저지른 것으로 드러났죠. 그 사람들은 남북 관계를 파탄시켜 안보 불안과 긴장을 조성하는 것이 '정권 창출'에 유리하다는 생각에서 조직적으로 훈령 조작 사건을 일으킨 겁니다. 레임덕 현상에 빠져 정보기관에 대한 통제력을 상실한 노태우 대통령 탓이 크다고 봐요.

지 ▷ 그래서 '물태우'라는 별명이 생겼나 봅니다.(웃음)

정 ▶ 그런데 문제는 훈령 조작 사건에 그치지 않고 또 나옵니다. 안기부는 1992년 10월에 '남한 조선노동당 중부지역당' 사건이라는 대규모 간첩단 사건을 발표하고, 그 직후 한미 연례 안보협의회는 1992년에 중단했던 한미 합동 군사연습 팀 스피리트 훈련을 1993년에 재개한다고 발표합니다. 이 발표가 남북 간 대화를 파탄 내는 결정적 역할을 하죠. 팀 스피리트 훈련 실시 발표는 통상 12월 말에 해왔는데 10월 초로 근 석 달이나 앞당겨 발표했다는 것은 12월 대통령 선거에 영향을 미치려는 정략적 의도 때문이었습니다. 더군다나 팀 스피리트 재개는 정부 내에서 진지한 논의도 거치지 않고 한미 국방장관 회의에서 발표됐는데, 이를 요구한 당사자는 한국 측이었습니다. 당시 미국 측은 중단된 훈련을 재개하자는 한국 측 제안에 대해 "마치 음악을 듣는 것처럼 즐거운 얘기"라며 반색했다는 겁니다. 1994년 제네바에서 북한과 핵 동결 협상을 했던 미국의 갈루치 대표는 자신의 회고록에서 팀 스피리트 훈련 재개를 천명한 이 결정은 '미국 외교 역사상 최악의 합의'라고 혹평한 바 있어요. 결국 정권 말기에 군을 제대로 통수하지 못한 노태우 대통령의 허약한 리더십 탓에 5년 동안 힘들여 쌓아온 남북 관계의 공든 탑이 무너지고 말았지요.

국가의 안전과 평화를 지켜줘야 할 정보기관이 오히려 평화를 파괴한 사건들은 시간이 흘렀다고 하더라도 반드시 역사의 법정에서 엄중하게 다뤄져야 합니다. 국가와 국민을 배신하고 정권 창출의 도구로 전락한 정보기관의 역사는 꼭 청산해야 합니다. 그렇지 않고는 분단을 넘고 민족 통합의 길로 나아갈 수 없다고 생각해요.

이렇게 해서 남북 화해는 깨지고 김영삼 정부가 탄생합니다. 1993년 2월 25일 취임사에서 김영삼 대통령이 뭐라고 선언했습니까? "어떤 동맹도 민족에 우선할 수 없다." 제가 그때 문화방송 북한부 차장으로 일할 때였는데 귀를 의심했어요. '저게 무슨 말이야.' 하고.(웃음) 충격을 받았습니다. '아, 남북 관계를 획기적으로 해나가겠다는 얘기구나.' 했는데요. 그리고 며칠 있다가 북한이 NPT를 탈퇴하니까 "핵을 가진 자와는 악수할 수 없다."고 태도를 확 바꾸죠. 그 다음에 또 "쌀을 사서라도 주겠다."고 해요. 냉탕, 온탕, 냉탕, 온탕, 이게 뭐냐 하면 철학이 결여된 거죠.

노태우 정부는 적어도 북방 정책에 관한 한 비전을 가진 정부였고, 김영삼 정부는 그 도전에 제대로 응전하지 못했습니다. 반공주의 말고는 평화에 대한 비전이나 철학이 없었기 때문이죠. 북방 정책의 후속 정부로서의 전략을 가지고 있었어야 하는데, 그림과 전략이 부재했죠. 사실 1990년대가 어떤 시대입니까? 냉전에서 탈냉전으로 세계가 변했잖아요. 소련도 해체됐고, 동독과 서독은 통일이 됐고, 중국도 시장경제로 변했고, 그게 1990년대잖아요. 그걸 잘 응전해서 노태우 정부가 중국과 수교도 했고, 소련과 수교도 했고, 기본합의서도 만들었어요. 그걸 따라가면 되잖아요. 반석 위에 올려놓으면 되는데, 기본 합의서를 휴지통에 던져버린 거잖아요. YS 정부에 아쉬움이 많습니다. 역사적 책무를 다하지 못했어요. 그 소중한 5년을 남북 관계에서, 한반도 문제에서 낭비한 거죠. 그것이 핵 문제를 키운 간접적 배경도 됩니다.

햇볕정책은 강자의 정책

지 ▷ 김대중 정부의 가장 큰 공이라고 할 수 있는 것이 대북 화해 및 포용 정책이라고 볼 수 있는데요. 그게 평화를 가져왔고요. '햇볕정책'이라는 이름 자체는 논란이 있지 않았습니까? 국내에서는 '퍼주기 아닌가?' 하는 오해를 불러일으켰고, 북한 쪽에서도 '결국 우리 옷을 벗기겠다는 것 아닌가?' 하는 부정적인 시각도 있었다고 하던데요. 어쨌든 좋은 방향으로 가고 있으니까 크게 따지진 않았지만, 북한 일각에서도 그 용어에 대해서는 불쾌해했다는 얘기가 있는데, 돌이켜 생각해보면 이름을 다르게 정했으면 어땠을까요?

정 ▶ 이름은 탁월한 선택이었죠. 왜냐하면 알아먹기 쉽잖아요.(웃음) 아, 그런 뜻이구나 하고. 실제 대북 화해 협력 정책의 본질을 잘 설명해줬으니까요. 그건 하나의 비유법인데, 제대로 잘 비유를 한 거죠. 상대방이 기분 나쁜 요소도 있겠지만, '옷 벗고, 군복 벗고, 같이 평화공존을 하자.'는 것이지요. 군복 벗고, 평복으로 사이좋게 지내자고 볼 수도 있는 거니까요.

지 ▷ "햇볕정책(대북 포용 정책)은 민주당의 정체성이자 대북 정책의 근본 뿌리다. 햇볕정책을 수정한다는 건 민주당이길 포기하는 것이다."라고 강조하기도 하셨는데요.

정 ▶ 몇 해 전 민주당 지도부 중에 어떤 분이 햇볕정책을 가지고, 양비론 식으로 한계도 있고 단점도 있다고 얘기했어요. 그래서 제가 "그렇지 않다, 그건 신념이 없기 때문에 그런 것이다."라고 했습니다. 햇볕정책은 대북 화해 협력 정책이자 대북 포용 정책이에요. 그거 말고 나머지는 변종이에요. 햇볕정책의 근본은 평화 공존 정책이잖아요. 공존해서 공영하자는 것인데, 그거에 대해서 원칙 있는 포용 정책이니 사족을 다는 것은 좀 그렇죠. 전에도 있었잖아요. '한국적 민주주의'니 그건 변종이거든요. 정통이 아니고 신념과 철학이 부족하기 때문에 그런 것 아니겠습니까?

세계적 탈냉전 과정을 봐도 강풍보다는 햇볕이 특효를 발휘한 것 아닙니까. 미국의 레이건이 소련을 '악의 제국'이라고 지칭하면서도 끊임없이 대화를 지속해 마침내 변화를 이끌어낸 사례나 닉슨이 마오쩌둥의 중국을 포용함으로써 개혁 개방으로 나갈 수 있게 만든 것이 좋은 예가 되겠죠. 베트남 전쟁 때 수백만 톤의 폭탄을 퍼부어도 항복시키지 못했던 베트남과 관계를 정상화하고 수교함으로써 동남아 지역에서 미국의 안정적 영향력을 확보한 것도 좋은 대비가 됩니다. 우리 경우도 1992년 수교 이후 중국과의 관계를 보면 상전벽해잖아요. 북한이 변화되기를 바란다면 대북 포용 정책 말고는 해법이 없다는 게 내 생각입니다.

포용 정책은 결코 유약한 정책이 아니에요. 북이 공갈을 치니까 비위를 맞춰주기 위해 굽신거리는 정책이 아니란 뜻입니다. 약자는 강자를 포용할 수 없어요. 포용 정책은 힘이 있는 강자만이 쓸 수 있는 공세적인 정책이죠. 남북 간의 체제 경쟁은 이미 오래전에 끝났잖아요. 경제력과 군사력, 외교력뿐만 아니라 현대 국가의 잠재 역량인 소프트 파워(연성 국력), 예컨대 문화 예술 과학 대외 영향력 등에서도 격차는 하늘땅만큼 벌어져 있어요. 이렇듯 체제 경쟁의 승자인 우리가 지난날의 피해의식을 벗어나서 자신감을 갖고 적극적인 포용 정책을 추진해야 한다고 생각합니다.

어쨌든 한반도 역사에서 6·15 이전사와 이후사가 있다고 얘기했는데요. 6·15 이후에 국민들의 인식이 획기적으로 변했잖습니까? 한반도의 주인은 국민이잖아요. '아, 북쪽도 사람이 사는 데구나, 북쪽도 말하면 통하는구나.' 하는 생각을 갖게 됐고, 북쪽 사람들도 '남쪽이 잘사는구나, 남쪽이 우리를 도와주려는구나.' 하고 적대감이 누그러졌잖아요. 지금 북쪽 주민을 적대하는 국민은 없어요. 북쪽 주민도 마찬가지입니다. 남쪽 주민을 적대하는 사람은 없어요. 얼마나 큰 해빙입니까? 정부와 정부, 정권과 정권이 티격태격하는 것이지요. 그것이 바로 햇볕정책의 위대한 성과죠. 햇볕정책을 내팽개치니까 뭐가 왔어요? 금방 추위가 오고, 긴장 격화가 왔지요? 그렇잖습니까?

지 ▷ 전쟁 위기가 고조됐죠.

정 ▶ 정치인들이 햇볕정책 2.0이니 3.0이니 정치적인 용어로 포장하지만, 본질은 평화 공존입니다.

PARIS

MOSKVA

BEIJING

2장

한국형 통일 모델 개성공단

VLADIVOSTOK

개성공단에 인민군대 옷 벗겨 30만 명 집어넣겠소

지 ▷ 남북 당국자 회담이 열렸으면 제일 먼저 개성공단 문제를 얘기했을 텐데요. 이게 장기화되면 다시 열기 어려운 상황이 오지 않을까 우려하는 분들도 계신 것 같은데요. 이 문제를 빨리 풀어야 하지 않을까요?

정 ▶ 생각해보니까 죽지는 않을 것 같아요.(웃음) 왜냐하면 제가 사태 초기부터 개성공단 절대 안 죽는다고 큰소리쳤는데요. 장관급 회담 열린다고 하니까 당신 말이 맞았다고 했습니다. 격 때문에 무산됐다고 해서 죽나, 죽지는 않아요. 북한도 개성공단 죽이고 나서 감당이 안 돼요. 왜냐하면 개성공단을 죽여놓고, 나진 선봉, 신의주 특구, 남포 개방한다고 하면 씨알이 먹히겠어요? 앞뒤가 안 맞아요. 박근혜 정부 입장에서도, 저게 덩치가 작은 게 아닙니다. 하청업체까지 해서 6,000개 기업이 거기 생사가 달려 있어요.

지 ▷ 보상 문제가 걸려 있진 않나요?

정 ▶ 보상은 보험으로 경협기금에서 70억 원까지 해주는 건데요. 사업하는 사람들이 몇백억 투자했는데, 그거 다 날리고, 70억 받아봐야 빚 갚고 나면 길거리로 나앉는 겁니다. 그건 보상으로 될 문제는 아니에요. 너무 부담이 크고, 박근혜 정부도 한반도 신뢰 프로세스 한다고 하는데, 개성공단 닫고서 신뢰 프로세스 얘기를 할 수 있습니까? 신뢰 프로세스는 날아가는 거예요. 그렇기 때문에 남과 북은 개성공단을 닫을 수가 없어요. 고통은 좀 더 가겠지만, 다시 개성공단은 살아난다고 생각해요.

지 ▷ 북한 당국이 개성공단 폐쇄를 결정했을 때 어떤 생각이 드셨나요?

정 ▶ 저 사람들, 덜컥수구나, 덜컥수, 이런 생각을 했죠. 그 부분은 북의 입장에서 봐도 패착입니다. 저걸 걸어버린 것은. 거기에는 뭐가 있냐 하면 북한 군부의 불만이 있어요. 우리는 이번에 개성공단이 잠정 폐쇄가 된 상태에서 국민 교육이 됐습니다. "개성공단이라는 게 있었어?" 열 명에 아홉 명은 처음 안 거예요. 과거에 제대로 보도가 된 적이 있나요? 없어요. 닫힌다고 하니까 "거기 공장이 그렇게 많이 가 있었어?" 하고 역설적으로 개성공단의 존재를 알리는 효과가 있었고요. 북의 불만이라는 것이 뭐냐 하면 군사적으로 가장 예민한 지역을 열어줬단 말이에요. 그걸 열어줄 때 재밌는 삽화가 있는데요. 2000년에

1998년 6월 소 떼 1,001마리를 몰고 판문점을 넘은 정주영 회장의 쾌거는 세기적 이벤트였다. 17살 때 아버지가 소 판 돈을 훔쳐 가출했던 소년이 세계적 기업가가 되어 분단선을 넘은 사건은 세계인에게 감동을 주었다.

6·15 공동선언을 하잖아요. 그리고 남북 간에 공단을 북한에 만들기로 했는데, 정주영 현대그룹 회장이 처음에 해주를 희망했어요. 그런데 북이 해주는 해군 사령부가 있어서 안 된다고 해서 전격적으로 김정일 위원장이 개성으로 가라고 제안을 했어요. 김정일 위원장의 제안입니다. 정주영 회장이 속으로 깜짝 놀랐습니다. 김정일 위원장과 정주영 회장이 나눈 대화록이 있거든요.

지 ▷ 정주영 회장 입장에서는 개성은 더 안 될 거라고 생각했나 보죠?

정 ▶ 속으로 깜짝 놀란 것이 자기는 군사 지식은 없지만, 개성은 굉장히 군사적으로 중요한 지역 같은데, "개성을 여는 데 군부가 허락할까요?" 그랬더니 그건 내가 설득하겠다고 김정일 위원장이 대답했습니다.

돌아와서 열심히 그림을 그려가요. 개성공단 개발계획을. 2000년

10월 김정일 위원장에게 설명을 합니다. 그 모델이 경상남도 창원 공단이에요. 창원이 과거에 경남 의창군 하나의 면이었어요. 거기 50만 공단이 들어섰잖아요. 그게 이천만 평 규모입니다. 정주영 회장이 창원 공단을 모델로 그려갑니다. 그러니까 김정일 위원장이 입이 벌어졌어요. "이게 가능하냐?"고 하니까 "세계적인 수준의 공단을 만들겠다. 1단계로는 섬유라든지 노동집약적인 산업을 집어넣지만 점차적으로 전기, 전자, IT, 바이오 등 첨단 공단을 만들어서 세계 수준의 공단을 만들겠다."고 정주영 회장이 대답을 했죠. 그러면서 설득을 했습니다. 인건비가 저렴해야 경쟁력이 있을 것 아니냐. 그리고 토지 비용이 낮아야 한다는 것이죠. 중국이나 베트남의 3분의 1 가격이에요. 50년 사용권인데 평당 14만 9,000원 아닙니까? 인건비가 세금 포함해서 57불로 시작되거든요.

2004년도에 시작할 때. 정주영 회장이 질문을 합니다. "이천만 평이 완공이 되면 적어도 창원처럼 50만 공업도시가 되고, 공장에서 일하는 노동자만 35만 명에 달하는데, 개성 주변 인구가 30만밖에 되지 않잖습니까, 그러니 노동력 조달은 어떻게 하죠?"라고 하니까 김정일 위원장이 뭐라고 하냐 하면 "이거 다 하는 데 몇 년 걸립니까?" "착공해서 8년이면 됩니다." 그러니까 잠시 생각해보더니 "8년이라, 우리가 6·15도 했고, 8년이면 남북 관계도 발전했을 것이고, 그런데 남과 북에는 군대 숫자가 너무 많아요. 자, 그 단계가 되면 내가 인민군대 군복을 벗겨서 한 30만 명 공장에 넣겠습니다."라고 해요.(웃음)

지 ▷ 하하.

정 ▶ 통쾌한 얘기죠. 그게 실현은 안 됐지만, 바로 그것을 실현하는 것이 비전이죠. 우리 지도자의 비전이어야 하죠. 북한 최고 지도자의 머릿속에 그런 그림을 가지고 있었다는 것, 그건 주목할 대목입니다.

한국형 통일 모델이 바로 이거다!

지 ▷ 개성공단의 노동력도 되면서 자연스럽게 군축이 되는 거네요.

정 ▶ 그런 단계적 발전 모델을 머릿속에 가지고 있었다는 거죠. 그 방향으로 가는 것이 햇볕정책입니다. 얼마나 훌륭합니까? 그러니까 이것을 제가 독일에 갔을 때 에곤 바르(EGON BAHR) 박사, 이분이 브란트 수상의 특별보좌역이자 정무장관으로서 동방 정책을 설계한 분인데요. 개성공단 사진을 보여주고 설명을 했을 때 무릎을 치면서 "이건 놀라운 상상력이다. 내가 동방 정책을 설계할 때 동독 지역에 서독의 공단을 만든다는 생각은 미처 못 했다. 대단한 상상력이다." 그러면서 한 얘기가 "한국의 통일 모델이 필요한데, 이건 베트남 모델도 될 수가 없고, 독일 모델도 될 수가 없다. 한국형 통일 모델이어야 하는데, 한국형 통일 모델이 바로 이거다, 개성공단 모델이다. 복잡하게 생각할 것도 없이 개성공단을 확장해서 계속 따라가면 그 중간에 경제 통일이 올 것이고, 종점에 마침내 한반도의 통일이 올 것이다." 이게 에곤 바르 박사의 얘기예요.

개성공단이 그러니까 그냥 우리 국내에 있는 수십 개 산업 공단 중의 하나가 아니라 저것의 가치와 미래는 우리 민족의 미래라고 볼 수가 있어요. 그것을 북한인들 모르고, 남한 정부인들 모르겠습니까?

지 ▷ 안보적인 측면에서도 개성에 있는 군부대를 후퇴시키면서 장사정포 사거리가 수도권에서 멀어지기도 했는데요. 역지사지를 하자면 우리한테 파주나 이런 쪽에 북한 공단을 세우게 하는 거니까요.

정 ▶ LG진자의 파주 LCD 단지가 50만 평인데요. 파주, 문산, 금촌 일대 이천만 평을 북에다 줄 수 있습니까? 역지사지해보면. 그건 우리가 하나도 고마워하지 않거든요. 당연히 북한이 자기들 돈 벌려고 준 거라고 생각하는데요. 우리가 북한한테 돈 좀 받자고 파주, 문산, 금촌에 이천만 평을 내줄 수 있냐고요. 역지사지가 필요해요.

지 ▷ 경제적으로 어려워서 그런 면도 있겠지만, 남북이 화합하면서 서로 이익을 보자고 만든 걸 텐데요. 많은 국민들이 이번에 알았을 거라고 말씀하셨고요. 그만큼 그동안 개성공단이라는 모델을 알리는 데는 어떻게 보면 실패했다고 역설적으로 볼 수도 있을 것 같습니다. 개성공단이라는 좋은 모델을 국민들한테 알리는 데 실패한 것 아니냐, 좋은 모델을 만들었는데, 국민들이 모르고 있는 것은 문제인 것 같은데요.

정 ▶ 그렇죠. 그런 게 아쉽습니다. 특히 지난 이명박 정권 5년은 개성공단 죽이기 5년이었으니까요. 안 키웠어요. 개성공단이 여러 사람이 힘을 합쳐서 한 거지만, 처음에 기획하고 설계한 것은 정주영 회장이고, 참여정부 때 그림을 다 그렸습니다. 그래서 2003년에 터 기공식을 했는데요. 제가 2004년 7월 1일에 통일부 장관으로 가서 직원들을 모아놓고, "내가 통일부 장관으로 온 것은 다른 것이 아니다. 개성공단에서 손으로 잡히는 물건을 만들어내는 것이 내 사명이다. 내가 그걸 하려고 왔다."고 선언을 했습니다. 그리고 막상 앉아서 들여다보니까 속도조절론이 있더라고요. 그게 어디서 왔느냐 하니까 미국이에요. 미국이 핵 문제나 해결하고 이걸 해야지, 핵 문제가 불거졌는데, 북쪽에 다 무슨 공단을 짓느냐고, 그건 안 맞는다는 거였습니다.

그런데 전 생각이 달랐어요. '미국이 적극적으로 협조를 해야지, 무슨 소리냐.' 한 거죠. 왜 협조가 필요하냐면요. 미국이 협조를 해주지 않으면 공단을 지을 수가 없어요. 왜 못 짓느냐, 북한은 미국의 적성 국가예요. 미국은 적성 국가가 몇 개 있어요. 쿠바가 적국이고, 북한이 적국이고, 이란이 적국입니다. 그런 적국에다가 전략 물자, 군대용으로 쓰일 수 있는 물자, 컴퓨터라든지, 통신기기라든지, 군대용으로 쓸 수 있는 것이 있잖아요.

지 ▷ 기계들은 거의 다 전시에 돌려쓸 수 있는 것 아닌가요?

정 ▶ 그걸 이중 용도 물자라고 그래요. 산업용·군사용 이중으로 쓰일 수 있는 물자라는 거죠. 거기서 미국의 원천 기술이 10% 이상 들어간 것이 적국에 들어갈 때는 미국 기술을 가지고 들어가는 거니까 미국

상무성의 허가를 받게 되어 있습니다. 절차가 그렇게 되어 있으니 어떻게 해요. 절차를 밟아야지.

지 ▷ 거의 모든 기계가 해당될 것 같은데요.(웃음)

정 ▶ 그래서 장관으로 가자마자 한 것이 긴급 TF를 만들어서 개성에 15개 공장이 시범 단지에 들어가는데, 거기 들어가는 품목, 책상도 가지고 들어갈 것이고, 재봉틀도 가지고 들어가고, 컴퓨터도 있고, 공작기계도 있고, 기계들이 많잖아요. "오늘부터 그 아이템 목록을 정리해라." 거기서 전략 물자에 해당될 수 있는 것을 분류하는 것, 공무원들만으로는 어려우니까 각 산업 분야의 협회, 기계공업 협회, 섬유공업 협회, 자동차공업 협회 등등 TF를 무역협회에 놓고, 국장급 책임자를 "당신은 통일부로 오지 말고, 그리로 출근하시오." 했어요. 그렇게 해서 밤을 새워서 목록 작성을 했습니다. 통일부 간부들하고, 외교부 1급 실장을 묶어서 미국 상무성으로 보내서 우선 서류 검증을 받기 시작했죠. 미국의 국방부가 문제예요. 대북 정책 차원에서 결정이 나야 하니까 제가 8월 말에 워싱턴에 갔습니다. 그때 제가 통일부 장관으로서는 미국의 국방장관을 만날 수가 없잖아요. 세계에 통일부 장관 있는 나라가 우리밖에 없잖아요.(웃음) 회담이 성사가 안 되죠. 국방장관을 통해서 부탁을 해야 하는 건데요. 우리 국방장관한테 가서 "미국 국방장관한테 얘기를 해주십시오." 해야 하는데, 남을 통해서 설명을 하는 게 어렵잖아요.

개성공단을 세일즈하러 왔습니다 -럼스펠드와의 회담

지 ▷ 국방부 장관의 입장이 다를 수도 있고요.

정 ▶ 제가 NSC, 국가안전보장회의 상임위원장이었기 때문에 럼스펠드와 만나서 회담을 할 수 있었어요. 워싱턴을 갔는데, 국무장관인 콜린 파월은 긍정적이었어요. 파월 장관은 동두천 미 2사단에서 1년 동안 중령 달고 대대장을 했던 사람입니다. 그래서 판문점이나 동두천 일대를 훤히 잘 알아요. 개성공단 사진을 보더니 이게 어디냐는 거예요. 자기로서는 DMZ를 가로질러서 거기다 공단을 만든다는 것이 상상할 수 없는 일이란 말이죠. 파월은 군인 출신인데도 불구하고 긍정적으로 봐줬어요. 제가 파월은 몇 번 만났는데요. 2003년 1월에 다보스 포럼에 가서도 파월을 만나서 북한 문제를 가지고 대화를 나눈 적이 있습니다. 북한 문제에 대해서 말하자면 온건파예요. 협상을 통해서 북한 문제를 해결해야 된다는 쪽이었죠.

지 ▷ 부시 정부에서 대표적인 비둘기파로 분류됐었죠.

정 ▶ 대화와 협상을 통해서 해결해야 한다는 생각을 가지고 있었어요. 그러니까 개성공단은 좋은 프로젝트다, 지원하겠다고 했는데요. 문제는 국방부잖아요. 그래서 럼스펠드를 만났어요.

지 ▷ 럼스펠드는 부시 행정부 내의 강경파, 네오콘 그룹의 수장이었죠?

정 ▶ 직책은 체니 부통령이 위였지만 럼스펠드는 오랫동안 체니의 후원자이자 정치적 동지였습니다. 럼스펠드는 포드 정부 시절 백악관 비서실장을 지냈고, 부시 정부에서 국방장관을 역임하며 소련과의 데탕트에 대한 혹독한 비판자였고, 물론 북한에 대해서도 강경한 견해를 가진 인물이었죠.

지 ▷ 그런 럼스펠드를 설득한다는 게 참 어려웠겠군요.

정 ▶ 결국 한반도 문제, 남북문제에 있어서 미국이 어떻게 생각을 하느냐가 중요한 요소지만, 더 중요한 것은 우리 입장입니다. 그걸 증명하는 것이 DJ 정부의 대북 포용 정책과 노무현 정부의 평화 번영 정책입니다. 주위 환경은 안 좋았지만, 화해협력 방향으로 갔단 말이에요. 남북 화해협력의 방향을 향해서 개성공단을 만들고 금강산도 가고 그랬죠. 과거의 한국이 아니라는 얘기는 과거처럼 아무리 우리가 의지를 가져도 자기들이 쭉 선을 그어버리면 38선이 국경선이 되어버리는 시대는 아니라는 거죠. 우리가 하기 나름이라는 겁니다.

그 증거 중 하나가 개성공단에 관한 정동영-럼스펠드 간의 담판입니다. 2004년 8월 31일 오전 10시, 펜타곤 회의실에서 한 시간쯤 회담을 했죠. 자리에 앉자마자 "개성공단 세일즈하러 왔습니다."라고 말하고, 의례적인 인사말 후에 "개성공단은 경제 사업인 동시에 군사

▲ 밤에 위성에서 찍은 한반도 사진

▶ 2004년 8월 럼스펠드 국방장관이 집무실 탁자 유리판 밑에 끼워놓은 한반도의 야간 위성사진을 가리키며 남쪽의 환한 불빛이 한미동맹의 결과라고 설명하고 있다. 나는 개성공단 확대가 남쪽의 불빛을 마침내 압록강까지 확장해줄 것이라고 말했다.

전략 사업이요, 군사전략적 가치가 큰 안보 사업입니다." 이렇게 서두를 꺼냈어요. 어떻게 럼스펠드를 설득할 것인가 미국 가기 전에 나름대로 고민을 했는데요. '럼스펠드는 개성공단이 경제적 가치가 높은지 아닌지 관심이 없을 것이다.' 미국 국방부가 경제적 가치가 있는가에 관심이 있겠어요. '포인트가 무엇이냐.' 결국은 군사전략적 가치를 중심으로 설득하기로 했죠.

첫 번째로 한미동맹이 대한민국을 방어하는 데 있어서 가장 결정적인 취약점은 종심이 짧다는 겁니다. 휴전선의 장사정포로부터 서울까지가 불과 40마일이에요. 포를 쏘면 3분 내에 광화문에 떨어지고 마니까 너무 짧아요. 그러니 이게 치명적 약점이죠. 평양은 휴전선에서 160킬로 떨어져 있어서, 미사일로 쏘지 않으면 닿지 않아요. 그런데 서울은 일반 포로 쏴도 대포가 떨어진단 말이에요. 종심이 짧다는 것이 결정적인 취약 요소라는 말인데요. 이걸 보완하기 위해서 한미동맹이 집중하는 것이 조기 경보 기능을 확보하는 겁니다. 조기 경보 기능이라는 것은 불나면 사이렌 울리는 것 같은 기능이죠. '북의 이상 징후가 있다, 북의 도발 징후가 있다, 전쟁 징후가 있다.' 이런 것을 한 시간 전에 아느냐, 하루 전에 아느냐, 이틀 전에 아느냐에 따라서 피해 정도에 큰 차이가 있는 겁니다. 생존율, 피해 정도가 확 달라지는 거죠. 대비하고 대피할 수 있는 시간이 24시간이냐, 48시간이냐에 따라 다른 거예요.

그래서 한미동맹이 집중하는 것이 1번 영상 정보 획득, 2번 음성 정보 획득, 3번 휴민트 정보 획득인데요. 1번 영상 정보는 인공위성으로 계속 감시하는 겁니다. 위성사진을 계속 찍어서 사진을 식별하는 거예요. '탱크 몇 대가 왜 이쪽으로 갔지, 무슨 훈련인가.' 하고 계속 위성 카메라로 들여다보고 있는 거예요. 그 다음에 정찰기를 띄워서 통신을 감청하는 것. 상급 부대와 하급 부대 사이에 무슨 일이 있는지 귀를 대고 듣는 거죠. 세 번째는 인간 정보입니다. 북쪽에서 나온 사람도 있을 테고 집어넣기도 할 테니, 정보를 수집해서 분석하고 판단해야 할 거 아닙니까? 거기에 투입되는 인력과 돈, 자원과 물자가 엄청납니다.

예를 들면 태평양 연안의 몬터레이 근처 산꼭대기에 미 국방 외국어 대학이 있습니다. DLI(DEFENSE LANGUAGE INSTITUTE)라고 하지요. 거기에서 400명이나 되는 한국어 교수가 미군 병사들에게 한국어를 가르치고, 24시간 한국어 집중 교육을 해요. 거기에 가장 교수가 많은 언어가 아랍어, 두 번째가 중국어, 세 번째 언어가 한국어인데, 한국어라기보다는 북한어죠. 북한말.(웃음)

그게 바로 아까 얘기한 영상 정보, 음성 정보, 인간 정보를 식별하기 위한 겁니다. 그걸 누가 하겠어요. 미국 군인들이 하는 거죠. 인공위성으로 찍는 것도 돈이죠. 정찰기로 감청하는 것도 돈이고요. 예를 들어 북쪽에서 무슨 폭발이 있어도 우리는 몰라요. 국방부나 청와대는 무슨 일이 있었는지 정보가 없어요. 며칠 지나야 알 수 있는데, 미국은 금방 알죠. 어느 지역에서 어떤 일이 있었고, 전후 사정이 어떻게 된다는 것을 아는 겁니다.

이른바 자주 국방에서 가장 핵심 요소가 한국군의 정보 획득 능력인데, 이게 확 떨어지는 거예요. 그래서 1990년대부터 백두, 금강 계획이라고 해서 우리도 사진 찍고, 듣고 하는 데 수조 원을 투입했습니다. 정찰 기능을 강화하고, 향상하기 위해서. 이건 군사정보 비밀에 안 걸리는지 모르겠네요.(웃음) 백두, 금강 계획은 신문에도 나왔으니까. 그래도 능력이 달리죠. 그런데 문제는 미국이 100을 알고 있으면 100을 다 알려주느냐, 또 100을 그때그때 바로 알려주느냐, 이건 다른 문제예요. 알려주기는 알려주는데, 뭘 빼고 알려줄 수도 있고, 시간을 끌다가 알려줄 수도 있는 것이고. 이게 전형적인 갑을 관계예요.(웃음) 이런 현실이란 말이죠.

그 다음 럼스펠드에게 "종심이 짧습니다. 짧은데 개성이라는 데가 6·25 때 제2축선입니다."라고 말했죠. 제1축선은 철원에서 서울로 직통으로 왔고, 제2축선은 개성 방면에서 문산을 거쳐 서울 미아리 고개로 넘어 들어왔어요. 6월 25일 새벽에 포를 쏘기 시작해서 28일 새벽에 서울로 들어와버렸잖아요. 사흘 만에. 남과 북 서로에게 요충이란 말입니다. "여기를 북이 가로 8킬로미터, 세로 8킬로미터를 열어준다고 합니다. 군사전략적으로 이걸 돈으로 따지면 얼마나 되겠습니까. 철조망, DMZ 군사 분계선 너머의 북한 영토를 준다는 것인데, 그걸 하지 마라, 속도 조절하라고 하는 것을 나는 이해할 수가 없어요. 위성으로 사진 찍는 곳을 내준다는데 안 할 이유가 있습니까." 하니까 대답을 못 하죠. 그리고 개성공단을 건설하고 있는 부지 자체가 위성사진에 따르면 북한 6사단, 64사단, 2군단 포병여단, 이렇게 6만 명의 병력과 화력이 밀집한 부대 주둔 지역이란 말이에요. 포진지와 탱크 부대가 있고, 중화기와 대포와 2개 사단 병력과 1개 포병 여단이 쫙 깔려 있는데, 그걸 비워준다는데 멈출 이유가 어디 있냐고 물었죠. 럼스펠드가 경청을 했어요. 설명을 잘 들었다면서, 달리 반문도 없었습니다.

당시 럼스펠드는 어떤 상황이었을까요. 2003년 3월에 이라크전이 시작됩니다. 우리도 자이툰 부대를 파병했잖아요. 일 년 반쯤 됐을 때인데, 개전하자마자 바그다드를 점령해서 그때는 희생자가 적었어요. 그런데 점령하고부터 폭탄 테러가 터지기 시작했죠. 미군 병사 전사자가 천 명이 넘고, 이천 명이 넘고, 오천 명까지 갔어요. 2004년에는 삼사천 명까지 희생자가 생겼을 때일 거예요. 정신이 없었겠지요. 이라크 전쟁에 온 정신이 가 있고, 수렁에 빠진 거예요. 바그다드만 점령하면 끝나는 줄 알았는데, 점령 이후에 희생이 너무 컸던 겁니다. 미국 내 비판 여론도 고조되고, 그 상황에서 이라크에 몇십만 명을 파병해 놓고 있었어요. 그 와중에 멀리 한반도의 휴전선과 개성공단에 대해서는 처음 들어보는 얘기야. 신경도 다른 데 가 있을 뿐만 아니라 얘기를 들어보니까 뭐 반박할 말이 없잖아요.(웃음)

설명 잘 들었다고 하더니, 회의실 옆에 장관 개인 집무실이 있는

데 '보여줄 것이 있다'면서 날 데려갔어요. 동그란 책상이 있더군요. 깔판 밑에 흑백 한반도 위성사진 지도를 넣어놨더라고요. 밤에 찍은 사진이기 때문에 남쪽은 서울, 부산 등등 전부 불야성인데, 북쪽은 깜깜했어요. 평양만 점처럼 하얗지, 나머지는 깜깜했어요. 이게 한미동맹의 우산 아래 발전한 대한민국의 모습이다, 럼스펠드의 얘기죠. 나는 개성공단이 만들어지면 한미동맹과 함께 이루어진 남한의 불빛이 압록강변까지 올라갈 수 있을 거라고 이야기해주었습니다. 그러고 나서 지하 벙커 같은 데 데려가더니, 북한과 중국의 미사일 능력에 관한 특별 브리핑을 해줬습니다. 미사일 방어망(MD)의 필요성을 입력시키려는 의도로 보였죠.

그 당시에 한국 담당하는 보좌관이 리처드 로리스, Lawless는 무법자란 뜻인데, 우리한테는 악명이 높죠. 국방부 부차관보로 한국 담당입니다. 여기서 CIA 직원도 했죠. 그 친구가 나한테는 잘했어요. 그 사람이 나중에 특파원들한테 브리핑을 했는데, 내가 나온 뒤에 럼스펠드가 "로리스, 아까 미스터 정이 얘기한 것 있지, 그거 대통령 보고자료에 넣어라."고 했답니다. 그 다음 날 부시한테 보고를 하죠. 부시도 정신은 이라크에 가 있었는데 럼스펠드가 얘기하니까 승인을 했습니다. 그러고 나서 미국이 속도조절론 대신에 적극적인 협력으로 돕니다. 개성공단에 들어가는 15개 공장의 설비에 대해서 한 건도 거부하지 않았어요. 100% 승인했습니다. 그런 분위기에서 박차를 가해 12월 15일 그해 연말에 제1호 공장, 냄비 공장이 가동됩니다. 그게 개성공단의 출발점입니다.

그런데 왜 미국이 허락을 해야 하는지, 우리 마음대로 개성에 공장 짓는 걸 결정할 수는 없는 것인지 의문이 생길 텐데요. 미국 국내법 때문에 그렇습니다. 미국 국내법에 EAR법이라는 게 있어요(Export Administration Regulation). 수출에 관한 행정, 규제입니다. 적성 국가인 쿠바, 북한, 이란 등 이런 나라에는 전략 물자, 민간용인데 군수용으로 바뀔 수 있는 이중 용도의 전략 물자는 못 가지고 가며, 특별한 경우에는 미국 상무부의 승인을 받으라는 규정입니다. 그런데 북한은 적성국이잖아요. 전략 물자 중에 여러 가지가 있어요. 무기만이 아니라 컴퓨터도 전략 물자예요. 정밀 기계, 깎는 것…… 민간용이지만 군대에서도 쓸 수 있는 통신 기기라든지 이런 것들은 엄격하게 제한하고 있습니다. 1960년대인가 알라스카 해안에서 좌초한 소련 잠수함을 미국이 인양했어요. 건져서 보니까 일본의 도시바 부품이 많이 들어가 있는 거예요. 도시바의 임원 전원이 사퇴하고, 일본 정부 사절단이 와서 싹싹 빌었습니다. 소련에 전략 물자를 팔면 안 되는데, 이걸 판 거예요. 사건이 정부 차원으로 비화가 됐죠.

미국의 지적재산권이 10% 이상 들어간 물자에 대해서는 미국 국내법에 그런 규정이 있어서 안 지킬 도리가 없어요. 컴퓨터는 CPU 안에 인텔 인사이드라고 쓰여 있잖아요. 컴퓨터의 원천 기술은 미국이거든요. 컴퓨터 하나도 마음대로 못 가지고 가는데, 그러면 공장을 못 돌리는 거예요. 공장별로 수천 개 아이템 목록을 작성해서 냈는데, 100% 통과가 되었어요. 개성공단을 가동하는 데는 미국의 적극적인 협조가 있었습니다. 럼스펠드 국방장관은 북한을 악의 축으로 보고, 여차하면 외과수술 식으로 영변을 폭격해야 한다고 하는 강경론자로서 개성공단에 대해 속도 조절하라고 제동을 걸고 있었는데 내가 설득하는 말을 이해하고 입장을 바꾼 거죠. 그 뒤에 럼스펠드 장관이 연말에 한국에 왔어요. 청와대에서 만찬을 하는데, 우리 국방장관한테 "통일부 장관 미스터 정은 여기 안 오느냐."고 찾았다고 해요. 럼스펠드는 자기가 도와줬다고 생각하는 거죠.

지 ▷ 그 후로 일사천리로 진행이 된 거네요.

정 ▶ 그랬죠, 제가 2004년 7월 1일에 통일부 장관이 됐는데, 첫 번째 물건이 6개월 뒤인 12월 15일에 나왔으니까요. 물론 공장터는 전에 불도저로 밀어놨어요. 부랴부랴 공장 패널 갖다가 세우고, 하여간 연말 안에 물건을 만들어내자고 밀어붙인 거죠.(웃음) 그렇게 해서 지금은 123개의 공장이 세워졌어요. 1호가 123호까지 나간 거죠. 그래서 직원이 5만 3,000명까지 갔는데, 정주영 회장이 얘기하던 2,000개 공장에 50만까지 가다가 브레이크가 걸린 겁니다. 개성공단의 가치는 1번이 군사전략적 가치, 2번이 경제적 가치, 3번이 미래적 가치입니다. 독일의 에곤 바르 박사가 얘기하는 통일 모델로서의 개성공단의 미래적 가치와 군사전략적 가치는 럼스펠드한테 설명한 것이고, 경제적 가치는 개성공단에서 사업하는 사람들인데요. 123개 공장 전 회사가 흑자입니다.

개성공단의 불편한 진실이 서너 가지가 있습니다. 첫째, 개성공단에서 신변 위협은 없었다는 것이지요. 지난 10년 동안 개성공단에서 단 한 번도 신변 위협은 없었습니다. 그렇기 때문에 막판에 철수 명령을 내렸을 때 안 나오려고 안간힘을 썼잖아요. 아니, 생명의 위협을 느끼면 서로 먼저 나오려고 하고, 인질이 되지 않을까 걱정하고 그럴 것 아니겠어요? 신변 위협이 없었기 때문에 안 나오려고 안간힘을 썼던 겁니다. 두 번째, 개성공단에 식량난은 없었다는 겁니다. 왜냐하면 5만 3,000명의 점심과 야간 간식을 주기 위한 식량, 부식이 창고에 그득 쌓여 있었어요. 그런데 100~200명 남아 있는데, 무슨 식량이 부족합니까? 박근혜 대통령 책상 위에 올라간 보고서에 개성공단에 있는 우리 국민이 쑥을 뜯어 먹고 산다고, 식량이 바닥나서 심지어 쑥을 뜯어 먹는다고 잘못 보고했을 수도 있어요. 어느 나라 지도자라도 '우리 국민이 쑥을 뜯어 먹고 살아. 의료진도 못 가게 해?' 하면서 흥분했을 수도 있어요. 그런데 사실은 식량난은 없었고, 쑥을 뜯어 먹었다는 것은 사실 관계가 다르지요. 무슨 얘기냐 하면 개성공단 옆에는 삼봉천이라는 냇가가 있고, 삼봉천 옆에는 공해 없는 청정 지대의 쑥이 지천으로 깔려 있어서 해마다 봄철 3, 4월이면 쑥을 뜯었는데, 올해는 공장이 멈춰서 할 일이 없잖아요. 그래서 햇볕도 따뜻하고 하니까 모두가 나가서 쑥을 뜯었다는 거예요. 이게 보수 신문에 어떻게 나왔냐 하면 쑥을 뜯어 먹고 산다더라, 이렇게 와전된 것이 대통령의 보고서에 포함됐을 것이라는 것이 개성공단 입주 업체 대표의 얘기예요. 그렇다면 이것이 개성공단 사태를 불행하게 만든 작은 단초입니다.

세 번째는 123개 공장 전체가 흑자가 난다는 겁니다. 그런데 잘 얘기를 안 해요. 흑자가 안 나면 이상한 거죠. 인건비가 한 달에, 양질의 노동력 한 명을 쓰고 13만 원인데, 남쪽에서 한 명을 고용할 수 있는 비용으로 거기서 거의 15명, 20명을 고용할 수 있는 수준 아닙니까? 그 다음에 토지 비용이 평당 14만 9,000원이라서 대부분의 공장이 천 평, 이천 평, 사천 평씩을 써요. 굉장히 넓게 씁니다. 토지 비용에 대한 부담이 남쪽에 비하면 거의 제로에 가깝게 수렴하는 거예요. 50년 사용권이 14만 9,000원이기 때문에. 그래서 흑자가 난다는 거고요.

또 하나의 진실은 개성공단 생산액 규모가 10분의 1로 축소돼서 보고되고 있습니다. 작년에 개성공단에서 5억 달러, 즉 5,000억 원어치 물품을 생산했다고 나옵니다. 왜 5,000억 원이냐. 셔츠를 한 장 만들었는데, 이게 만 원짜리예요. 그런데 개성공단에서는 어떻게 기록이 되느냐 하면 원단 값, 실 값 빼고, 단추 값 빼고, 여기에 들어간 인건비, 공장의 전기료, 관리비, 세금, 수도료, 이걸 합쳐서 "이거 천 원이구먼." 하고 천 원으로 계산하는 거예요. 그런데 천 원짜리가 아니라 만 원짜리인 거예요. 그러니까 개성공단에서 생산한 것은 5조 정도 되는 겁니다. 왜냐하면 원부자재를 인건비나 관리비의 10배나 12배를 친다고요. 그러면 이게 개성공단의 생산액이 5,000억 원이 아니라 5조 원인 거예요. 그런데 언론이 알려주지 않고 있는데요. 몇 가지 불편한 진실 중의 하나죠.

큰길 놔두고 왜 덤불로 가나

지 ▷ 규제 조치나 어떤 제한이 없었다면 많이 들어가려고 했겠네요. 이익을 많이 보니까.

정 ▶ 줄을 섰죠. 개성공단에 들어가려고. 개성공단의 장애물은 딱 하나예요. 불안이에요, 정치적 불안. 이건 누가 해결해줘야 합니까? 정부가 제 역할을 해서 문제 해결 능력을 가지고 정치적 불안만 해소해주면, 군사적 충돌 가능성만 없애주면 대한민국의 중소기업들은 다 들어가고 싶어 하죠.

지 ▷ 상황이 이렇게 되다 보니까, 중간에 여러 과정이 있었지만, 결과적으로 북한이 폐쇄를 했고, 한국 언론들이 부정적으로 보도하고 있기 때문에 열린다고 해도 불안해하지 않을까요?

정 ▶ 불안해하겠죠. 그러나 이번에 다시 살아나면 이렇게 엄중한 핵실험과 유엔 제재와 전쟁이 난다 만다 하는 상황에서도 애가 탔지만 결과적으로는 살아난단 말이죠. 역설적으로 개성공단은 불사조구나 하는 평가를 받을 수도 있습니다. 제가 희열을 느끼는 것은 다른 것이 아니라 한국형 통일 모델을 발견했다는 겁니다. 그러니까 지금 우리 정부의 공식적인 통일 방안은 민족 공동체 통일 방안입니다. 이것은 노태우 정부 때 만든 한민족 공동체 통일 방안을 수정 보완해서 김영삼 정부 때 만든 방안인데요. 그런데 통일은 통일 방안이 훌륭해서 되는 것이 아니고, 뭔가 실천 속에서 나오는 것이거든요. 책상에서 종이 위에 만든 통일 방안은 민족 공동체 통일 방안이고, 현장에서 돌아가는 실천 모델은 개성공단 모델이에요. 훗날 정말 한반도가 경제 공동체를 거쳐서 통일로 가고 있을 때 개성공단이 결정적인 역할을 한다면, 개성공단을 설계도 상태에서 손에 쥘 수 있는 물건으로 만든 장본인이 통일부 장관 정동영이었다고 기록이 될 수 있다면 저로서는 대단한 보람이요, 영광입니다.

지 ▷ 경제적으로 양쪽이 윈윈할 수 있는 모델이 만들어진 거고요. 남북이 오랜 세월 떨어져 있었기 때문에 서로 많이 접촉하고 대화를 해봐야 할 텐데요. 한국 근로자가 적긴 하지만, 북한 근로자와 일하는데 있어서 오랜 기간 특별히 드러난 문제가 없었던 것으로 보입니다. 그것도 중요한 자산일 것 같은데요.

정 ▶ 한마디로 개성공단에서는 매일매일 작은 통일이 이루어지고 있었던 거예요. 만나서 아침부터 저녁까지 무슨 얘기하겠어요? 일하는 얘기도 하지만, "애는 학교 잘 다닙니까? 집안 살림은 어때요? 지난번에 누구 아프다더니." 하면서 일상적으로 살아가는 대화를 나누죠. 그러면 남쪽 사람은 북쪽 사람을 이해하고, 북쪽 사람들은 남쪽 사람들의 삶의 방식과 내용을 이해하게 되는 거죠. 그게 통일 아닙니까? 서로가 서로를 알고 이해하게 되는 것이. 저쪽은 5만 명이 넘고, 여긴 많을 때는 이천 명씩 가서 상주했거든요. 그 접촉면이 한두 해 지나고, 10년이 되니까, 북한 전역에서 개성만큼 통일을 향해서 전진한 도시가 없죠. 그러니까 개성을 늘려가는 것이 통일을 앞당기는 길입니다. 현재 가동 중인 개성공단 크기는 원래 계획도의 64분의 1입니다. 왜냐하면 2,000만 평은 64평방킬로미터인데, 현재 가동 중인 123개 공장이 입주해 있는 면적이 30만 평, 1평방킬로미터입니다. 그러니까 64분의 1이잖아요. 이걸 원래 계획대로 인구 50만 공단으로 만들어내야 합니다.

해주 공단, 그것은 2007년 10월 4일 정상 회담의 합의사항이에요. 제2개성공단인 셈이죠. 다음은 원산 공단, 원산 조선소, 그것도 합의 사항입니다. 그렇게 해서 제1, 제2, 제3, 나진 선봉, 함흥, 남포, 신의주 이렇게 가면 통일 과정의 확대가 되는 거죠. 그렇게 되면 통일 비용은 훨씬 줄어듭니다. 북이 자력갱생하잖아요. 자신들이 잘 먹고 잘 살고 경제가 발전하는데, 무슨 비용이 들겠습니까? 통일로 가는 비용이 낮아지는 거죠. 큰길, 대로가 나 있는 거예요. 통일로 가는 대로를 버리고, 그 대로에다 장애물을 설치하고, 왜 덤불로 들어가겠습니까. 대로를 따라가면 되는데요. 우리가 하지 않았다는 편협함이라고 할까, 이런 것이 이명박 정부 때 있었죠.

지 ▷ 이명박 정부는 노무현 정부 때 있었던 여러 가지 일들을 뒤집고 싶어 했던 것 같습니다.

정 ▶ 2004년 12월에 첫 가동을 하고, 2006년도에 만 명을 넘어서고, 2007년까지 최대한으로 갔다가 2008년 정권이 바뀌면서 개성공단 계획이 냉동 창고로 들어가죠. 거기서 얼어붙습니다. 그때부터는 확장이 되지 않았습니다. 북쪽에서는 계속 노동자 숫자를 늘려줬지만, 남쪽은 계속 통제를 강화한 거죠. 추가 투자도 못 하게 하고요.

지 ▷ 2010년 3월 천안함 침몰 사건과 관련하여 2010년 5월 24일 대북 조치를 발표, 개성공단에 대한 신규 투자를 금지하고, 공단 체류

인원을 평소의 50~60% 수준으로 축소한 조치를 말씀하시는 거죠. 이른바 5·24 조치가 지금까지 이어지고 있는데요. 5·24 조치와 관련해서 개성공단 입주 기업은 기존 주문 생산 계약이 취소되거나 축소되거나, 납품 지연 등에 따른 어려움이 있었잖아요.

정 ▶ 5·24 조치에도 불구하고 북쪽에서는 노동자를 계속 늘렸습니다. 그것은 북쪽이 개성공단에 대해서 더 큰 의지를 가지고 있었다는 말이죠. 여기서는 막았는데, 거기서는 계속 노동자를 늘려줬어요.

5·24 조치 해제를 촉구함

지 ▷ 개성공단을 정상적으로 가동을 하려면 5·24 조치를 해제하는 것이 필요할 텐데요.

정 ▶ 그걸 해제하는 걸림돌로 천안함의 진실 공방이 있단 말이죠. 그래서 그걸 우회할 필요가 있습니다. 어떻게 우회하느냐, 개성공단을 정상화하면서 점진적으로, 단계적으로 왕래하고 교류하고 협력하고 이렇게 포괄적으로 해야죠. 개성공단을 정상화하고, 금강산을 정상화하고, 이산가족도 상봉을 하고, 6·15나 7·4 성명도 기념하고, 이러면서 실질적으로 5·24 조치의 멍에를 벗어버리는 것이 현실적으로 국내에서 쓸데없는 소모적 논쟁을 불러일으키지 않고 우회할 수 있는 방법입니다. 사실 모든 남북 관계를 끊어버린 5·24 조치는 강도는 셌지만 그 결과는 신통치 않았어요. 한미가 공동으로 압박한 군사적 압력은 오히려 중국을 자극해 중국의 대북 접근을 높이는 역효과를 냈습니다. 북한과 중국은 두 차례 정상 회담을 가졌고, 창지투(장춘-길림-도문) 개발 계획에 따른 북중 간 경제 협력이 긴밀해지는 효과를 낳기도 했어요. 북한과 중국은 1,330킬로미터에 이르는 긴 국경선을 마주 대고 있어서 중국이 협력하지 않는 한 대북 압박과 봉쇄는 실효성을 가질 수가 없는데, 이것은 여러 차례 입증되기도 했죠.

지 ▷ 어쨌든 정치권에서도 천안함은 여전히 뜨거운 감자 같습니다. 지난 정권에서는 인사청문회 할 때도 "당신은 천안함에 대해서 어떤 생각을 가지고 있느냐? 정부의 발표를 믿지 않는 사람은 대한민국 국민도 아니다." 이런 식의 이념 공세도 있었고요. 그래서 국회 차원의 국정조사를 하기도 어려운 상황인 듯한데, 정권이 바뀌어야 가능할까요?

정 ▶ 이번에 정권이 바뀌어 민주 정권이 들어섰으면, 천안함 사건을 재조사해서 진실을 확실하게 할 필요가 있었죠. 아까 말한 대로 정부가 국민들이 가지고 있는 합리적 의심을 풀어줄 의무를 다해야죠. 그런데 '너 안 믿어? 종북이구먼.' 이렇게 되어 있는 거죠. 이런 건 우격다짐 사회입니다. 이성적 사회가 아니고.

지 ▷ 5·24 조치 이후 상황이 나빠지면서 개성공단에 입주한 기업들이 어려움을 겪고 있어요. 초기에는 주문 생산 계약이 축소되거나, 취소되거나, 납품 지연이 있었을 것이고, 지금은 아예 폐쇄가 된 상황인데요. 그분들 만나서 얘기를 들어보셨나요?

정 ▶ 그분들 얼굴색이 보통 사람들하고 달라요. 처음에는 누렇다가 지금은 새카매졌어요. 전부 속병이 걸렸습니다. 그분들 말씀이 "가슴이 아프다는 말은 사치다, 우리는 하루하루 매일매일 죽어간다." 매일매일이 죽음이죠. 사업 잘하고 있다가 이렇게 된 거잖아요. 나름대로는 남북 화해의 선구자가 된다는 자부심도 있었을 텐데요.

지 ▷ 그렇죠. 남북 관계에 있어서.

정 ▶ 남북 사업, 개성공단에 투자하려면 꽤나 용기가 필요했어요. 그런데 몇 년 동안 좋았죠. 그러다가 이런 절망의 낭떠러지에 떨어진 건데, 굴러떨어지고 나서 정말 초주검 상태였을 겁니다.

지 ▷ 여기서 사업하다가 사업이 어려워져서 망해도 힘들 텐데요. 시간을 두고 나빠진 것이 아니라 굉장히 급속도로 냉각이 된 부분이 있으니까 더 힘들 것 같기도 합니다.

정 ▶ 당국 회담 무산 얘기가 나오기 전까지만 해도 얼마나 희망에 부풀어 있었겠어요. '휴우, 살았다.'고 했겠죠. 2013년 6월 6일에 저쪽에서 포괄적 제의를 하고, 이쪽에서 12일에 장관급 회담을 하자고 할 때는 환희의 순간이었겠죠. 죽음에서 살아났다고 생각했을 거 아닙니까? 절망에서 희망으로. 그런데 6일 만에 다시 절망의 구렁텅이로 빠졌지요. 하지만 제 생각에는 개성공단은 죽지 않는다고 봅니다. 개성공단을 죽여놓고는 이북도 한 발짝 앞으로 못 갑니다. 박근혜 정부도 한반도 신뢰 프로세스를 어떻게 얘기합니까?

지 ▷ 북한 입장에서는 개성공단 문제를 풀기 위해서 회담 제의를 했을 가능성도 높아 보입니다. 6·15 공동선언과 7·4 남북공동성명 기념행사를 같이하자고 북한에서 제인을 했잖습니까? 그런데 남한 당국에서는 거절을 했고요.

정 ▶ 2005년도에 6·15 공동 행사를 평양에서, 8·15 공동 행사는 상암 경기장에서 했어요. 6·15는 5주년이었고, 8·15는 60주년이었습니다. 북은 6·15를 김정일 위원장의 업적으로 칩니다. 다른 것은 다 김일성 주석 때 한 건데, 김정일 위원장이 등장해서 특히 남북 관계에서 이정표를 세운 것이 6·15란 말이죠. 6·15의 핵심은 우리 민족끼리입니다. 그것은 공교롭게 7·4 공동성명에서 언급한 자주, 평화, 민족대단결 3원칙하고 이어집니다. 6·15와 7·4를 같이 공동으로 기념하자, 그 말은 이명박 정부 5년의 단절을 뛰어넘어서 다시 남북을 잇는, 신남북 관계를 열자는 메시지로 봐야 합니다.

신남북 관계,
우리가 한반도 정세를 선도해야

지 ▷ 어떻게 보면 박근혜 대통령이 현 대통령이니까 거기에 대해서 화해의 제스처를 보이는 거라고 볼 수도 있을 것 같습니다.

정 ▶ 그렇죠. 신남북 관계를 열자는 건데요, 어쨌든 박근혜 대통령으로서는 자기 아버지 때 한 7·4 공동성명을 이어받으려고 하지 않겠어요. 박정희 철학의 계승자라고 할 수 있으니까 실천하려고 할 텐데요. 7·4 공동성명은 내용은 훌륭한데 실천이 되지 않았어요. 7·4 공동성명이 나왔던 1972년, 독일의 상황과 비교가 됩니다. 1970년대 데탕트 상황에서 동서독은 서로를 인정했단 말이죠. 공존으로 갔어요. 그런데 남북은 달랐어요. 7·4 공동성명의 주체에서 서울 이후락, 평양 김영주 하는 식으로 서로를 인정하지 않은 상태로 갔단 말이죠. 그러니까 데탕트 상황에서 동서독은 공존을 통해서 통일로 간 반면 우리는 대결을 통해서 여전히 분단의 고통이 이어져오고 있는 겁니다. 그런 면에서 박근혜 정부의 신남북 관계 시대는 뭐냐, 7·4 선언 실천 시대인 것이지요. 아버지가 만들어놓긴 했는데, 실천은 안 했어요. 대결 시대로 가버렸지요. 다시 대결 시대가 아니라 공존 시대로, 신남북 공존 시대, 다른 말로 하면 7·4 실천 시대 또는 신 7·4 시대, 이것이 답일 것 같아요.

지 ▷ "북한이 갑자기 장관급 회담을 열자고 하는 것을 보면서 한편으로 안타까움을 느낀다. 이는 북한이 미·중 정상 회담을 앞두고 외부 압박 가중을 피하기 위해 펼친 전략의 일환이기 때문이다. 따라서 박근혜 정부의 한반도 신뢰 프로세스 정책의 성공이라고 평가하기는 어렵다."고 말씀하셨는데요.

정▶ 우리가 한반도 정세를 선도를 해야 합니다. 남과 북이 정세를 이끌고 가야 하는데, 미국과 중국이 움직인 다음에 뒤따라가는 후속 회담의 성격이 강하단 말이죠. 우리 앞길을 우리가 열지 못하고, 미국과 중국이 길을 내주면 따라간다는 것은 안타까운 일입니다. 저는 3차 핵 실험도 막을 수 있었다고 보는데요. 미사일 발사는 대선 국면이었으니까 어쩔 수 없다고 치지만, 로켓 발사했다고 유엔 제재 2087호로 갈 때는 제동을 걸었어야죠. 이건 대화로 풀어야 합니다. 로켓 발사에 대해 북이 주장하는 것이 있잖아요. '우주 공간에 대한 평화적 이용의 권리를 왜 우리만 박탈당하는가.' 물론 이쪽의 반론이 있습니다. 북한은 2006년과 2009년 핵 실험을 해서 유엔의 제재가 진행 중인 상황이거든요. 어쨌든 그런 대화를 한국이 중간에 붙여야죠. 무조건 유엔 제재로 갈 것이 아니라요. 로켓 발사를 2009년 4월에 했는데, 유엔 안보리 경고였어요. 의장 성명으로. 작년 2012년 4월에도 로켓 발사를 했는데, 그때도 경고였지, 제재 결의는 아니었어요.

그런데 제재 결의로 가버렸거든요. 이명박 정부가 미국을 설득하고 앞장세워서 한 겁니다. 그때 적극적으로 대화를 모색해서 국면을 전환했더라면 핵 실험까지 강 대 강으로 가지는 않았을 겁니다. 북과 일단 얘기를 해보자고 하고, 비공식 접촉도 하고, 특사를 보낼 수도 있는 건데요. 다 도외시하고, 결과적으로는 미국과 중국이 앞서서 길을 열면 뒤를 따라가고 그런 거잖아요. 그게 안타깝습니다.

지 ▷ 박근혜 정부의 통일 정책은 이명박 정부와 다르다고 봐야 할까요? 어쨌든 대화를 하겠다고 수용을 하긴 했고요. 새누리당에서는 이번 북한의 회담 제의가 한반도 신뢰 프로세스 정책의 성과라고 주장하고 있는데요. 박근혜 대통령은 이전에 북한을 두 차례인가 방문하지 않았습니까?

정 ▶ 한 번 갔어요. 2002년 5월에. 김정일 위원장과 한 시간 대화를 했죠.

지 ▷ 얘기가 많이 나와서 여러 번 간 줄 알았는데요.(웃음)

정 ▶ 당시 박근혜 의원이 평양에 갈 수 있도록 한 것은 김대중 정부였어요. 이명박 정부는 제가 여러 번 개성공단 방문 신청을 한 것을 불허했고, 평양을 가는 것도 막았죠.

지 ▷ 역설적으로 이명박 정부와 박근혜 정부가 우리 국민에게 평화에 대한 고민을 깊이 하도록 만들어준 것 같은데요. '아, 이게 전쟁이 날 수도 있겠구나.' 하는 생각이 드니까 평화가 얼마나 소중한 것인가 생각을 하게 되었습니다. 박근혜 정부가 들어서자마자 북한에서 전쟁 위협을 하기도 했고요. '개성공단이라는 게 있었나 본데, 이게 어떤 의

미야.' 하고 국민들이 궁금해할 때 잘 알려주는 방법도 고민해야 할 듯합니다.

정 ▶ 개성공단 효과 중 하나가 파주 땅값입니다.(웃음) 땅값이 엄청 올라갔습니다. 파주는 과거에는 전방이었잖아요. 그런데 지금 문산은 서울 근교가 됐잖아요. LCD 디스플레이 단지, DMZ에서 10킬로 남방이거든요. 북쪽에 개성공단이 생기니까 파주에 세계 최대의 디스플레이 단지가 들어서게 됐잖아요. 파주가 뒤집어진 거죠. 개성공단을 쭉 따라가는 시대가 되면 접경지대부터 변화가 오겠죠.

지 ▷ 민통선도 예전에 비해서 올라간 것 같더라고요.

정 ▶ 양구에 가면 펀치볼이라고 있어요.

지 ▷ 27사단 있는 곳이죠.

정 ▶ 거기서 군 생활을 했나요?

지 ▷ 군 생활은 5사단에서 했고, 거긴 대학교 2학년 때 일주일 전방 체험 훈련할 때 가봤습니다. 폭격 맞아서 그렇게 됐다던데요.

정 ▶ 지형이 채 그릇처럼 생겼어요. 양구군 해안면인데, 2007년 대선 당시 강원도에서 유일하게 제가 이긴 곳이에요. 왜 이겼느냐, 햇볕정책의 덕입니다. 제가 고성에서 임진각까지 평화 대장정하다가 해안면 마을회관에서 하룻밤 잔 적이 있어요. 동네 사람들하고 토론도 했는데요. 나중에 보니까 이명박 안 찍고 절 찍었더라고요.(웃음) 1970년대만 해도 6시 되면 등화관제를 하고, 인원 점호도 하고, 차량 통제도 하고, 토지 거래도 안 되고 했는데요. 민주정부 되면서 등화관제도 없어지고, 땅값도 올라가고, 피부로 느끼거든요. 그러니 화해 협력 시대가 되어야 우리가 살 만하구나 하는 생각을 하신 거죠. 대결 시대와 화해 시대의 명암을 본인들이 체험한 거예요.

매일매일 작은 통일이 이루어지고 있었다

지 ▷ 광화문에서 매일 개성공단 가는 통근 버스가 있었다고 하던데요. 저도 이번에 책을 보고 알았습니다.

정 ▶ 사람들이 잘 몰라요. 개성공단을 시공한 현대아산과 관련해서 협력 업체 등이 계속 들락날락해야 하니까 일요일은 빼고, 매일 가는 통근 버스가 있어요. 가회동 현대 본사 앞에서 광화문을 지나가니까 서울 한복판을 지난다는 얘기죠. 매일 아침 7시 반에 출발해서 10년 동안 통근 버스가 다녔습니다. 그것이 안 알려져 있었던 겁니다. 연평도에서 대한민국 영토에 포탄이 떨어졌는데, 그때도 다음 날 하루 멈췄을 거예요. 그리고 천안함 때도 하루인가 멈췄고, 그러고는 계속 갔죠. 연평도나 천안함 때도 바로 하루 지나서 통근 버스가 갔기 때문에, '아, 전쟁은 안 나는구나.' 하는 생각이 들었죠. 언론을 보면 전쟁이 날 것같이, 보복 응징을 할 것같이 했지만, 태평하게 아침에 버스로 출근하고, 오후 5시 되면 퇴근하고 그랬습니다. 아무 때나 가는 것은 아니고, 하루에 22차례를 열어요. 가령 9시, 9시 반, 10시, 10시 반, 11시 이렇게 30분 간격으로 입출경하는 시간이 있습니다.

세계에서 적대적인 나라가 국경선에 철조망 깔아놓고, 지뢰밭 설치한 지역을 아침저녁으로 건너다니며 출근하고, 퇴근하는 것은 묘한 장면이에요. 해가 떨어지면 철문이 닫히고, 총을 거총하고 쳐다보고 있잖아요. 해가 밝으면 철문을 열고, 총을 내려놓고, 차를 들여보냅니다. 저쪽에서는 받고요. 거기에서 남쪽 기업 관계자가 민주정부 때 많게는 이천 명까지 숙식을 하며 지냈죠. 출퇴근하는 사람들이 있고, 들어갔다가 일주일 있다가 나오기도 하고, 어떻게 보면 매일매일 개성에서는 작은 통일이 이루어지고 있었어요.

지 ▷ 굉장히 상징적인 장면이네요. 하지만 금강산에서 박왕자 씨 사건이 나서 관광이 끊어진 것처럼 언제든지 사고로 중단될 수 있는 위험 요소가 있지 않았나요?

정 ▶ 중간에 한 번 사고가 났었는데, 현대아산 직원 한 사람이 억류된 적이 있었죠. 그걸 제외하고는 10년 동안 개성 들어간 남쪽 사람이 단 한 번도 신변의 위협을 느껴본 적이 없습니다. 그것도 불편한 진실 가운데 하나죠.

지 ▷ 이런 부분이 제대로 알려지지 않았어요. 요즘 KBS 보면 다큐 3일 같은 프로도 있는데, 그런 프로그램에서 출퇴근하는 모습도 보여주고, 실상을 알릴 필요도 있었을 것 같은데, 아무래도 조심스러워서 그랬던 건가요?

정 ▶ 북한이 허락을 잘 안 했어요. 언론 취재 같은 것을. 북도 잘못이죠. 이걸 널리 알려야 하잖아요. 북쪽 영토니까 우리가 마음대로 취재하고 인터뷰하기는 어려워요. 그쪽이 결심을 해줘야 하는데.

지 ▷ 아니면 남쪽에서 출발하는 장면도 찍고, 오는 장면 찍고, 인터뷰도 할 수 있었을 것 같은데요.

정 ▶ 언론사에서 충분히 할 수 있었죠. 그런데 지난 5년 동안이야 이 정부가 개성공단에 관련된 것을 사실상 누르려고 했기 때문에…….

지 ▷ 전략 물자 반출 문제와 관련해서 부시 행정부하의 미 상무부의 적극적인 협조가 있어서 가능했다고 하셨는데요. 물론 설득하는 노력도 있었지만, 미국과 거기에 대해서 일정한 공감대가 없었으면 어려웠을 텐데요. 상무부 직원들이 2주일간 밤을 새다시피 하면서 리스트 검토를 해줬다고 하셨잖아요.

정 ▶ 적극 협조하는 것으로 방침이 바뀌었던 거죠. 내가 펜타곤에 갔을 때 나는 럼스펠드한테 개성공단을 설명했고, 미 국방부는 나한테 미사일에 대해 브리핑을 했어요. 북한과 중국의 미사일 위협에 대해서 나한테 설명을 했습니다. 특별 브리핑을 해준 거죠. 미국 국방부의 관심은 북한의 미사일 위협으로부터 어떻게 그것을 방어하느냐에 있었던 것이고, 나의 관심은 북쪽에 개성공단을 만들어서 화해 협력을 통해서 위협을 줄여야 한다는 것이었습니다. 미 국방부는 북한의 미사일 위협이 증강되고 있으니 한국이 MD에 참여하라는 것을 암시하고 있었던 거죠. DJ 정부와 참여정부는 미국의 MD(Missile Defense) 계획에 참여하지 않는다는 입장이었기 때문에 그걸 설득하기 위한 브리핑을 한 겁니다.

이번에 박근혜 대통령이 가서 뭔가 얘기가 있었던 것 같은데요. 한국에서 미사일 방어망의 한계가 무엇인가 하면, 종심이 짧으니까 떴다 하면 떨어지거든요. 일단 탐지를 해야 돼요. 어디로 가는가를 식별·판단하고, 결정하여 요격을 하는 겁니다. 탐지·식별·판단, 그 단계가 있는데, 탐지는 위성으로 하는 것이고, 식별은 레이더망으로 하는 것이고, 판단은 모여서 '어떻게 할 것인가', 결정을 해서 '자, 눌러', 이 네 단계가 이루어져야 합니다. 그런데 미사일을 쐈다 하면 몇 분 이내에 떨어지는데 MD가 무슨 소용이 있어요. 기본적으로 그런 한계가 있는 겁니다. 괌, 하와이 같은 데야 적어도 삼십 분이든 한 시간이든 시간이 있는 거니까 가능하겠지만. 그러니까 그것이 해법이 아니라 미사일을 쏴야 할 이유를 없애는 것이 중요합니다.

미국 쪽 MD에 들어가면 국방비가 엄청나게 들어갑니다. 이명박 정부와 박근혜 정부에 걸쳐서 한발 한발 MD 쪽으로 다가가는데, 나는 우리 장군들을 이해하지 못하겠어요. 군부의 속성이 원래 그렇긴

하지만요. 청문회에서 낙마한 국방장관 후보자가 어디 가서 강연하고 글 쓴 것을 보니까, "북한을 막다른 궁지로 몰면 안 된다. 적을 궁지로 모는 것은 하책이다. 북한을 다룰 때 그렇게 다루면 안 된다."고 해요. 손자병법에 나오는 얘긴데요. 차라리 그 양반이 국방장관으로 갔더라면 좋았을 것 같아요.(웃음) 지금 국방장관이 엉터리 같은 소리를 많이 했잖아요. 인질 구출 작전이 준비가 되어 있다는 둥, 쏘기만 하면 지휘부를 섬멸하겠다는 둥 말 폭탄을 쏟아놓았잖아요. 국방장관은 뭐하는 사람이죠? 사단장이나 군단장이나 이런 장군과는 다른 거잖아요. 정책 결정권자가 그런 식으로 하면 안 되죠.

지 ▷ 미국 국방부의 강경파들은 한국을 MD(미사일 방어)망에 끌어들여 한국이 미국 무기를 사주기를 바라는 입장이었을 텐데요. 그럼에도 상무부가 개성공단을 지원한 것은 좀 특별한 상황이었네요.

정 ▶ 미국도 국무부나 상무부는 원래가 유연했고, 국방부가 브레이크를 걸고 있었습니다. 럼스펠드를 잘 설득했다기보다는 럼스펠드와 담판을 한 거죠. 다른 나라도 마찬가지지만, 미국이나 서구 사회는 합리적으로 얘기를 해서 납득이 되면 선선히 받아들이기도 하잖아요. 개성공단에 대해서 부정적인 입장이었다고 하더라도, 제가 설명한 것이 앞뒤가 맞으니까 입장을 바꾼 거라고 봅니다.

지 ▷ 외교에 있어서 중요한 지점일 수 있겠네요. 그동안 한미 공조만 생각하면서 알아서 기었다기보다 우리 문제를 우리가 풀려는 노력이 부족했다고 볼 수도 있겠는데요. 그렇게 열심히 설득하면 아무리 매파 정권이라고 하더라도 사안별로 납득하고 수긍한다는 얘기 아닙니까?

정 ▶ 그렇죠. 오늘의 한국은 한 세대 전의 한국과는 달라요. 한반도 문제는 누가 뭐래도 우리가 주인입니다. 주인이 줏대 있게 굴면 옆에서 남의 집 일에 시시콜콜 간섭하기 어렵죠. 민주정부 시절에는 강대국 일방주의를 가진 부시 정부를 상대로 해서도 우리 입장을 호락호락 굽히지 않았어요. 그런데 동맹국 입장을 존중해주겠다는 오바마 정부 때 와서 오히려 눈치 보고 뒤따라가는 경향이 심했어요. 오바마 대통령 입장이 변한 것도 우리 탓이 커요. 후보 시절에 "내가 대통령이 되면 북한 지도자와 직접 대화해서 문제를 풀겠다."고 호언했던 오바마가 입장을 바꿔 대북 무시 정책·방치 정책으로 가버린 데는 이명박 정부의 영향이 컸다고 볼 수밖에 없어요.

지 ▷ 남북이 대화를 안 하니까 자기가 대화를 하겠다고 하기도 어려울 것 같은데요.

정 ▶ 그렇기도 하고요. 한반도 문제에 관해서는 동맹국인 한국의 입장을 존중하겠다는 것이죠. 외양으로는 이명박이 끌고 가버린 거예요. 그런데 뒤집어보면 미국의 동북아 정책과 관련해 이명박 정부의 대북 강경책이 자신들의 이해관계에 나쁠 것이 없다는 얘기가 되는 겁니다.

중소기업의 유일한 탈출구

지 ▷ 개성공단의 경우 당초 발표된 계획으로는, 2012년까지 총 2,000만 평의 부지 위에 800만 평의 공단과 1,200만 평의 근린 도시를 계획하고, 50만 명의 북한 노동자가 고용될 것이라고 했는데, 계획대로 되지는 않았잖습니까?

정 ▶ 50만 도시를 계획했었죠. 1단계만 완성이 되어도 경제 공동체의 입구에 들어서는 것입니다. 개성공단이 50만 단위로 들어서게 되면 적어도 생산총액이 1년에 500억 불 이상 되리라고 봅니다. 추산으로. 북한 1년 총 GDP가 실질적으로 100억 불입니다. 한국은행 추계로는 북한 GDP가 300억 불입니다. 그러면 1인당 국민소득이 1,200불이 넘는다는 얘긴데 현실과 동떨어져요. 먹는 문제도 해결 못 하는데 베트남보다 잘산다는 게 설득력이 없어요. 통계를 제대로 잡으려면 생산량이 정확히 나와야 하는데 이게 없고 여기다 생산물의 값어치를 남한 물가로 계산을 하니 그렇게 빗나가는 통계가 나온 겁니다. 전문가들 추산으로 북한의 국민총생산이 100억 불인데, 개성공단을 완공해서 연간 생산품의 가치가 500억 불 이상 규모가 되면 그건 국가 경제의 몇 배이죠. 아까 얘기한 불편한 진실 중 하나가 이것입니다. 작년에 개성에서 공식 통계로 5억 불 생산했다고 하는데, 사실은 50억 불이란 말이에요. 형태도 지금은 그냥 인건비만 가져가잖아요. 나중에 그 형태를 달리할 수 있죠. 중국 공장도 들어올 수 있고, 미국 공장도 들

▲ 2004년 12월 15일 개성공단 첫 제품 생산 기념식. 진눈깨비 내리는 쌀쌀한 날씨만큼이나 당시 남북 관계는 냉랭했지만 이날부터 공단은 본격적으로 돌아가기 시작했다.

▶ 한국전쟁 후 처음으로 남과 북의 기술자와 노동자들이 개성공단에서 만든 냄비는 바로 몇 시간 뒤 서울 시내 백화점에서 불티나게 팔려 나갔다.

어올 수 있고, 일본 공장도 들어올 수 있고, 그러면 공단의 국제화도 되고, 북한과 지분 합작을 할 수도 있고, 여러 다양한 형태가 될 수 있을 겁니다.

지 ▷ 어쨌든 중소기업이 강해져야 고용 인원도 늘어날 수 있고, 개성공단 같은 것이 활성화되면 우리나라 중소기업이 강해질 수 있는 토대가 될 수 있을 텐데요.

정 ▶ 우리나라 중소기업의 유일한 활로입니다. 중국도 가보고, 동남아도 가보았는데, 활로가 안 생겼거든요. 중소기업이 수직 계열화, 재벌들의 하청 구조화되어 있잖아요. 갑을 관계, 공정한 경쟁 관계가 이루어지고 있지 않은 것이 핵심이고요. 중소기업이 네 가지가 없어요. 돈이 없고, 사람이 없고, 판로도 없고, 기술이 없고……. 신용이 약하니까 금융 쓰기도 어렵잖아요. 자기 돈도 없지만, 신용을 쓰기도 어렵고, 땅값도 비싸고, 중소기업에 사람이 안 오잖아요. 사람이 없어요. 그런 문제들에 대한 포괄적인 해법을 찾기가 힘들고, 중소기업 정책을 어떻게 해도 즉효가 나기 어려운데요. 개성에 123개 공장을 두었더니 다 팔팔하게 살아난단 말이에요. 다른 설명이 필요 없잖아요.

그런데 정치가 장애물이에요. 정치적·군사적 장애물만 없어지면 됩니다. 남쪽에서 사업하는 사람들은 은행 돈을 빌리기 어렵다든지, 시장이 없다든지, 사람이 없다든지 하는 문제가 있는 것이지 정치나 군사가 직접 장애물은 아니잖아요. 그런데 개성공단은 시들시들한 기업이 가서 살아날 수 있다는 겁니다. 123개 공장이 모두 흑자인 것으로 증명이 된 셈이죠. 123개가 아니라 1,200개, 아니 12,000개를 갖다 놔도 다 흑자가 날 수 있단 얘기죠. 중소기업의 활로임이 분명하고, 그걸 한 차원만 더 키우면 되잖아요. 지금 한국 경제의 잠재성장률이 3% 대로 주저앉았어요. 이명박 정부 5년간 기를 쓰고 성장률 끌어올리려고 4대강도 파헤치고 안간힘을 썼지만 5년 평균이 2.9%밖에 안 됐어요. 앞으로 갈수록 잠재성장력은 더 떨어질 수밖에 없죠. 이것 또한 불편한 진실입니다.

지금 초등학교 다니는 아이들이 학교 졸업하고 취직한다고 할 때 성장이 멈추는 거예요. 우리 아이들의 미래는 어떻게 되는 걸까요. 자라나는 어린아이들의 미래를 생각해야 하잖아요. 이미 저성장의 늪에 빠져들고 있는데, 방법이 없어요. 자본 투자, 노동, 생산성 이 세 가지를 올리는 것이 잠재성장률을 올리는 건데, 자본은 넘치지만 투자할 곳이 마땅치 않아요. 삼성전자의 경우 사내 유보금이 엊그제 신문 보니까 44조 원입니다. 44조 원을 회사 금고에 넣어두었는데, 어디 투자를 못 하는 거예요. 1번 자본을 더 투입할 수 없는 환경, 2번 노동인구. 젊은이들이 줄어드는 판인데, 해법은 정년을 없애거나 올려서 노인 노동력, 여성 경제 활동 인구를 늘리는 수밖에 없는데, 이것도 금방 쑥쑥 늘리는 데 어려움이 있습니다. 그 다음에 생산성, 이것은 기술 혁신을 일으키거나 허리띠를 더 졸라매는 건데, 노동시간을 더 늘리지는 못 해요. 연간 2,200시간, 지금도 살인적이라 오히려 줄여야 합니다. OECD 평균 1,750시간과 비교하면 450시간이 더 많은 거예요. 하루에 여덟 시간씩 따지면 11주, 석 달 가까이 더 일을 하는 거지요. 그러니까 더 졸라매지는 못 해요. 기술 혁신이라는 것도 우리 교육 시스템으로는 벽에 부딪혔습니다. 노벨 과학상이 안 나오잖아요. 한 문제 안 틀리려고 달달 외우는 반복 주입식 수능 교육이나 입시 교육을 해서 무슨 획기적인 상상력과 창의력이 나오겠습니까.

결국 지금까지 걸어온 길과는 다른 길을 찾을 수밖에 없어요. 블루 오션을 찾아야 해요. 그런데 답은 이미 나와 있습니다. 개성공단을 죽이지 말고 계속 살려나가라. 그러면 그게 밥이고 일자리고 꿈이 될 것이다. 이렇게 말하고 싶어요.

한국 경제 대운론, 8만 불 시대는 가능하다

지 ▷ 개성공단이 밥이고 꿈이라는 말씀 가슴에 닿는데요. 어쩌면 지난 60년 우리에게 위협이자 고통이고 부담이었던 북한이 개성공단을 통해 한국 경제에 큰 기회를 제공하고 있다고 볼 수 있는 거군요.

정 ▶ 바로 그겁니다. 지금 우리 민족에게 대운이 왔습니다, 대운.(웃음) 세계에서 두 번째로 잘사는 나라가 된다는 예측이 있잖아요. 이걸 현실로 만들면 되는 겁니다. 국민소득 8만 불 시대, 이건 불가능한 꿈이 아니에요. 이룰 수 있는 길이 있단 말입니다. 서로 총질하고 싸우던 전쟁터에 오순도순 모여 앉아 물건을 만들어내는 장면은 세계 어디서도 본 적이 없어요. 거기다가 이미 성공이 증명됐잖아요. 개성공단 모델을 북쪽 땅에 늘려가는 건 어렵지 않습니다. 남쪽의 자본과 기술에다 북쪽의 노동과 토지를 결합하면 세계적 경쟁력이 나온다는 건 당연한 추론 아닌가요.

개성공단이 우리의 미래라는 것은 우리만의 주장이 아니라 객관적으로도 이미 나와 있잖아요. 부자 나라 34개국이 모여 있는 OECD 사무국에서 얼마 전 발표한 한국 경제 전망을 보면 2031년이 되면 한국의 잠재성장력이 고갈된다. 다른 말로 성장 엔진이 꺼진다. 이렇게 보고 있어요. 2031년부터 잠재성장률 0% 시대가 된다는 것이죠. 따져보면 상식이에요. 아까 말한 대로 한 나라 경제가 성장하려면 인구가 늘든지 기술 혁신이 일어나든지 자본 투자가 활발하든지 해야 하는데 어느 것 하나 녹록지 않습니다. 누가 대통령이라도 국내에서는 용빼는 재주가 없을 듯해요. 그런데 몇 해 전에 세계 최대의 투자 금융기관인 골드만삭스에서 정반대로 예측을 했는데, 한국이 30년 뒤에 독일과 일본을 제친다는, 듣기만 해도 벅찬 전망을 했어요. 골드만삭스는 2040년에 한국이 프랑스, 독일, 일본을 제치고, 2050년이 되면 국민소득 8만 5,000불로, 미국 다음으로 세계에서 두 번째로 잘사는 나라가 된다. 이랬거든요. 참 기분 좋은 소린데 왜 이렇게 국제적 신인도가 높은 두 기관이 상반된 전망을 하는 걸까요?

골드만삭스는 개성공단이 쭉 확장된다는 것을 전제로 삼은 것이고, OECD 보고서는 남북이 분단된 상태에서 남한 단독 경제를 전망한 것입니다. 골드만삭스 보고서는 사실 새로운 건 아니에요. 국내의 여러 학자들과 전문기관들도 그렇게 예측한 곳이 많지만 이걸 확인시켜준 의미가 있는 거죠. 이 보고서를 보면 한국 경제가 남한의 자본과 기술에다가 북한의 노동력과 무진장한 광물자원을 결합하면 다시 한 번 고성장 시대로 갈 수 있다고 봤어요. 또 북은 북대로 발전해서 20년 후에는 북한의 국민소득이 한국의 절반까지 따라올 수 있다고 예측했어요. 북이 베트남·중국 모델을 착실하게 뒤따르게 된다는 거죠.

이렇게 북한 경제가 자체 발전을 하게 되면 통일 비용 걱정은 할 필요가 없는 거 아닙니까? 북한이 한국 경제에 두통거리가 아니라 효자 노릇을 톡톡히 하게 된다는 거죠. 한국이 세계 최고의 제조업과 첨단 산업 경쟁력을 가진 독일과 일본을 제친다. 상상만 해도 가슴 뛰는 일인데요. 한 가지 예만 들어보죠. 지금 조선 산업이 세계 1등인데 중국의 추격이 무서워요. 수주 총액으로 하면 이미 중국이 우리를 넘었고 부가가치로 따지면 아직 우리가 앞서 있지요. 만일 2007년 10월 노무현-김정일 정상 회담 합의대로 원산에 조선 단지를 착공했다면 얘기가 달라지는 거죠. 남쪽의 울산·거제와 북한의 원산은 바닷길로 한나절 거리예요. 원산에 조선소를 지어서 여기서 화물선, 여객선, 컨테이너선 같은 저부가가치 선박을 건조하고, LNG선이나 해양 플랜트

선은 남쪽에서 짓고 이렇게 조선 산업의 일관체계를 구축한다면 시너지가 발생하겠죠. 중국에 기술을 넘겨줘서 추격을 당할 염려도 없어지는 거고. 일석삼조 아닌가요. 조선 1등 국가 지위를 앞으로 백 년은 끄떡없이 지켜낼 수 있을 것이고, 북한 경제가 불같이 성장하는 촉매제 역할을 할 수 있을 것이고, 더 이상 전쟁 걱정 필요 없는 완전한 평화 공동체, 경제 공동체가 이루어질 테니까…… 일석삼조가 아니라 사조, 오조가 아닌가요? 이건 조선 산업만 해당되는 게 아니죠. 자동차 산업, 제철 산업, 에너지 산업, 반도체 IT 산업 등 전 분야에 걸쳐 윈윈하는 모델이 가능합니다.

이 대목에서 철강왕 박태준 회장님이 생각나네요. 생전에 존경했고 저를 많이 아껴주셨어요. 총리 그만두시고 나서 뵙고 북한 경제 얘길 나누는데 북한도 다시 일어서려면 현대화된 제철소가 있어야 하지 않겠느냐고 말했더니 북의 제철소 현황을 쭉 얘기하시는 거예요. 청진의 김책제철소, 성진제강, 황해제철, 천리마제철 등 네 군데 제철소 모두 일제강점기에 지은 거라 보나마나 낙후하기 짝이 없을 거고, 죽기 전에 함흥에다 포항제철 같은 제철소를 지어보는 게 꿈이라고 말씀하시더군요. 1970년대 말 덩샤오핑이 일본의 제철소를 방문해 중국에도 포항제철 같은 걸 하나 짓고 싶다고 말했더니 신일본제철 회장 대답이 중국에는 박태준 같은 인물이 없지 않느냐고 했다는 일화가 있죠. 실제 개성공단이 확장되고 북한 경제개혁이 속도를 내게 되면 제철산업의 현대화는 필수조건이죠. 이제 남한만이 아니라 한반도 전체를 머릿속에 넣고 경제를 설계할 때가 됐다고 봅니다. 이게 바로 창조경제 아닐까요. 이런 건 제발 좀 베껴 갔으면 좋겠어요.(웃음)

유일한 길, 그리고 축복은 '북방 경제를 열어라.' 이건 정치가가 할 수 있는 일이잖아요. 좋은 정치가 뭐예요. 길을 열어줘야죠. 비전을 가지고 희망을 뚫어주고, 답답한 현실을 타개해야 길이 나타납니다. 그 길, 대륙으로 가는 길을 열라는 것입니다. 과거 냉전 시대, 내결주의 시대의 낡은 인습, 고정 관념을 털어버리고 발상을 바꾸란 말이에요. 이미 민주정부 10년 동안 기반을 닦았고, 증명이 된 것 아닙니까? 그러한 모델이 개성공단이란 말이죠. 서로 총질하고 전쟁하던 상대가 총을 내려놓고 공장을 지어서 물건을 만드니까 물건이 경쟁력이 있네. 이걸 계속 만들어가면 되는 겁니다. 이걸 만들어가면 우리 중소기업이 사는구나. 이걸 만들어가니까 서로 총 들 일이 없네. 그래서 개성공단이 밥이고 미래라는 것입니다. 이 두 가지를 책상에서 이론을 가지고 논문을 쓰고 해봐야 사람들이 꿈같은 소리라고 할 텐데요. 우리가 현장에서 돌려봤잖아요. 거기에 개성공단의 위대성이 있는 거예요. 직접 돌려봤잖아요. 전 세계에서 해본 나라가 우리밖에 없잖아요. 거기에 값어치가 있어요.

지 ▷ 아까 삼성전자의 사내 유보 자금이 44조 원이라고 하셨는데요. 대기업의 돈을 개성공단 같은 데 투자하게 되면 여러 가지 효과가 있을 수 있잖습니까? 자본 투입 자체도 그렇지만, 전경련 같은 데서 반대하지 않고, 적극적으로 지지할 것 같기도 한데요.(웃음) 참여정부 때 삼성과 라인이 있었던 것으로 아는데, 북한에 적극적으로 투자한 대기업은 현대밖에 없었지요.

정 ▶ 그 대목에서 생각나는 것이 정주영 회장에 대한 평가예요. 재벌 총수이지만 남북문제에 있어서는 정주영 회장의 통 큰 비전이 큰 도움이 됐다고 해야겠죠.

대만과 중국은 경제적 통일 상태

지 ▷ 국가와 민족에게 봉사하는 마지막 길이라고 생각했을 수도 있을 것 같고요. 확실하게 돈을 벌 수 있다는 기업가적 정신(?) 때문이었을 것 같기도 하네요.(웃음)

정 ▶ 제2의 정주영 회장이 필요합니다. 정주영 회장의 창의력, 상상력, 방조제를 막을 때 폐선을 사용했던 것이며 조선소 지을 때의 일화도 그렇고…… 무에서 유를 창조하는 통 큰 리더십과 민족의 장래를 내다보는, 다른 것을 떠나서 그 부분은 정주영 회장이 역사적으로 평가받을 부분이라고 생각합니다. 제2의 정주영 회장이 필요하다는 것은 전경련 회원들이, 재벌 기업들이 그걸 좀 보고 배울 필요가 있다는 것인데요. 문제는 역시 정치예요. 재벌 기업들이 가서 대규모 투자를 해도 괜찮을 만큼 평화 정착이 되어야 합니다. 정주영 회장의 여러 일화가 있잖아요. 1971년에 현대 조선소를 설립하기 위해 영국 은행에 차관을 빌리러 갔을 때 "당신들 배를 만들어본 적이 없지 않소." 하니까 당시 통용되던 거북선이 그려진 500원짜리 지폐를 보이며 "우리는 영국보다 300년 앞서서 이미 철갑선인 거북선을 만들었소."라고 해서 차관을 얻었다고 하잖아요.

지 ▷ 결과적으로 개성공단이 폐쇄됐으니까 그걸 가지고 "봐라, 투자하는 것이 위험하지 않냐?" 하고 얘기할 수도 있지 않을까요.

정 ▶ 오늘 같은 단계에서 삼성보고 들어가라고 하면 안 들어가죠. 삼성이나 30대 재벌 그룹들이 들어갈 환경을 만들어줘야 하는데, 그 환경을 만드는 것이 정치가이고, 지도자입니다. 그건 박근혜 대통령의 몫이에요. 만약 저한테 기회가 주어졌더라면 확실하게 만들었죠.(웃음) 기업이라는 것은 그거 아니에요. 돈이 되면 어디든 가잖아요. 아프리카를 안 갑니까? 중동에서 전쟁하는 데도 가잖아요. 북한은 왜 안 가겠어요. 말도 통하고, 가깝고. 그런데 문제는 대규모 투자를 해도 걱정하지 않는 상황을 만들어주는 거죠.

거기서 좋은 사례가 대만입니다. 대만과 중국이 우리보다 통이 큰 거예요. 대만 자본이 지금 중국에 투자한 것이 수백조 단위입니다. 수천억 불이에요. 일 년에 몇백억 불씩 들어갔거든요. 그러니까 대만 자금이 중국 본토에 수백조 원이 들어가서 서로 윈윈하는 것 아닙니까? 대만은 중국에 들어가는데, 왜 남한 자본은 북에 못 들어가는가? 한때 대만과 중국이 우리보다 더 으르렁거렸어요. 대만과 중국이 정상 회담을 못할 때 우리는 정상 회담도 했고, 대만과 중국 사이에 개성공단 같은 것이 없을 때 우리는 개성공단도 돌리고 앞서 갔잖아요. 지난 5년 동안 대만 마잉주 총통 체제하에서 많은 변화가 있었는데,

3가지 원칙을 갖고 했어요. 대만과 중국 간의 통일 얘기는 나중에 하자, 무력 사용 이런 얘기하지 마라, 정치와 경제 분리하자. 이렇게 밀고 가니까 대만과 중국 사이에 서로 아무런 고통이 없어졌어요. 편지 보내고, 통신하고, 여행 가고, 투자하고, 대만 사람 2,000만 명 중 200만 명이 본토 영주권을 받았다니까요. 별장도 사고, 그곳에 살고, 아무 고통이 없잖아요. 그렇게만 되면 사실상의 통일이 되는 거죠. 여행, 왕래, 통신, 교신, 송금, 거기다가 이주까지, 사실상의 통일이죠.

우리는 부부간, 부모 자식 간에도 헤어져 못 만나고, 참 야만적 상황입니다. 21세기 문명의 시대에 이념과 제도가 무엇이길래. 냉전은 이미 고철 덩어리처럼 옛날 물건이 됐는데, 아직도 냉전의 유령이 이 공간을 떠돌고 있으니 안타까운 거죠.

개성공단이 10년 후
통일로 가는 길

지 ▷ 우리는 그러면 언제쯤이나 되어야 가능할까요?

정 ▶ 대만, 중국의 경우와 비교해도 10년이면 된다고 봅니다. 제 얘기는 사실상의 통일 상태를 말하는 겁니다. 법률적·정치적 통일보다 더 시급한 것은 자유롭게 서로 오가고 만나고 고통 없이 사는 게 아닐까요. 공식적으로는 3단계 통일 방안, 즉 1단계 교류 협력, 2단계 국가연합, 3단계 통일국가 완성으로 나와 있죠. 하지만 이해하기 어려운 통일 방안보다도 대만, 중국처럼 전화하고 편지 쓰고 여행하고 송금하고 투자하고 사업하는 관계, 이산가족의 슬픔과 고통이 사라지고 납북자와 국군 포로 문제 같은 것도 근본적으로 해소된 상태면 그게 통일이지 다른 건 좀 시간이 걸려도 상관없지 않겠습니까? 저는 10년이면 충분히 갈 수 있다고 봐요. 대만-중국 관계를 봐도 그렇고 우리 민주정부 10년 동안에도 적대와 증오를 걷어내고 철도·도로를 잇고, 금강산 관광을 가고, 서로 총 쏘고 전쟁하던 곳에 공단을 세워 물건을 만들어내고, 눈부시게 변했었잖아요. 멀리 갈 것도 없어요. 우리 눈앞에 길이 나 있어요. 개성공단이 10년 후 통일로 안내하는 길잡이예요. 그걸 쭉 따라가면 된다고 생각합니다.

여기서 한 가지 화해와 포용에 관해 대만과 중국에서 배울 게 있습니다. 리영희 선생님한테 들은 얘긴데요. 대만과 중국은 과거 냉전대결 시대에도 서로 증오를 부추기는 일을 하지 않았다는 거예요. 대만 초등학교 교과서에는 '공산주의자들'에 관한 이야기나 증오심을 부추기는 내용이 한 단원도 없어요. 대만 정부는 본토에서 쫓겨 도망쳐 나온 '피난민 정권'으로 중국 본토 공산당 정권에 피맺힌 한이 있음에도 불구하고 자라나는 세대의 교과서에 증오심과 적개심을 부채질하지 않았다는 거죠. 중국 본토 학교도 마찬가지였다고 합니다. 대만으로 도망간 국민당과 그 지도자들을 인간적으로 매도하고 모독하는 단원은 들어 있지 않았어요. 중국 사람들한테 이런 건 배워야 한다고 생각해요. 10년 후 통일을 생각한다면 지금부터 진정으로 화해하고 포용하려는 정신이 필요하다고 봅니다.

지 ▷ "개성공단이 전체 계획의 5% 정도밖에 안 된다. 원래 계획의 5% 정도가 돌아가고 있는 것이다. 그런데 남쪽 GDP 성장률에 작년에 0.02%를 기여한 것으로 나온다. 그렇다면 개성공단이 제대로 다 가동한다면 GDP의 최소한 0.2~0.3%를 기여할 수 있다는 얘기이다. 개성공단 같은 게 몇 개만 돌아가면 북방 경제를 통해서 GDP 성장률 1%를 끌어올릴 수 있는 것이다." 이렇게 개성공단의 경제적 성과에 대해서 말씀하셨잖아요.

정 ▶ 제1, 제2 개성공단 이렇게 가면 최소한 GDP의 1% 이상을 기여합니다. 우리가 1,200조 규모 경제니까 12조 원 정도 되는 건데요. 아까 완공하면 500억 불 된다고 하지 않았습니까? 매출이 50조가 되는 거죠. 그러면 부가가치 따지면, 정확한 모델로 계측을 해봐야겠지만, 어쨌든 0%로 간다고 하는 GDP 성장률을 끌어올릴 수 있는, 잠재 성장력을 끌어올릴 수 있는 유일한 출구가 개성공단인 거죠.

지 ▷ 이번에 회담 자체가 결렬이 됐는데요. 개성공단 문제가 제일 중요한 의제였을 텐데, 그 문제가 어떻게 풀려갈지 예상할 수 있으신지요?

정 ▶ 책 나올 때쯤 되면 풀렸겠죠.(웃음)

지 ▷ 박근혜 정부가 개성공단 문제를 어떻게 풀어가야 할까요?

정 ▶ 개성공단의 장래는 박근혜, 김정은 정상 회담을 언제 하느냐에 달려 있어요. 전반기인 2013년, 2014년에 이루어지면 개성공단은 이 정부하에서 상당히 갈 수 있어요. 1단계, 2단계까지는 갈 수 있습니다. 그런데 정상 회담이 박근혜 정권 후반기로 넘어가면 개성공단은 1단계를 못 벗어나죠. 1단계는 100만 평을 계획해놓고 33만 평만 돌리는 것이거든요. 나머지 부분 채우는 것도 대단한 건데요. 후반기로 정상 회담이 가면 100만 평 정도 돌릴 수 있는 것이고요. 전반기에 정상 회담이 이루어지면 더 나갈 수 있겠죠. 이건 정상의 결단에 의해서만 가능합니다. 정상 간의 남북한 경제 협력을 어떤 규모로 어떤 속도로 갈 것인가 결정해야 그 다음으로 갈 수 있는 거예요.

지 ▷ 정상 회담이 언제 개최되느냐에 따라서.

정 ▶ 그 시기에 따라서 개성공단이 몇 리를 더 가느냐가 결정되겠지요. 빠르면 빠를수록 좋습니다. 정상 회담을 하면 무슨 얘기부터 하겠어요. 우선 쉬운 것부터 하는 겁니다. 개성공단 확대하는 것이 가장 쉬운 거예요. 나머지 다른 문제는 어렵고, 복잡하거든요.

PARIS

MOSKVA

BEIJING

3장

북핵 문제, 9·19 평화 체제로 풀자

VLADIVOSTOK

남북문제는
대통령 어젠다

지▷ 박근혜 정권에서도 초기에 전쟁 위기를 느낄 수 있을 정도로 북한 정권에서 거친 얘기가 나왔고, 대화 국면에서도 급을 가지고 다투고 있는데요.

정▶ 대통령 선거에 이기고 나서 위기가 고조되기 시작했지요. 첫째로 당선자 시절에 박근혜 메시지는 없었어요. 당선되고 나서 긴장이 고조됐어요. 그런데 전임 정부는 사실상 식물 정부잖아요. 그러면 당선자로서의 리더십을 보여줬어야죠. 당선자 시절에 한반도 문제에 대한 그림, 원칙이 나왔어야 하는데 12월, 1월, 2월에 메시지가 하나도 없었습니다. 반면에 DJ 당선자 시절에 경제 위기가 덮쳤어요. IMF가 왔습니다. 김영삼 대통령 장본인이야 말발이 안 서잖아요. 그래서 DJ가 했지요. 당선자로서 경제 위기 극복에 팔을 걷어붙이고 리더십을 보였거든요. 사실 당선자 때가 권력이 가장 셉니다. 제가 가장 실망스러운 것은 왜 당선자 때 권력을 쓰지 않았는가, 당선자 때는 주변국 모두가 당선자의 입에 시선이 꽂힙니다. 뭐라고 얘기하나, 이 사태를 어떻게 보는가.

북한이 12월 12일에 로켓을 쏘았어요. 곧바로 UN 제재 결의 2087호로 가면 안 되죠. UN 의장 성명 정도로 족할 것을 이명박 정부가 북 치고 장구 쳐서 제재 결의까지 가버렸습니다. 새로 출범하는 박근혜 정부의 폭을 좁혀버린 셈이지요. 왜냐, 북쪽의 행태 때문이에요. 국제 사회가 주먹으로 한 방 치잖아요. 절대 굴복하는 법이 없어요. 기어이 평안도 박치기로 치고 나온단 말이에요.(웃음) 제재 결의로 간 것이 핵 실험을 부른 겁니다. 1차, 2차 과거의 패턴이거든요. 핵 실험 전에는 반드시 로켓을 쏴요. 2006년 10월 1차 핵 실험, 석 달 전에 로켓을 쏩니다. 그때 UN 안보리가 소집되어서 경고를 했는데, 핵 실험을 했거든요. 2009년 5월에 핵 실험을 했는데 한 달 전인 4월에 로켓을 쏘았잖아요. 그때도 경고하려고 했는데, 핵 실험을 해버렸어요. 핵 실험은 탄두를 만드는 것이고, 투발 수단과 두 가지가 세트거든요. 지금 두 가지 다 금지가 되어 있어요. 유엔 제재에 의해서 핵 실험, 로켓 발사가 금지되어 있는데, 북은 고분고분 말을 듣는 사람들이 아니란 말이에요.(웃음) 그런데 로켓을 쐈어요. 전에는 경고를 했는데, 이번에는 제재를 하니까 이건 100% 핵 실험을 끌어내는 것이랑 마찬가지예요. 핵 실험을 예고한 겁니다.

그 과정에 당선자의 목소리는 실종됐습니다. 당선자의 철학과 전략, 이런 게 없어요. 이러면 안 된다고 제 나름대로는 글도 쓰고, 지금 당선자가 움직여야 한다, 공간을 만들어야 한다고 이야기했습니다. 외교 안보라는 것이, 특히 남북문제라는 것은 대통령 어젠다예요. 참모가 아니라 자기 철학으로 하는 것이지요. 당선자 시절에 긴장이 지난 10년 내 최고조로 올라간 것 아닙니까? 로켓 쐈지, 유엔 제재했지, 핵실험 했지, 군사훈련 연습 들어가면서 2월 말에 취임했거든요. 취임해서도 한 일이 없어요. 원론만 되풀이했습니다. "도발하면 응징한다, 그러나 대화의 문은 열어놓는다." 이 말을 덧붙여놓은 것이 이명박과 조금 다를 뿐이에요. 이명박은 "도발하면 응징한다."는 얘기까지만 했는데, 그래도 "대화의 문은 열어놓겠다."는 말을 더 했습니다. 그래서 초반에 차분하게 대응했다고 평가를 해주는 거죠.

그랬는데, 당선되고서 긴장이 고조될 때까지 역할이 제로예요. 북은 불바다를 만들겠다거니 또는 미국 본토를 타격하겠다느니 위협을 최고조로 끌어올리고, 미국은 이에 맞서 핵 잠수함, B-2 스텔스 폭격기, B-52 핵 폭격기 등 군사적 억지력을 과시하며, 주거니 받거니 북한과 미국이 서로 극한을 향해 적대적 대결 분위기로 치달았습니다. 한미 군사 연습이지만 주도하는 것은 미군이니까. 여기서 긴장이 최고조까지 확 올라갔다가 백팔십도 턴을 언제 하느냐, 4월 12일이에요. 박근혜 정권 출범해서 한 달 반, 존 케리 미 국무장관이 서울에 온 날입니다. 그래서 4월 이후에 대화 국면으로 전환하고 오늘까지 온 것인데, 이것이 종속적이에요. 따라가는 거란 말입니다. 12월 당선돼서 1, 2, 3, 4월까지 4개월은 메시지가 실종되었고, 철학과 전략이 보이지 않았던 것이고요. 긴장에서 대화로 턴하는데 미국을 따라간 겁니다. 이명박과 다르다고 하는데 뭐가 다른지는 아직 모르겠어요.

박근혜 대통령의 '북핵 밥상론' 아직도 유효한가?

지▷ 이명박 정권하에서 한·미·일의 강경파들은 개성공단이나 북한에 대한 유화 정책이 김정일이나 김정은의 통치자금이 된다면서 개성공단을 폐쇄해야 북한 정권이 망할 것이라고 주장하고 있습니다. 그 사람들의 목소리가 먹혀왔기 때문에 그런 정책이 이어졌을 텐데요.

정▶ 핵 개발 자금을 대주고 연명할 수 있는 지원을 해줬다던 그 시기에 오히려 북한은 핵 능력 증강을 멈췄습니다. 그런데 자기들 말대로 달러 박스를 끊고, 핵 개발 자금도 끊고, 비료도 쌀도 먹을 것도 끊고, 남북 관계 끊었더니 북이 핵 개발로 질주해버렸어요. 정반대입니다. 핵 위기 20년 동안, 핵 개발의 전성기는 이명박 임기 5년이에요. 자기들이 다 끊었으면 붕괴하거나 핵을 못 만들거나 해야 하는데, 왕성하게 로켓 세 번 쏘고, 나로호보다 먼저 위성국가가 된 거잖아요. 2009년에 2차 플루토늄 핵 실험을 했지, 이번에 3차 핵 실험, 우라늄으로 추정되는 핵 실험을 했어요.

게다가 정작 중요한 것은 우라늄 문제예요. 20년의 북핵 역사에서 늘 걱정거리가 플루토늄(PU)이었습니다. 플루토늄은 원자로, 냉각탑, 재처리 시설 등이 있어야 해서 사진 찍으면 연기가 나는데다, 공기 중에서 기체 포집을 해서 원소 분석하는 것 등이 가능하다고 말씀드렸잖아요. 그런데 우라늄은 어디서 하는지를 몰라요. 지하실에 숨어서 몰래 하기 때문에 추적도 안 되고 감시도 안 돼요, 통제가 안 돼요. 핵

빗장이 풀려버린 겁니다. 플루토늄보다 훨씬 더 골치 아픈 우려 사항이 생겼어요. 이게 이명박 시대에 일어난 일입니다.

북이 핵에 대해서 큰 소리 뻥뻥 치는 것은 뭔가 믿는 구석이 있기 때문이에요. 이건 완벽하게 미국 오바마 정부와 이명박 정부의 정책 실패입니다. 오바마가 후보 시절의 약속을 뒤집고, 북한 핵 문제에 대해서 무책임한 정책을 편 겁니다. 방치 정책, 그것을 바로 전략적 인내 정책이라고 했습니다. 그렇게 포장을 했어요. 오바마는 북한에 대해서 전략적으로 인내를 하는 거다, 전략적으로 무슨 인내를 해요. 그냥 내버려둔 거죠.(웃음) 내버려뒀더니 엉망이 된 거잖아요. 이명박은 5년 동안 뭐라고 했습니까? 선비핵화, 이봐, 핵을 내려놓으면 우리가 도와줄게. 이렇게 무능하고 무책임한 정부가 어디 있어요. 한 가지 업적이라면 미국으로 하여금 방치 정책을 쓰도록 만든 것인데, 미국의 입맛에 맞았다는 얘기입니다. 미국의 이해관계에 반하지 않았다는 증거죠.

우리의 이해관계는 저걸 빨리 멈추게 하는 겁니다. 핵 능력 증강을 멈추게 하고, 비핵화로 가야 한단 말이에요. 정부는 무엇으로 인정받습니까? 문제 해결 능력으로 인정을 받습니다. 문제를 해결했느냐 못 했느냐, 이거 아닙니까? 비핵화가 우리의 사활적 이해관계라면 현재 미국은 너무 느긋해요. 최근에 박근혜 정부가 너무 느긋합니다. 미국의 이해관계가 전략적 인내, 방치 정책인 한 우리 이해관계와는 충돌을 하죠. 방치하면 안 됩니다. 그런데 해결 방법이 별로 없어요.

비핵화 방법은 세 가지가 있습니다. 하나는 군사적 공격이에요. 부시 때 강경파가 주장했던 것처럼 외과적 수술을 하듯이 폭격해서 집어내는 거예요. 이스라엘이 이란 핵 시설을 때렸잖아요. 그걸 할 수 있겠습니까. 전면전이 되는데. 이미 그 시나리오는 1994년에 검토됐어요. 클린턴 때. '이걸 한번 때려.' 하고 시뮬레이션을 했더니 개전 초기에 미군 5만 명, 한국군 50만 명 손실, 민간인 100만 명 사망, 이렇게 나왔습니다. 이걸 어떻게 실행한다는 말이에요. 이것은 상상에서, 세 가지 선택지에서 지워야 합니다. 두 번째가 오바마와 이명박이 한 것과 같은 무시와 방치입니다. 그랬더니 핵 능력 개발로 질주해버렸잖아요. 그걸 박근혜 5년 동안 또 되풀이합니까? 그래선 안 되잖아요. 세 번째 선택지는 바로 인게이지(engage), 개입 정책입니다. 개입하려면 무엇을 해야 하죠. 대화를 해야 합니다. 협력을 해야 개입할 수 있어요. 그중에 첫 번째는 선택지에서 제외해야 해요. 어떤 경우에도 전쟁은 안 되는 거니까요. 두 번째 선택지는 이명박이 해봤듯이 역효과를 낼 뿐입니다. 결국 세 번째 말고는 방법이 없어요. 그래서 그 얘기를 미국과 중국이 하는 거죠. 그런데 아직 박근혜 대통령은 그 얘기를 안 하고 있는 겁니다.

포괄적 해법인 9·19 얘기가 아직 안 나오고 있잖아요. 하지만 한 가닥 기대는 걸고 있어요. 민족 문제가 얼마나 엄중합니까? 저는 박근혜 정부가 성공하기를 바랍니다. 얼마 전에 박근혜 대통령의 『절망은 나를 단련시키고 희망은 나를 움직인다』는 자서전을 봤는데, 2005년에 미국에 가서 북핵 문제에 대해 이렇게 말했더군요. "북핵 문제는 밥상론으로 해결해야 한다. 서양에서는 음식 먹을 때 스프, 메인 요리, 후식 등이 단계적으로 나오지만 한국은 밥상에 밥, 국, 찌개, 반찬 등을 한꺼번에 다 올려놓고 먹는다. 북핵 문제도 미국이 생각하는 것처럼 단계적인 접근 방법도 좋지만, 한국인들에게는 한 상에 해법을 모두 올려놓고 포괄적으로 타결하는 방법이 익숙하다. 북핵 문제를 그런 식으로 해결한다면 북한도 훨씬 자연스럽게 받아들일 수 있을 것이다."

포괄적 타결. 이건 정확한 말입니다. 핵 문제와 북미 수교, 평화 체제 문제 등을 한 상에 올려놓고 해결하자는 포괄적 해법이란 말입니다. 밥상론은 뒤집어보면 민주정부의 북핵 문제 해법과 궤도가 같은 거예요. 그런데 개성공단 문제 다루는 태도를 보면 포괄적 접근이 아니에요. 건건이 하나씩 깐깐하게 다뤄서 단계적으로 쌓아가겠다는 태도가 역력한데 과거 포괄적 밥상론 얘기와는 완전히 달라요. 박근혜 정부가 성공하려면 실패한 이명박 정부를 반면교사로 삼고, 자신이 말한 밥상론 해법으로 돌아가야 한다고 봅니다.

북핵 문제,
9·19 공동성명으로 돌아가야

지 ▷ "북핵 문제 해결하려면 2005년 9·19 공동성명 정신(북한의 핵 포기·미국의 불침공 약속)으로 돌아가야 한다. 이를 실천하는 가장 좋은 방법은 북한과 미국의 정상 회담이다."라고 하셨잖아요. 9·19 공동성명은 제4차 6자 회담 결과 2005년 9월 19일 북한이 모든 핵무기를 파기하고 NPT, IAEA로 복귀한다는 약속을 한 것입니다. 또한 한반도 평화 협정, 단계적 비핵화, 북한에 대한 핵무기 불공격 약속, 북미 간의 신뢰 구축 등을 골자로 하는 선언인데요. 9·19 공동성명이 왜 그렇게 중요한가요? 말씀하신 대로 올해 미국 오바마 행정부의 존 케리 국무장관이 한국과 중국을 방문하여 9·19 공동성명의 재이행 의사를 천명하기도 했잖아요.

정 ▶ 국내에는 북한은 절대 핵을 포기하지 않을 것이라는 비관론이 있습니다. 핵을 안 놓으면 핵을 인정해야 하나요? 이건 또 다른 문제죠. 북이 핵 실험을 한 것은 사실입니다. 로켓 발사를 네 번씩이나 해서 성공한 것도 사실입니다. 그러나 그건 그거고, 우리는 북을 핵 국가로 인정할 수 없어요. 왜냐하면 북한 핵은 폐기 대상일 뿐 아니라, 북한이 핵 포기를 선언한 9·19 공동성명이 휴지조각이 돼버리기 때문입니다.

북한이 핵을 끝까지 포기하지 않을 것이다. 이렇게 단정적으로 말하기 앞서서 북한이 언제부터 핵에 매달리기 시작했는지를 볼 필요가 있어요. 북핵의 뿌리는 북-소 동맹의 해체에서부터 시작된다는 게 정설입니다. 1990년 9월 소련의 셰바르드나제 외무장관이 평양을 방문해 남한과의 수교 사실을 통보했을 때 북은 엄청난 충격을 받아요. 다음 해 소련은 남한과 우방이 되는 대신 북한과의 동맹조약을 일방적으로 폐기해버립니다. 역지사지로 말한다면 '한미방위조약'을 미국이 일방적으로 폐기하면서 북한과의 국교 수립을 한국 정부에 통고하는 것과 마찬가지이죠. 6·25 이후에 남한은 미국의 핵우산 아래 보호받고 있었고 북한은 소련의 핵 보호 아래 있다가 그것이 사라진 셈이죠. 1992년 7월 북한은 다시 한 번 충격을 받습니다. 중국의 첸지천 외상이 평양을 방문해 남한과의 수교 사실을 통보합니다. 2~3년만 늦춰달라는 김일성 주석의 요구는 거부당했죠. 그는 이렇게 말했다고 합니다. "우리는 자주 노선을 걷겠다. 중국이 하는 일은 중국이, 우리가 하는 일은 우리가 하겠다." 결국 북이 핵 개발에 매달리게 된 것은 살아남기 위한 생존 전략으로 봐야 합니다. 북한의 손에서 핵을 내려놓게 하려면 그들이 원하는 것을 주고 우리가 원하는 것을 받는 방법 말고는 없습니다. 그러면 이제 어떻게 핵 포기와 체제 안전 보장을 바꿀 것인지가 핵심이죠.

그 '어떻게'에 9·19가 들어가는 겁니다. 북핵 위기 20년 역사에서 9·19로 딱 한 번 해법 마련에 성공했던 겁니다. 해법이 거기 들어 있어요. 그런데 2013년에 보니까 빠져 있는 것이 하나 있어요. 해법에 없는 것이 바로 미사일 문제입니다. "조선민주주의인민공화국은 현재 보유하고 있는 핵무기와 개발 중인 핵 프로그램을 포기하고……" 이렇게 되어 있거든요. 미사일 얘기가 없는데 이걸 진화시켜야 해요. 다른 판본을 만들어야 합니다.

그 다음에 구체적으로는 9·19에서는 핵을 포기한다고 했는데, 지금은 "우리가 미국과 핵 군축 회담을 하면 모르지만, 9·19 공동성명 이건 사멸됐어." 이렇게 말하는 상황이 되었어요. 핵 포기는 있을 수 없다는 북한의 주장을 액면 그대로 받아들일 필요는 없습니다. 상황에 따라서 그때그때 입장이 바뀌기도 하거든요. 한 가지 예를 들자면 최룡해 특사가 5월 24일에 시진핑 주석을 만났잖아요. 시진핑 주석을 만나서 대화로 해결하겠다, 대화를 하자, 6자 회담이든 양자든 대화를 하겠다고 했죠. 6자 회담이라는 말은 9·19를 의미하거든요. 9·19는 사멸됐다고 했기 때문에 9·19라는 말을 할 수는 없지만, 이명박 정부 말기까지만 해도 9·19로 돌아가자는 것이 북한의 얘기였으니까요. 제대로 된 정부였다면 그 틀에 가두어놓았어야죠. 그 뒤에 북이 "9·19는 사멸됐다. 우린 핵 보유 국가다."라고 선언한 것은 다 이명박 정부 업적이에요. 역사적인 책임을 물어야 해요. 자연을 파괴해서 4대강 사업을 한 것은 두고두고 역사에 죄를 지은 것이고, 북한의 핵을 이렇게 한 것 역시 민족 앞에 엄중한 책임을 져야 합니다.

지 ▷ 이명박 전 대통령은 하도 기술적으로(?) 사고를 많이 치셔서 뭘 걸어야 할지 몰라서 단죄를 못 하는 것 아닐까 싶습니다.(웃음)

정 ▶ 다른 것은 회복할 수 있는데, 4대강은 백 년 가도 회복이 어려울 것 같습니다. 북한 문제는 우리 민족사의 방향을 틀어버렸어요.

지 ▷ 한국에서도 핵 문제와 관련해서는 '북한이 핵을 가지고 있는 상태에서 통일되면 우리도 핵 보유국이 되는 것 아니냐?'고 낭만적으로(?) 생각하시는 분들도 있는 것 같은데요.

정 ▶ 만화 같은 얘기죠. 북이 비핵화가 되지 않으면 한반도의 통일은 없습니다. 핵을 가지고 있는데 통일이 된다면 어떤 시나리오가 있을까요? 북한이 대한민국에 핵을 바칠 테니까 통일해달라, 이런 만화 같은 시나리오 말고는 북이 핵을 보유하는 한 통일은 없습니다. 왜냐하면 통일이란 우리 헌법도 그렇고, 현실적으로도 평화적인 통일이어야 하니까요. 평화적인 통일이라는 것은 국제 공조, 국제적 협력, 남북 공조

속에서 태어나는 건데, 국제 사회와 우리 정부가 어떻게 북의 핵을 용인합니까? 전제가 틀리잖아요. 그렇기 때문에 북한의 핵 보유를 기정사실화한다는 것은 통일이 불가능하다는 얘기죠. 그러니까 통일 문제가 어렵다는 겁니다. 핵을 넘어야 하기 때문에.

지 ▷ 일부 우파 중에서 북한이 핵을 가지고 있고, 미국도 대응책이 없다면 우리도 핵을 가져야 하지 않느냐고 하는 분들도 있잖아요.

정 ▶ 단세포 같은 얘기죠. 북은 제재와 함께 고립무원 속에서도 연명을 하지만, 남쪽에서 우파는 신주 단주 모시듯이 한미동맹을 중시하는데, "한미동맹 깨고 핵 가질래?" 하면 어떤 것을 선택할 겁니까? 금방 자기모순에 부딪힙니다. 한미동맹 우선론자들이 동맹이 반대하는 핵을 어떻게 가지겠습니까. 안 되는 거죠. 전술핵을 들여온다, 이런 얘기를 정주영 회장의 후예가 하고 있다는 것이 무척 놀랍습니다. 역설이에요. "정주영 회장이 그립다. 제2의 정주영 회장이 나와야 한다."고 하는데, 그 아들이 "전술핵을 들여와야 한다. 핵무장을 해야 한다."고 얘기하고 있잖아요. 장삿속으로 하는 얘기일 수도 있다고 말들 하지만 말입니다.

종전 선언하고 평화 협정으로

지 ▷ 9·19 공동성명에는 한반도 평화 협정 얘기도 나왔는데요.

정 ▶ 그게 9·19의 핵심 부분입니다. 1953년 전쟁 끝나면서 정전 협정을 했는데, 60년이 지났어요. 1990년대 초 세계적 탈냉전 흐름을 타고 한반도에서 남북 간에 맺어진 것이 1991년 말 남북기본합의서입니다. 진지하게 남과 북이 공존을 선택한 것이거든요. 불안정한 정전 체제를 공고한 평화 상태로 바꾸는 논의를 하자고 해서 군사 회담, 국방장관 회담의 틀을 만들었죠. 선언은 좋았는데, 실천이 되지 않아 휴지 조각이 돼버렸습니다. 그리고 14년의 세월이 흘러서 2005년, 9·19에서 평화체제 전환을 합의하죠. 이것은 한국전쟁 당사자인 남-북-미-중 4자를 포함해 6자 회담 참여국이 합의를 이루었다는 데 큰 의미가 있습니다.

지 ▷ 북한은 과거 북미 간에 평화 협정을 맺자고 하면서 남한은 당사자 자격이 없다는 주장을 해왔잖아요.

정 ▶ 휴전협정 서명에는 참여하지 않았지만, 현실적으로 한반도에서 가장 큰 무력은 한국군의 무력입니다. 그렇잖아요. 미군 2만 8,000명이 있지만, 우리는 65만 대군에다 1년에 국방비 350억 불을 쓰는 한반도 최대의 무력 당사자인데, 우리를 빼고 무슨 평화 협정을 합니까?

당사자 자격 얘기는 이미 끝났죠. 그리고 남북 양자만의 평화 협정을 하자는 주장은 현실성이 떨어져요. 왜냐하면 핵 문제가 있잖아요. 핵 문제를 넘어야 평화 협정으로 가는 것이고, 핵 문제는 북미가 당사자예요. 그리고 중국도 이해관계의 당사자이기 때문에 남-북-미-중, 이 4자가 관련 당사국이라고 볼 수 있습니다.

남-북이 평화 협정을 하고 미-중이 보증하는 2+2가 좋겠다고 생각합니다. 우선 6·25의 정전 상태에서 4자가 모여 종전 선언을 해야 합니다. 그리고 나서 종전 협정에서 2+2 평화 협정으로 가야 합니다. 북한은 북미 간 평화 협정을 50년 동안 줄기차게 얘기했어요. '평화 협정은 북과 미국이 해야 하는 것이다. 미군하고 전투한 것이지 한국군은 괴뢰 아니냐?'며 한국을 당사자에서 제외한 건데요. 요새는 그 얘기를 안 합니다. 특히 9·19 공동성명에서 "관련 당사국 간에 평화 체제를 논의하자."고 한 것은 한국의 당사자 문제가 정리된 것으로 볼 수 있습니다.

지 ▷ 우리 입장에서는 자존심 무지하게 상하는 얘기잖아요.(웃음)

정 ▶ 옛날에는 그랬어요. 그런데 지금은 안 맞죠. 미군은 2만여 명밖에 없고, 우리는 군사적 실체이기 때문에. 그것은 대결 시대에 선전전으로 한 말입니다. 지금 북미가 서로 싸웠던 적대 관계이기 때문에 북미 관계 정상화는 필수적이죠. 그것이 2+2 평화 협정으로 가는 전제 조건이기도 합니다. 이게 상식적으로 그릴 수 있는 그림입니다.

지 ▷ 9·19에 나오는 평화 체제에 6자 회담의 당사국이 다 포함되어 있는 건가요.

정 ▶ 아닙니다. 6자로 하지 않는 것은 일본과 러시아를 포함시킬 필요가 없기 때문이죠. 여기 일본이 끼어들 이유가 없어요. 러시아도 그렇고. 관련 당사국이라고 했는데 4자라고는 하지 않았지만, 그걸 염두에 두고 그런 표현을 한 것입니다. 여기서 한 가지 일반적으로 알려진 것과 다른 것은 북한이 일방적으로 중국을 추종하지 않는다는 사실이에요. 북한은 평화 협정의 당사자로 반드시 중국이 낄 필요는 없다고 생각합니다. 9·19 합의문에 "한반도 평화 체제에 대해 관련 당사국 간에 논의한다."는 표현이 있는데, 이때 당사국이 남-북-미 3국을 말하느냐 아니면 남-북-미-중 4국이냐에 대해 북한 측 생각이 좀 다릅니다. 우리나 미국 측은 당연히 중국이 포함된다는 생각이고요. 북한은 과거에는 북미 평화 협정을 주장하다가 1990년대 말에 와서 남-북-미 3자 당사자주의로 바뀐 것으로 보입니다. 북한은 "한반도에 군대를 주둔하고 있는 모든 나라들"이 평화 체제 구축의 당사자라고 말하고 있습니다. 한반도에 군대를 갖고 있는 나라는 남과 북 그리고 미국이잖아요.

9·19가 죽었다 살아난 뒤 2007년 북한 김계관 부상이 미국을 방문해 키신저를 만난 자리에서 "북한과 미국의 전략적 관계는 북한에게 도움이 되며 지역을 안정시킨다."고 의미심장한 말을 던졌어요. 듣기에 따라서는 북한이 미국의 대중 견제에 협력할 수도 있다는 뜻으로 해석될 여지가 충분하죠. 최소한 북미 관계가 정상화되면 꼭 북중

관계에 얽매일 필요가 없다는 뜻으로 들립니다. 김계관은 이때 뉴욕에서 열린 토론회에서 "중국이 북한을 이용만 하려고 한다. 중국은 밖에서 생각하는 만큼 북한에 대해 큰 영향력이 없다. 미국은 핵 문제 해결에서 중국에 너무 기대지 말라."고도 말했어요. 그리고 2007년 10월 남북 정상 회담 합의에도 "남과 북은 항구적인 평화 체제를 구축한다는 데 인식을 같이하고 직접 관련된 3자 또는 4자 정상들이 한반도 지역에서 만나 종전을 선언하는 문제를 추진한다."고 되어 있는데, 이때 중국이 발끈했어요. 서울에 있던 중국 대사는 "중국은 평화 체제 수립에서 배제되지 않을 것"이라며 불만을 표시했습니다.

지 ▷ 처음 듣는 얘긴데요. 중국으로부터 정치적으로나 경제적으로 큰 도움을 받고 있는 북한이 중국에 대해 고분고분하지 않다는 것은 다소 의외이기도 합니다. 휴전 협정 서명 당사자로서 당연히 평화 협정 주체에 포함될 것 같은 중국을 오히려 북한이 빼려고 한다는 게 잘 이해가 안 되는 측면이 있네요. 계산된 태도일까요. 아니면 실제 두 나라 사이에 거리감이 있는 건가요?

정 ▶ 둘 다겠죠. 북한 측으로서는 미국과 중국 간에 등거리 외교를 펼쳐 최대의 이익을 도모하겠다는 계산도 있을 것이고, 실제 거리감도 있다고 봅니다. 북-중 관계에 결정적으로 멍이 든 것은 1992년 전격적인 한-중 수교 발표 때 느꼈던 배신감 탓이 클 겁니다. 북한이 강대국 중국에 호락호락하지 않다는 것은 제 경험으로도 알 수 있어요. 2005년 평양에서 북한의 6자 회담 복귀를 설득하며 김정일 위원장과 대화할 때 그가 불쑥 "우리는 중국을 신뢰하지 않습니다."라고 내뱉듯이 말하는 걸 듣고 속으로 깜짝 놀란 적이 있어요. 남쪽에서 온 특사한테 거리낌 없이 중국에 대한 불신을 표출하는 것을 보면서 평소 북한 내부의 정책 결정자들이 중국에 고분고분하지 않겠구나 하고 느꼈습니다. 실제 중국 고위 당국자들은 북한을 압박해 핵 문제를 해결하라는 미국 측 요구에 대해 북한에 대한 자신들의 영향력이 그리 크지 않다고 실토한 적이 여러 차례 있어요.

2006년 10월 북한이 1차 핵 실험을 한 직후 베이징을 방문했을 때 일입니다. 중국 인민해방군 소속 국제전략문제연구소의 한반도 전문가들, 주로 대령, 준장 이런 사람들인데요. 북핵 문제를 놓고 한나절 동안 토론을 했어요. 그들이 국제파와 동맹파 둘로 나뉘더군요. 국제파는 중국이 이제 세계적 대국이 되었으니 국제 규범에 맞게 행동해야 하고, 그런 차원에서 북한의 핵 실험에 대해서도 엄격하게 응징해야 한다는 주장을 했어요. 동맹파는 중국과 북한은 피를 나눈 혈맹관계인데 북한이 자신들의 경고를 무시하고 핵 실험을 했다고 하더라도 이것을 이유로 강하게 응징을 하면 근본적으로 양국 관계가 흔들릴 수 있으니 신중해야 한다는 입장을 폈습니다. 중국은 결국 동맹파의 주장대로 갔죠. 그런데 국제파나 동맹파나 할 것 없이 일치하는 목소리는 도대체 북한이 중국 말을 듣지 않아 골치 아프다는 거였습니다. 중국 인민해방군과 북한 인민군 사이에 정기적인 군사 교류를 해오고 있는데 근래에 와서 북이 자기 멋대로 오고 싶으면 오고, 오기 싫으면 안 오고 종잡을 수 없이 행동하는 바람에 애를 먹는다고 털어놓더군요. 요는 중국이 북한을 호락호락하게 볼 수 없도록 북한이 여러 가지 수단을 쓰고 있구나 하는 생각이 들었습니다.

지 ▷ 북중 관계가 겉보기보다는 굉장히 복잡한 것 같네요. 평화 체제와 관련해 또 하나 주목되는 점은 부시 정부의 태도입니다. 정권 초기에 북한을 '악'으로 규정하고 군사적 선제공격을 들먹이며 아예 대화 상대로 인정조차 하지 않았던 부시 대통령이 6자 회담에서 북한을 포함해 관련국들과 평화 협정을 하자고 나온 것은 초기와는 완전히 태도가 변한 것 아닌가요.

정 ▶ 맞아요. 부시 대통령 임기 8년 중에 6년은 강경파 네오콘이 대외 정책을 주도하던 시기로 북한에 대해서도 강압 일변도였습니다. 그러던 것이 2006년 중간 선거 패배와 이라크전 수렁화 그리고 북한 핵 실험 등이 겹치면서 네오콘을 퇴진시키고 정책의 방향 전환을 모색하게 되죠. 2005년 초 부시 2기 출범 때 새로 임명된 라이스 국무장관 팀에서 한반도 문제와 관련해 냉전 구조를 해체하고 평화 체제로 전환하는 구상을 검토한 적이 있는데 이것을 젤리코 구상이라고 합니다. 이게 9·19 합의에 반영되는 겁니다.

본격적인 평화 협정은 최소한 5년 내지 10년은 걸린다고 봐요. 다루어야 할 의제들의 난해함과 복잡성과 예민함이 있기 때문에 뚝딱뚝딱 이게 안 됩니다. 그러다 보니까 우선 종전 선언을 하고, 종전 협정은 쉽잖아요, 잠정 협정이니까. 종전 협정을 하고, 본격적으로 회담해서 평화 협정으로 가는 겁니다. 사실은 박근혜 정부가 여기까지 갔으면 좋겠습니다. 평화 협정까지 가면 좋겠지만, 종전 선언까지만 가도 좋습니다. 한반도 주변 환경을 그렇게 설정하면 남북 관계도 급물살을 탈 수가 있어요. 그런 그림이 과연 박근혜 정부와 옆에 있는 사람들한테 있느냐, 이게 문제예요. '중국이 팔 비틀면 금방 손을 들지 않겠나, 북중 관계가 전만 못한 것 같은데, 중국하고 공조해서 북을 어떻게 해보자.'라고 생각하면 그건 오산이에요.

김정일 위원장과 핵 문제를 전격 토론하다

지 ▷ 북한은 과거에 핵 문제가 나오면 "남쪽은 빠져라. 핵은 미국의 대북 적대 정책 때문에 생긴 것이니 이것은 북한과 미국이 직접 대화해서 풀 문제이지 남이 감 놔라 배 놔라 끼어들 문제가 아니다."라고 일축하는 입장 아니었나요?

정 ▶ 그렇습니다. 2003년 2차 핵 위기가 발생한 이래 열몇 차례 남북 장관급 회담이 열렸지만 그때마다 실랑이를 벌인 게 핵 문제예요. 우리는 장관급 회담 발표문에 한반도 비핵화 원칙을 명기해야 한다는 입장인 반면 북은 고집스럽게 핵 문제는 남북이 논의하고 합의할 문제가 아니라는 주장을 폈어요. 북한 주장에는 문제가 많지만, 예컨대 1991년 한반도 비핵화 선언의 당사자로서 이를 깬 데 대한 책임을 져야 합니다만, 북은 받아들이려 하지 않았어요. 그래서 남북 간에 핵 문제를 놓고 실질적인 토론을 한 적이 거의 없어요.

2005년 6월 17일 김정일 위원장과의 면담이 가지는 정치적 의미는, 남쪽의 고위 당국자가 북쪽의 최고위 지도자와 핵 문제를 놓고 직접 토론을 했다는 것입니다. 핵 문제와 관련해 김정일 위원장의 생각을 직접 들어보고 반론하고 설득했던 것이 처음이자 마지막이었어요. 왜냐하면 김대중 대통령과 노무현 대통령의 정상 회담에서는 핵 문제가 현안이 아니었거든요. 이슈가 아니었기 때문에 문제 제기가 되지 않았지요. 노무현 대통령 때는 이미 합의된 2007년 2·13 합의가 있었어요. 그건 미국 강경파가 찢어버렸던 9·19 합의 문서를 다시 살려내자는 합의였는데 이걸 충실히 이행해가자는 원칙적인 대화가 있었습니다.

지 ▷ 대통령 특사로서 첫 번째 목표가 북한의 6자 회담 복귀였다고 말씀하셨는데, 어떻게 해서 김정일 위원장이 정 특사의 요구를 받아들이게 되나요?

정 ▶ 첫째, 6자 회담 틀은 북에 불리하지 않다는 걸 역설했어요. 본래 부시 정부가 6자 틀을 짤 때는 5:1, 즉 북한 빼고 한-미-중-러-일 다섯이 공조해서 북핵 폐기를 밀어붙이겠다는 의도였지만 실제 진행 과정에서는 1:4:1, 북한과 미국이 대척점에 있고 나머지 넷은 중간 지점에 서게 되는 경우가 많았거든요.

이런 예도 들었어요. 만일 1994년 제네바 합의가 북과 미국 간의 양자 합의가 아니라 6자 간 합의였다면 그렇게 쉽게 미국이 일방적으로 파기할 수 없었을 것이라고. 나를 빤히 쳐다보며 듣고 있던 김 위원장의 표정에서 수긍하는 듯한 눈빛을 느꼈습니다.

두 번째는 북이 그토록 원하는 북미 관계 정상화를 우리가 도울 테니 우리를 활용하라고 말했지요. 미국과는 우리가 가깝다, 우리는 북이 핵을 포기할 의사를 명확히 한다면 미국에 대해 대북 적대시 정책을 포기하도록 설득할 용의가 있다고 밝혔습니다.

지 ▷ 김정일 위원장과의 회담에서 하이라이트의 하나는 한반도 비핵화가 김일성 주석의 유훈이라는 답변을 받아낸 거죠?

정 ▶ 맞습니다. 그때 그 자리에서 처음 나왔고 그 뒤 북핵 협상에서도 하나의 기준선이 됩니다. 하지만 쉽게 나온 발언은 아니었어요. 내가 단도직입적으로 물었습니다. "북의 궁극적 목표가 핵 보유 국가가 되는 것입니까." 김 위원장 답이 "그렇지 않소. 초강대국 미국이 우리를 적대시하면서 우리를 압살하려고 하기 때문에 핵을 개발하는 것이지 미국이 우리를 인정하고 존중한다면 핵을 가질 이유가 없소." 내가 또 물었어요. "그러나 전 세계인들은 김 위원장이 핵을 포기하지 않을 것이라고 생각합니다." 반론에 대해 김 위원장은 완강하게 답했어요. "그렇지 않소. 미국이 우리를 적대하지 않는다면 우리는 핵을 한 알도, 한 알도 가질 필요가 없소. 와서 다 보라고 하겠소." 그는 핵탄두를 알이라고 표현했어요. 다시 반론을 했지요. "평양 오기 전에 국회에 나갔는데 야당 의원들이 그랬습니다. 통일부 장관이 순진하다고. 김정일은 절대로 핵을 포기할 사람이 아니라고요." 이때 김 위원장 얼굴이 상기되는 듯했어요. 그러더니 "한반도 비핵화는 김일성 주석의 유훈이오." 이렇게 말했습니다. 귀가 번쩍 뜨였지요. 내 기억에 북핵 위기가 발생한 이후 십수 년 동안 북한 당국이 비핵화가 김일성 주석의 유언이라고 말한 적은 한 번도 없었어요. 핵에 매달리는 이유가 자신들의 생존과 체제 안전 보장을 위한 것이라는 논리를 최상급 어법으로 강조한 것이었지요. 김 주석은 북에서는 신과 동급 아닙니까.(웃음)

지 ▷ 비핵화가 아버지 유언이라는 말까지 나왔는데 바로 6자 회담 복귀 약속을 받으셨습니까?

정 ▶ 김 주석의 유훈이라고까지 말을 했는데 6자 회담 복귀한다는 말은 끝끝내 안 하더군요. 그래서 그 직전에 워싱턴에서 열렸던 한미 정상 회담에서 부시 미 대통령이 "한국인들은 내가 북한 핵 문제를 전쟁을 통해서 해결하려는 사람인 것처럼 생각하지만 절대로 그렇지 않다. 나는 북핵 문제를 대화를 통해서 평화적으로 해결하려는 사람이다."라고 한 말을 거듭 인용하면서 지금이야말로 6자 회담에 돌아올 적기라고 강조했습니다. 그랬더니 반박하기를 부시는 그렇게 말했는지 몰라도 정상 회담 이후에도 그 밑에 럼스펠드 국방장관이라는 자가 김정일은 국민을 굶겨 죽이는 독재자라고 비난했다는 거예요. 내가 고개를 갸우뚱했죠. "그렇지 않을 겁니다. 럼스펠드 장관이 그런 말을 한 것을 나도 기억하는데 그것은 이번 한미 정상 회담 전의 일입니다." 하고 정정을 해줬어요. 그러자 김 위원장이 고개를 오른쪽으로 홱 돌렸어요. 위원장 오른쪽에 앉아 있던 임동옥 통전부장이 벌떡 일어서더니 "넷, 장군님." 하며 차렷 자세를 취하더라고요. "가서 강석주한테 날짜를 확인해보라우." 하더군요. 속으로 웃음이 났죠. 그때 김 위원장의 머릿속 안테나는 모조리 태평양 건너 워싱턴으로 향하고 있구나 싶었습니다. 미국 고위 관리들이 자신과 북한에 대해 한 말들을 한마디도 놓치지 않고 꿰고 있다는 느낌을 받았어요. 10분쯤 지난 뒤 임동옥 부장이 자리로 돌아오더니 "장군님 말씀이 맞답니다." 이러는 거예요. 내가 거듭 말했죠. "한 달 전 자카르타에서 열린 아시아 지역 안보 포럼(ARF)에 참석한 럼스펠드 장관이 한 얘긴데 그건 정상 회담 있기 전입니다. 다시 확인해보라고 하십시오."라고.

지 ▷ 럼스펠드 발언을 기억하고 있길 잘했군요.(웃음)

정 ▶ 계속 물고 늘어지는데도 6자 회담에 돌아온단 말을 안 하길래 일단 다른 주제로 옮겨 갔습니다. 그러다가 회담 끝 무렵에 다시 말했어요. "특사로 평양에 왔다가 이대로는 못 돌아갑니다. 어렵게 온 길인데 선물이라도 하나 주셔야 할 것 아닙니까. 온 세계가 김 위원장의 입을 주목하고 있습니다. 지금이야말로 6자 회담에 돌아갈 때입니다." 잠시 침묵이 흐른 뒤 못 이긴 듯 대답이 돌아왔어요. "만일 미국이 우리를 피고처럼 대하지 않고 동등한 자격에서 우리를 대하고 인정한다면 다음 달이라도 못 돌아갈 이유가 없소." 속으로 무릎을 쳤죠. 됐다, 이만하면 6자 회담은 돌릴 수 있게 됐다는 생각이 들었습니다. 그 순간 어깨가 홀가분해지는 느낌이었어요.(웃음)

지 ▷ 1차 목적 달성은 하셨고.(웃음) 그 뒤에 약속대로 2005년 7월 말 6자 회담이 재개되고 남북 관계는 제2의 6·15 시대라고 불릴 만큼 활발해졌지요. 그런 분위기의 연장 속에서 마침내 9월 19일 6자 회담이 타결되는 거죠.

정▶ 다음 달 말 6자 회담이 재개되고 나서 9·19 공동성명 타결까지 얘기는 소설 한 권 분량은 될 거예요.(웃음)

평양에서 돌아온 뒤 집중한 것은 미국에게 김정일 위원장의 메시지를 전하고 미국이 북한과의 대화에 나서도록 설득하는 일이었죠. 워싱턴으로 가기 전에 뉴욕에 들러 미 공화당 정부의 대외정책에 막대한 영향력을 미치고 있던 키신저 박사를 먼저 만났어요. 키신저는 1970년대 닉슨 대통령 시절 국무장관으로서 중국의 문호 개방을 이끌어냈던 국제정치의 대가이죠. 그는 북핵 문제에 대해서도 기본적으로 외교를 통한 해법을 지지하고 있었어요. 그리고 당시 강경파 네오콘이 추구하던 북한 정권 교체론이 비현실적이라고 보고 북한에게 핵 포기에 따른 체제 보장과 경제적 혜택을 제공해야 한다는 견해를 갖고 있었습니다. 북핵 문제를 이대로 방치할 경우 일본과 한국이 핵무기 개발에 착수하고 북한은 핵 물질 확산에 나설 위험이 있다고 걱정했어요. 그리고 북한을 향해서도 자신이 속한 공화당 정권이 중국과 관계 개선을 이루었던 경험에 비춰 오히려 김정일이 부시와 협상하는 편이 쉬울 것이라고 조언하기도 했어요. 키신저와는 몇 달 전 서울에서 만난 적이 있어 구면이었죠. 그는 워싱턴 당국자들보다 자신에게 먼저 김정일 위원장과의 대화 내용을 설명해준 것을 원로로서 자신을 대접해준 것으로 여겨 굉장히 기분 좋아했어요. 김 위원장이 진정으로 미국과 관계 개선을 희망하고 있다는 설명을 듣고는 자신이 라이스 국무장관과 해들리 안보 보좌관 등에게 미리 잘 얘기해 놓을 테니, 내가 워싱턴에 가서 그들을 만나면 잘해줄 거라고 격려해 주었습니다.

키신저 박사와는 일 년쯤 뒤 뉴욕에서 또 만났습니다. 2006년 가을 1차 핵 실험 직후였어요. 당시 공식적인 직책은 없었지만 내 스스로 북핵 문제 해결을 위한 의병을 자처하고 미국으로 중국으로 뛰어다닌 적이 있죠. 그때는 세계가 북한 핵 실험으로 충격을 받고 이제 협상에 의한 핵 폐기는 불가능하다는 비관론에 빠져 있을 때였습니다. 키신저는 지금이야말로 외교가 작동할 시간이라고 말했어요. 그는 "북한은 세계에서 가장 작고 가난한 나라 가운데 하나다. 그에 비하면 미국은 얼마나 크고 강한가. 거기다 중국 일본 러시아 한국까지 힘을 합쳐 북한 문제 하나 해결하지 못한다면 과연 외교란 무엇에 쓰는 물건인가."라고 반문했죠.

나는 그때 키신저의 말을 듣고 나서 '부시 정부가 어쩌면 기존 강경 정책을 접고 외교적 협상에 나설 가능성이 있겠구나.'라고 짐작했어요. 키신저의 영향력이나 북한 핵 실험과 함께 중간선거에서 참패해 궁지에 몰린 부시 대통령의 처지로 봐서 키신저 박사의 조언 외에 달리 취할 방도가 없다고 생각했기 때문이죠. 그런데 실제로 그렇게 됐습니다. 핵 실험 몇 달 뒤 베를린에서 미국과 북한이 부시 정권 등장 이래 최초로 공식적인 양자 대화를 열었어요. 거기서 일 년 반 전에 강경파가 찢어버린 2005년 9·19 합의문을 되살려내기로 했거든요. 결국 부시 정권 8년 중에 앞부분 6년을 허비하고 원점으로 돌아와 협상

테이블에 앉은 것이지요. 한반도에 사는 한국인 입장에서 보면 강대국 강경파에 우리의 운명이 휘둘린 비극적인 기간입니다.

키신저 박사와 만나고 나서 뉴욕을 떠나 워싱턴으로 날아갔습니다. 거기서 북한 문제를 포함해 부시 정부 내의 대외 정책을 좌지우지하던 네오콘 수장 체니 부통령을 만났어요.

백악관 대통령 집무실은 '웨스트 윙'이라고 불리는데 그곳의 한쪽 구석에 있는 부통령실은 진짜 조그맣더군요. 서너 평쯤 될까요. 체니 부통령과 나 그리고 홍석현 주미대사와 크리스토퍼 힐 6자 회담 대표 또 통역자 이렇게 둘러앉았는데 방이 꽉 차더라고요. 그런데 방은 작아도 체니는 힘이 셌어요. 1970년대 포드 대통령 때 백악관 비서실장을 지냈고 시니어 부시 때 국방장관을 지낸 인물인 체니는 소련과의 데탕트 정책에 대한 혹독한 비판자였어요. 개인적으로는 1990년대 초 미국 특파원일 때 한 국제회의장에서 당시 국방장관이던 체니에게 마이크를 들이대고 주한미군 문제에 대해 질문을 했던 기억이 납니다. 그때는 그가 차가운 보수라는 인상을 받았습니다. 물론 그는 기억하지 못하겠지만.(웃음) 체니는 그림자처럼 일하는 사람이라는 별명처럼 태도가 조용하고 침착했지만 속으로는 과격한 보수주의자였죠.

체니 부통령에게 김정일 위원장이 미국과의 관계 정상화를 간절히 원하고 있으며 핵 폐기를 위한 6자 회담 협상에 복귀할 의사를 밝혔다는 내 얘기를 쭉 듣더니, 한마디 툭 던졌어요. "Do you believe him?" 그 사람을 믿느냐는 말인데, 거의 힐난 수준이었습니다. 체니 부통령은 북한 문제와 관련해 북한 정권이 문제의 근본 원인이라고 굳게 믿고 있었으며, 따라서 북핵 문제의 유일한 해결책은 김정일 정권을 무너뜨리는 것이고 또 그렇게 할 수 있다고 보는 사람이었어요. 그런데 김정일과 마주 앉아 협상을 하라고 권유했으니 씨알도 안 먹히는 소리였던 셈이죠.(웃음) 옆에 있던 힐 차관보의 얼굴이 굳어지는 느낌을 받았어요. 힐 차관보는 이제 막 동아태 차관보 겸 6자 회담 미국 대표로 나서서 북한과 협상에서 뭔가를 이루어보려는 의욕이 강해 보였는데, 직속 상관은 아니지만 부시 정권의 실질적인 대외 정책 사령탑인 체니로부터 나랑 똑같이 찬물을 한 바가지 뒤집어쓴 느낌을 받았을 거예요. 아무튼 질문을 받은 나는 이렇게 대꾸했습니다.

"김정일이 말한 것을 믿고 안 믿고가 핵심이 아니고, 그가 말한 것을 실천하도록 묶어내는 것이 우리가 할 일 아닙니까. 다음 달에 나온다는데 6자 회담에 나오게 하는 것이 중요한 것 아닙니까." 네오콘들은 사실 북한과 협상하는 것을 혐오했기 때문에 6자 회담 재개에 관심이 없었거든요. 체니가 "그가 다음 달에 자신이 말한 대로 6자 회담에 나오면 그가 말한 것을 내가 참고하지요." 하고 아주 거만하게 얘기하더라고요.

미국에서 돌아온 뒤 7월이 됐는데 북이 안 나왔어요. 속이 타는 건 저잖아요. 편지를 보냈지요. "김정일 위원장이 다음 달에라도 나온다고 했는데, 7월이 며칠 안 남았습니다." 답이 없어요. 마지막에는 7월 31일과 8월 1일의 차이를 아느냐고 팩스를 보냈어요.(웃음) 국제 사회는 7월 31일에 나오면 위원장의 말을 지킨 게 되고, 하루 지나면 안 지킨 것이 된다. 이런 엄청난 차이가 있다고 상기시켰죠. 북한은 그런 관념이 약해서 알려줄 필요가 있습니다. "기왕 나올 바에는 7월에 나와야 합니다, 당신들 위원장 말을 내가 미국에도 전했고, 다했는데……." 그러다가 북한이 진짜 7월 말에 나온다고 발표를 했어요. 남북 관계가 이렇게 피를 말립니다.

마침내 중단된 지 1년 1개월 만에 2005년 7월 26일 베이징에서 6자 회담이 열립니다. 8월 7일까지 1단계 회담을 하고 9월 13일부터 2단계 회담이 열립니다. 이 기간 중에 나는 남북 장관급 회담 참석차 평양에 가서 북측에 핵 포기에 관한 최종 결심을 촉구했고, 반기문 외교부 장관은 유엔 총회 참석차 뉴욕에 가서 라이스 미 국무장관에게 협상 타결을 위해 미국이 좀 더 적극적으로 움직여줄 것을 주문했습니다. 여담이지만 9월 초 미국에서 허리케인 카트리나가 발생했어요. 수십만 명이 사는 도시 뉴올리언스가 허리케인 태풍 피해에 몽땅 물에 잠기고 수천 명이 사망하는 최악의 참사가 발생했습니다. 이때 즉각적으로 대처하지 못한 부시 대통령이 여론의 호된 비판을 받고 있어서 바다 건너 멀리 베이징 북핵 협상까지 챙길 여유가 없었던 것도 역설적으로 협상 타결에 유리한 조건으로 작용했습니다.

미국 내 강경파의 방해 공작에 뒤집히긴 했어도 6자 회담 9·19 합의문은 앞으로 적어도 10년 동안은 한반도 문제와 관련한 표준 문서가 될 것이 확실합니다. 9·19 합의문에 북핵 포기를 담았어요. 북미 간 적대 관계 청산, 거기다가 정전 체제를 항구적인 평화 체제로 바꾸자는 원칙까지 담았으니 이건 자화자찬이긴 하지만 한국 외교사의 금자탑이라고 할 만합니다. 왜냐하면 우리가 언제 우리의 운명을 다룬 국제 협상에서 우리의 목소리를 제대로 낸 적이 있었나요. 현대사의 비극이지만 주변 강대국들은 고비고비마다 한국인의 목소리는 배제한 채 자기들끼리 모여 마음대로 한반도의 운명을 결정하고 자기

들끼리 이익을 나눠 가졌잖아요. 다시는 이런 역사를 되풀이해선 안 됩니다.

지 ▷ 결과적으로 그 다음 날 미국 강경파들이 뒤집는 바람에 나머지 5개국의 실망도 컸겠는데요.

정 ▶ 그렇죠. 그래서 핵 문제에 관해서도 북한과 미국한테만 맡겨놓을 것이 아니라 우리가 할 역할이 있다는 것을 이야기한 것입니다. 본질적으로는 북미 간 적대 관계를 청산하는 데에 두 나라 간의 협상이 가장 중요하지만, 결국 한국이 추동해야 합니다. 북미 간에 협상을 타결하도록 끌고, 밀고 하는 역할을 해야 한다는 말입니다.

한반도 역사의 고단함, 9·19 하루 만에 찢겨 나가다

지 ▷ 북한이 미국 독립기념일인 2006년 7월 4일(미국 시각)에 대포동 미사일을 발사하고, 이어 2006년 10월 9일 1차 핵 실험을 단행해서 9·19 공동성명이 파기되었잖아요.

정 ▶ 사실 9·19는 그 다음 날 파기가 됐습니다. 회담 과정에서 네오콘이 설치한 두 개의 폭발물이 터져버린 거죠. 이게 한반도 역사의 고달픔이에요. 폭발물 얘기는 조금 있다가 하기로 하고 6자 회담 역사

동서고금 전쟁사에서 60년이 지나도록 전후 처리를 안 한 전쟁은 한국전쟁뿐이다. 못 한 것이 아니라 안 한 것이다. 왜 그랬을까? 그 의문에 대답하기 위해 먼저 이 문제가 누구의 문제인지부터 확인해야 한다. 핵심은 주체 역량의 문제다.

를 좀 봅시다.

6자 회담은 원래 3자 회담으로 출발했어요. 2002년 말 미국의 우라늄 농축 의혹 제기와 이에 대한 반발로 2003년 1월 북한이 핵확산금지조약(NPT)에서 탈퇴하면서 2차 핵 위기가 폭발했습니다. 이것을 해결하려는 중국의 중재 노력으로 일단 북-중-미 3자 간 대화를 거쳐 2003년 8월 베이징에서 처음으로 6자 회담이 출발하게 됩니다. 당초 미국은 남-북-미-중-일 5자 회담을 구상했으나 러시아가 왜 우리는 빼느냐고 항의하는 바람에 6자 회담으로 바뀌게 되었죠.

백 년 전 조선 말기에 청-일-러-미 등 4강이 교대로 한반도를 둘러싸고 각축했던 악몽이 다시 떠오르는 구도이기도 합니다. 하지만 힘과 힘이 부딪치는 냉엄한 국제정치 현실 아래 한반도 문제를 다자 협상의 틀에서 풀어나가는 방법은 우리가 하기에 따라서는 우리의 발언권을 확보하기 쉬운 게임 구도이기도 해요.

지 ▷ 미국 입장에서는 일면 6자 회담 협상을 진행하면서도 협상 진행을 달갑지 않게 여긴 강경파들이 끊임없이 장애물을 설치했던 것 아닌가요?

정 ▶ 맞습니다. 2003년에 출발한 6자 회담은 가다 서다를 반복하다가 2004년 6월 3차 회담을 마지막으로 서버렸어요. 그랬던 것을 제가 특사로 가서 2005년 6월 17일 김정일 위원장과 대화하고 소통해서 그가 6자 복귀라는 전략적 결단을 하게 되고, 그해 7월 말 네 번째 4차 회담이 재개된 것입니다.

과거와 달라진 것은 미국이 적극적으로 나왔다는 거예요. 새로 협상 대표로 나온 크리스토퍼 힐 차관보는 이전의 켈리 차관보와는 접근 방법이 확실히 달랐어요. 켈리는 네오콘 강경파의 눈치를 보느라 어떤 재량권도 행사하지 못했죠. 강경파들은 북을 '악의 축'이라고 규정한 이상 악마와 대화하는 것은 악을 키워주는 것이라고 생각했어요.

지 ▷ 그런데 왜 회담은 진행시키는 것인지 궁금증이 생기는데요.

정 ▶ 좋은 질문입니다.(웃음) 강경파는 북한이 '악'이기 때문에 일대일로 마주 앉아 협상하는 건 있을 수 없다는 입장이었습니다. 그러나 북한이 핵 조약 NPT에서 탈퇴함으로써 빚어진 상황을 추슬러야 하니까 중국의 중재에 못 이긴 척하며 6자 회담 테이블로 따라간 거라고 볼 수 있어요. 또 동맹국인 한국 정부가 강력하게 군사적 해결 방안을 반대하고 외교적 해법을 권고하는 상황이었단 말이죠. 그게 바로 우리의 역할이 중요하다는 것을 의미합니다. 예를 들면 2002년 1월 부시 미국 대통령은 연두교서를 통해 이라크, 이란, 북한 세 나라를 '악의 축'으로 규정하면서 '선제공격으로 정권을 교체시켜야 할 대상'이라고 선언합니다. 부시는 북한이 자기 백성을 굶주리게 하면서도 미사일과 대량살상무기로 무장한 정권이라고 규탄하고, 이런 정권과는 외교로 문제를 해결할 것이 아니라 군사적 선제공격으로 정권을 붕괴시키고 정권 교체를 통해 목적을 달성해야 한다고 강조했습니다.

이럴 때 만약 한국에 반북 대결적인 정부가 들어서 있었다면 한반도 상황은 걷잡을 수 없이 흘러갔을 겁니다. 하지만 당시 김대중 대통령은 열정과 신념을 갖고 미국과 부시를 설득했어요. 2002년 2월 말 부시 대통령이 서울을 방문했을 때 김 대통령은 "우리는 절대로 전쟁을 용납할 수 없다. 미국이 선제공격으로 북한을 공격하면 한반도에서 전면전쟁은 불을 보듯 뻔하다. 따라서 군사적 해법이 아니라 대화를 통한 외교적 해결을 추구해야 한다."고 부시를 설득했습니다. 그 결과 정상 회담이 끝난 뒤 부시는 "나는 북한을 공격하거나 침공할 생각이 없다. 햇볕정책을 적극 지지한다. 북한과 대화를 통한 평화적 해결 방안을 모색하겠다."는 등의 입장을 밝혔어요.

한 달 전 워싱턴 연두교서에서 북한 체제를 붕괴시켜야 한다고 열을 올리던 태도와는 확실히 달라진 거예요. 그런데 이것을 보고 워싱턴의 네오콘은 불만을 터뜨렸어요. 자기네 대통령이 서울에 가더니 너무 멀리 나가버렸다고. 불과 얼마 전 북한을 악의 축이니 선제공격 대상이니 했다가 한 달 만에 평화적 해결을 하겠다니까 어리둥절해진 것이죠. 이처럼 우리 정부와 지도자의 식견과 철학이 중요합니다. 아무리 미국이지만 한국의 동의 없이 대북 정책을 일방적으로 추진하기는 어렵습니다. '한반도 문제의 주인은 우리다. 주인인 우리가 주도해서 강대국의 지지와 협조를 끌어내야 하고, 그렇게 할 수 있다.'는 자신감을 가져야 합니다.

지 ▷ 아까 이야기하려고 했던 폭발물 건으로 돌아가 볼까요?(웃음)

정 ▶ 그러죠. 이번에는 과거와 달리 미국이 적극적으로 나왔다고 얘기했는데요. 하나는 부시 2기 외교 사령탑이 된 라이스 국무장관이 1기 때의 강경 정책에다 외교적 접근법을 가미하려던 참이었어요. 또 하나는 새로 임명된 힐 대표가 당시 라이스 장관과 부시 대통령의 신임을 받고 있었고 자신 또한 유능한 외교관으로서 또 하나의 업적을 추구했기 때문에 네오콘의 방해 속에서도 진지한 협상을 진행시킬 수 있었어요. 거기다가 내가 힐 대사에게 전해준 이야기들이, 김정일 위원장이 한반도 비핵화는 김일성 주석의 유훈이며 미국과 관계 정상화만 이루어진다면 핵무기를 죄다 포기하겠다는 언급들이 힐 대표 가슴속에 들어 있었기 때문에 한번 해보자는 의욕이 강했으리라고 봅니다.

하지만 워싱턴의 강경파들은 힐이 북한에게 부적절한 양보를 할지 모른다는 걱정을 했기 때문에 대리인들을 베이징에 감시원으로 파견해놓고 있었어요. 체니 부통령실, 국방부, 국무부 군축실, 백악관

NSC 등에서 나와 있었죠. 강경파는 대화를 하지 않는 것도 일종의 소통인데 힐은 너무 쓸데없는 자신감에 넘쳐 협상 타결을 서두른다고 생각했어요. 강경파가 힐에게 별명을 붙였는데, 바로 Kim Jong Hill이었어요.(웃음)

강경파가 설치한 폭발물은 두 종류였습니다. 하나는 BDA, 다른 하나는 경수로예요. BDA(Banco Delta Asia)는 마카오에 있는 은행인데 1970년대부터 북한이 거래했던 곳이에요. 2005년 여름 6자 회담 재개가 다가올 무렵부터 미국 재무부를 중심으로 강경파들은 북한이 BDA를 통해 위조 달러화와 마약 밀매 자금을 거래했다는 혐의를 추적합니다.

그러다가 9·19 협상 타결을 나흘 앞둔 9월 15일에 BDA를 '돈세탁 우려 대상 기관'으로 지정한다고 발표하고, 9·19 다음 날 이것을 연방정부 관보에 게재합니다. '돈세탁 우려 기관'으로 지정되면 사실상 미국 금융망으로부터 차단되고 이것은 미국과 사업상 거래 관계가 있는 예금주들에게는 치명타가 되죠. 하지만 증거는 매우 부실했어요. 북한이 돈세탁에 관련되었다는 직접 증거는 나오지 않았단 말이죠. 미국 내에서도 이라크 핵무기 논란과 흡사하다는 비판이 있었으니까요. 사담 후세인이 핵 물질을 만들었다며 미군이 쳐들어갔는데 가서 보니까 증거가 없었잖아요.

강경파들은 BDA 제재를 이렇게 정당화했습니다. "북한은 범죄 기업이다. 단순히 핵 문제만이 아니다. 정권 그 자체가 문제다. 협상으로 북한에 구명줄을 던져줘서는 안 된다." 근본적으로 그들은 북한과 협상할 마음이 없었고 그걸 혐오했던 거예요.

지 ▷ BDA 폭발물이 바로 터지지는 않았던 모양이죠? 9·19 나흘 전에 폭발물이 발표됐는데도 회담은 진행되고 합의문이 나왔잖아요.

정 ▶ 나흘 뒤에 터졌어요. 강경파는 일상적으로 북한을 불신하고 적대했기 때문에 북쪽 입장에서는 BDA 문제도 좀 두고 보자고 했을 수 있어요. 그런데 두 번째 폭발물이 또 나와요. 경수로 폭탄인데요.(웃음)

경수로 문제는 2차 핵 위기의 직접적 원인입니다. 2002년 10월 미국이 북한에 대해 우라늄 농축 의혹을 제기하면서 1994년 제네바 합의에 따라 건설되고 있던 경수로 프로젝트를 중단시켰고, 이에 맞서 북한이 2003년 초 NPT를 탈퇴하고 핵 위기로 이어집니다. 그런데 이것이 4차 6자 회담에서 봉합이 된 거예요. 9·19 합의문에 "북한은 핵에너지의 평화적 이용 권리가 있다. 협상 당사국들은 이를 존중한다. 적절한 시기에 북한에 경수로 공급 주제를 논의한다." 이런 문안이 나옵니다.

이것을 워싱턴 강경파가 못 참은 거예요. 워싱턴 강경파들은 최근 몇 년간 자기들이 폐기 처분하기 위해 백방으로 노력했던 클린턴 시절의 제네바 합의문을 다시 살려내려는 기도로 봤던 거죠. 그건 북한이 영변 핵 시설을 동결하는 대신 100만 킬로와트 경수로 2기를 제공하기로 한 건데요. 절대로 북한에 경수로를 주어서는 안 된다는 것이 강경파의 확고부동한 입장이었어요. 반면에 북은 북대로 경수로 제공 없이 핵 포기는 절대로 불가하다는 확고한 입장이었어요. 솔로몬의 지혜가 필요한 국면이었습니다. 그 지혜의 한 축이 만일 경수로 공급이 안 되면 남한이 북한에 200만 킬로와트 전기를 주겠다는 것이었고, 또 하나는 적절한 시기에 논의하자고 미뤄놓는 지혜였어요.

강경파는 힐을 밀어붙였습니다. 9·19 합의를 그대로 승인할 수는 없고 경수로 조항에 대한 미국의 해석을 따로 성명서 형태로 낭독하라고 주문했어요. 힐은 이 요구를 받아들였죠. 그는 합의가 깨지는 것보다는 그래도 앞으로 계속 효력이 지속될 공식 외교 문건이고 6자회담 참가국 전원이 합의한 문서이기 때문에 9·19 공동성명을 어떻게든 타결 짓는 게 중요하다고 생각한 것입니다. 그래서 9·19 오후 늦게 공동성명이 서명, 발표된 직후 미국의 힐 대표가 따로 단독 성명을 발표했습니다. 강경파가 작성해서 넘겨준 문안이었죠. 이른바 '적절한 시점'이란 것은 즉각적으로 모든 핵무기와 모든 핵 프로그램을 폐기했을 때 그리고 만족스럽게 검증되었을 때를 말한다고 규정했어요. 동시에 경수로는 전혀 재고할 가치가 없는 계획이라는 내용이었습니다. 상호 모순이었죠.

이걸 다 듣고 난 북한 대표 김계관은 협상 타결 때 읽으려고 준비해 온 성명을 옆으로 제쳐버리고는 "나는 우리가 산 하나를 넘은 것으로 알았다. 그런데 알고 보니 더 높은 산이 우리 앞에 또 있다는 걸 알았다."고 발언했어요. 그 다음 날 북한 외무성은 "경수로 공급 없이는 핵 폐기는 꿈도 꾸지 말라."고 일축해버립니다. 9·19 합의는 선언문의 잉크가 채 마르기도 전에 찢겨 나가기 시작했어요.

지 ▷ 그렇다면 9·19 합의가 어떻게 다시 부활하게 되는 건가요?

정 ▶ 9·19 부활 선언문이 2007년 2·13 합의문입니다. 그 사이 무슨 일이 일어났지요. 북한이 핵 실험을 해버립니다. 전 세계가 충격을 받았죠. 2006년 10월이었어요. 그 직후에 실시된 미국 중간선거에서 공화당이 참패하고 상하 양원에서 소수파로 몰락해요. 그러자 부시 대통령은 대북 정책을 강압 정책에서 외교적 해법 찾기로 바꾸게 됩니다. 부시는 럼스펠드를 비롯한 강경파 네오콘들을 퇴진시키죠. 그러고 나서 북한 문제는 앞으로 라이스가 맡도록 한다고 정리합니다. 6년을 헤맨 끝에 제자리를 찾아왔다고나 할까요. 2·13은 미국과 북한이 최초로 베를린에서 마주 앉아 합의문을 만드는 건데요. 북한과 협상하는 자체를 혐오했던 강경파가 물러나니까 비로소 북한을 협상 상대로 인정해준 것을 뜻합니다. 2·13에서 양측은 2005년 9·19 합의문을 이행하자고 합니다. 2·13 합의 당시 발표되지는 않았지만 협상에서 북한 대표는 이렇게 발언했다고 전해집니다. "North Korea wants to become a new friend to the United States, while South Korea is considered as an old friend to the United States(남한은 미국의 오랜 친구로 간주되고, 북한은 미국의 새로운 친구가 되기를 희망한다)." 여기 나타난 대로 북한은 미국과의 적대 관계를 끝내고 싶은 생각이 간절했다고 봐요.

9·19 합의와 2·13 합의를 만들어낸 주역인 힐 대표가 작년 대선 직전에 서울에 왔습니다. 주이라크 미국 대사를 거쳐 현직에서 물러난 다음에 콜로라도 대학교 국제대학원장으로 있는데요, 문재인 후보를 만나고 싶다고 해서 국회 한옥 식당에서 셋이 아침을 먹었어요. 아마도 자신이 열정을 쏟아부은 한반도 냉전 해체와 북핵 폐기 문제를 마무리하려면 문 후보가 당선되는 길밖에 없다고 생각한 것 아닌가

싶어요. 힐 대사가 말했어요. "이제 한반도 문제는 한국이 주도할 때가 됐다. 세계 어느 도시를 가봐도 거리에는 한국인들로 넘친다. 한국 관리들은 더 이상 미국에 대해 땡큐, 땡큐를 연발하며 굽신거릴 필요가 없다." 듣는 순간 얼굴이 화끈했어요. 본래 솔직한 성품의 힐 대사가 우리를 친구로 생각해서 한 말이었겠지만 미국 사람에게 이런 충고를 들으니 부끄러웠습니다. 내가 물었습니다. 2005년 9·19 역사적 합의 과정에서 어떻게 워싱턴이 이를 방해할 수 있었느냐고. 지금은 말할 수 있지 않느냐고 물었어요. 그가 이렇게 대답했습니다. "당시 미국에는 두 개의 정부가 있었습니다."

지 ▷ 나머지 한쪽이 뒤집었다는 거네요.

정 ▶ 하나는 동아태 차관보이자 협상 대표인 자기와 자기 상관인 콘돌리자 라이스 국무장관, 결제를 한 부시 대통령입니다. 부시는 허수아비예요. 자기가 대통령이라 협상 타결 사인을 했는데, 그 밑의 부통령 딕 체니가 뒤집어버린 거죠. 럼스펠드 국방장관, 폴 울포위츠 국무부 부장관, 존 볼튼 국방부 차관, 이런 네오콘 강경파들이 또아리를 딱 틀고, 이 사람들이 이라크 전쟁을 일으키고, 그 다음에 북한을 악의 축이라고 몰아붙이고…… 그 사람들이 "9·19는 무슨 놈의 9·19야." 하고 찢어버린 겁니다. 어떤 인터뷰에서 힐 대표가 9월 19일 합의문 타결을 위해 협상에 몰두하고 있었을 때 워싱턴 재무부에서 BDA 제재를 발표하는 것을 알고 있었느냐고 물으니까 몰랐다고 했어요. 콩가루 집안인 거예요.(웃음) 반대로 보면 우리 하기 나름이라고 생각할 수도 있죠. 미국도 딱 정해진 것이 아니라 대화파도 있고…… 어느 정부나 그렇잖아요. 강경파가 있고, 협상파가 있는 것처럼.

지 ▷ 그래서 "한반도 문제의 당사자는 남과 북이다. 남북이 주도적인 역할을 해서 장래 운명을 우리 스스로가 결정해야 한다." 그 부분을 강조하셨지요. 남북 양자가 중심이 되어서 풀어가야 한다는 원칙을 가지고 다른 나라들을 지속적으로 설득하는 과정이 필요하다는 말씀이시죠.

정 ▶ 미국이 결정하면 우리는 따라간다. 이건 옛날 냉전 시대 관행입니다. 오랫동안 여기에 길들여져 있는 게 문제예요. '미국이 모든 것을 결정한다.' 이렇게 생각하면 우리 앞날을 개척하지 못합니다. 지금 우리의 국력을 생각하면 결코 과거와 같은 약소국이 아니잖아요. 미국의 조야도 한국이 확고한 자기 의견을 갖고 한반도 정책을 주도한다면 이에 맞춰줄 용의가 있다고 봐요. 우리의 민주정부 10년은 워싱턴에 강경파 정부가 있었음에도 불구하고 우리가 북한 문제에 대안을 제시하고 적극적으로 대북 포용 정책을 밀고 간 시기라는 역사적 특징이 있습니다. 그 복판에 9·19 합의라는 상징적 사건이 있는 거죠. 거기에 걸려 있는 것이 작전권입니다. 북한이 "당신들 미국의 괴뢰야. 작전권도 없잖아." 하면 할 말이 없잖아요.(웃음) 군대 숫자는 많지만 전시 작전권이 없는 것은 자존심 상하는 일이거든요.

여기에 대해서 진지한 고민을 한 대통령이 두 사람이 있었습니다. 노태우와 노무현. 어쨌든 전환기의 대전략을 구사한, 북방 정책을 펼친 노태우 정부가 부패한 대통령으로 몰락했는데, 부패만 아니었으면 역사적 평가가 달라졌을 거라고 봅니다. 김대중 정부를 빼놓고, 남북관계에서 획기적 전환을 한 정부가 노태우 정부거든요. 노태우 회고록을 보니까, "KTX를 도입할 때, 부산에서 서울까지 가려는 것이 아니라 부산에서 서울, 압록강 건너서 모스크바 가려고 한다."는 말이 나옵니다. 그래서 독일의 ICE, 프랑스의 TGV 같은 데서 경쟁적으로 국제 입찰이 붙었잖아요. 처음에는 400킬로미터라니까 짧고, 별로 매력이 없잖아요. 그것만으로는 큰 장사가 아닌데, 부산에서 시베리아로 갈 것이라고, 앞으로 아시아와 유럽을 고속철도로 잇는 구상의 시발점이라고 한 겁니다. 그 말을 할 수 있었다는 것은 머릿속에 그 구상이 있었다는 얘깁니다.

평시 작전권은 그때 가져왔어요. 전시 작전권은 훗날로 미루어놓았는데, 노무현 대통령이 고민한 게 그것입니다. 우리가 남북문제를 풀어가려면 작전권이 있어야 합니다. 남북문제의 핵심은 군사문제입니다. 남북문제를 획기적으로 해결한다는 것은 실질적으로 전쟁 가능성을 종식시키는 것이죠. 실질적으로 군사적 충돌의 위험을 없애는 것이란 말이에요. 그러면 국민의 평화적 삶이 보장되는 시대가 오는 것입니다. 그런데 평화 체제가 이토록 지연된 것은 따지고 보면 한국에 작전지휘권이 없는 것도 큰 원인이에요. 남북이 군사적으로 대결하고 있는데 군사적 실체인 한국군에 작전권이 없는 상황에서 북은 당연히 미국을 상대로 평화 협정 공세를 편 것이고, 우리는 한미동맹 우산 속에 안주한 거죠. 평화 체제로 이행하려면 한국이 이를 선도해야 하고 그러기 위해 작전권의 환수는 필수 불가결한 존재입니다. 요즘 박근혜 정부가 작전권 환수 시기를 2015년에서 2017년으로 한 차례 더 연기하려고 하는데 이건 부끄러운 일입니다. 국방비를 북한에 비해 열 배 이상 쓰고 국가 경제력은 실질적으로 북한보다 백 배 이상 큰 나라에서 북한을 두려워한 나머지 작전권을 굳이 갖지 않겠다고 발버둥치는 모양새가 세계인들 앞에 부끄럽지 않습니까?

평화 체제의 관련 당사국은 남북한과 미국, 중국 네 나라입니다. 한국은 휴전 협정에 서명하지 않았지만 엄연한 군사적 실체임을 이제 누구도 부정하지 않아요. 1990년대 이전 과거 냉전 시대에 북한은 미국을 상대로 평화 협정 공세를 폈습니다. 하지만 냉전이 무너지고 자신의 동맹국이었던 소련과 중국이 연달아 한국과 수교를 맺는 대전환의 시점에서 북은 절박한 상황에 놓이게 되죠. 1991년 남북 간에 불가침과 화해 협력에 관한 기본합의서를 발표한 직후 북은 대남 담당 비서 김용순을 워싱턴에 보냅니다. 그는 미키 캔터 국무차관에게 이렇게 말합니다. "미국이 북한과 관계를 정상화하는 조건으로 주한미군의 한국 주둔을 용인하겠소." 이건 북한의 생존 전략이 백팔십도 변했다는 증거예요.

그리고 2000년 6·15 정상 회담 때 김대중 대통령과 김정일 위원장 사이에, 통일 이후에도 주한미군의 주둔이 한반도 평화와 안정을 위해서 필요하다는 공감대가 있었습니다. 주변국들의 침탈과 강대국들로 둘러싸인 우리나라의 지정학적 위치 속에서 세력 균형을 위해 영토적 야심이 없는 주한 미군이 필요하다는 것을 북한이 수용한 것이란 말이죠. 이것은 큰 정세 변화입니다. 이런 정세 변화를 공식 문건에 담은 게 2005년 9·19 합의문이에요. "한반도에 항구적 평화 체제를 만들기 위한 논의를 관련 당사국 간에 시작한다."라고 명문화한 것은 실질적 의미가 큽니다. 남한과 북한에 더해 미국, 중국, 일본, 러시아 4대국이 함께 서명한 국제 외교 문서가 동아시아에서는 처음 만들어진 것입니다. 6자 합의에 따라 한반도가 평화 체제로 이행할 경우 그 다음 수순은 지역 안보 협력 체제로 발전할 가능성이 큽니다. 이렇게 된다면 6자 회담 틀은 한국에게는 굉장히 쓸모 있는 무대가 될 수 있어요. 평화 체제와 함께 북핵 문제를 해결하고 다시 동아시아 지역의 평화를 위한 발언권을 4대국과 동등하게 행사할 수 있는 이점이 있다고 봅니다.

콜린 파월, 콘돌리자 라이스, 반기문

지 ▷ 정전 체제를 평화 체제로 바꾸기 위해서는 미국과의 긴밀한 공조가 필수적인데요. 통일부 장관으로 계실 때 미국 국무장관들과 대화는 잘됐습니까?

정 ▶ 부시 정부 1기 국무장관은 파월 장군이었어요. 국방장관은 럼스펠드, 파월은 온건파이고 럼스펠드는 강경파. 두 사람이 만날 부딪혔습니다. 북한 문제에 대해서도 극명하게 갈렸어요. 콜린 파월은 군인이에요. 사막의 폭풍 1차 걸프 전쟁의 사령관이었지요. 합참의장을 거친 최초의 흑인 대장 출신입니다. 이분은 이라크 전쟁을 반대해요. 자기가 전쟁을 해봤으니 전쟁이 얼마나 참혹한지 아는 거죠. "군대도 안 갔다 온 사람들이 자꾸만 전쟁을 하자고 하는데, 전쟁이 얼마나 비참하냐."면서 이라크 전쟁에 반대했어요.

이라크 전쟁 시작하기 전인 2003년 1월 말에 노무현 당선자의 특사 자격으로 제가 다보스 포럼에 가서 연설을 했습니다. 콜린 파월이 거기 왔어요. 미 국무장관이 대단한 것이 다보스는 조그만 스키 마을이라서 전 세계에서 손님이 몇천 명 오니까 방 하나 잡기도 힘들었는데, 콜린 파월은 호텔 하나를 통째 써버리더군요. 다 경찰이 둘러싸고 있었어요. 물론 9·11 이후라서 민감할 때였지만, 힐튼 호텔 같은 규모의 호텔을 자기들만 쓰는 거예요.

지 ▷ 비용도 많이 나올 텐데요.(웃음)

정 ▶ 저는 대한민국의 특사라고 하지만, 여관방 같은 데 하나 얻었거든요.(웃음) 그때 콜린 파월을 처음 만났는데, 깊은 인상을 받았습니다. 휴머니스트였어요. 자기가 동두천에서 중령 달고 대대장을 1년 했는데, 그게 장군이 되는 데 결정적인 계기가 됐답니다. 2사단에 중령들이 수십 명 있었겠죠. 그 가운데 사단장한테 최고 평가를 받았다는 거예요. 본인 회고록에 사인을 해서 주었는데 그 책에 동두천 대대장 시절 얘기가 한 챕터 있어요. 대대 안에서 축구 시합을 하는데, 1소대 대 2소대, 한 번에 80명씩 들어가서 두 개의 공을 갖고 차고 달리고 막고 태클하고 들이받고 무슨 짓이든 상관없고 심판도 없고 규칙도 없는 전투 축구를 했다고 나와 있습니다.

지 ▷ 그야말로 살벌한 전투 축구네요.(웃음)

정 ▶ 부상자가 속출했지만 병사들은 열광했대요. 병사들과 같이 뛰고 같이 먹고 같이 부대낀 파월 대대장을 부하들은 '파월 형님(Brother Powell)'이라고 부르며 따랐다고 합니다. 당연히 대대의 사기는 충천했겠죠. 책에서 그는 동두천 시절을 군 경력 중 가장 행복했던 시간이었다고 이야기합니다. 한국 파견 근무 이후 스스로에게 자신이 유능한 보병 지휘관이었다고 말할 수 있게 됐다고 썼어요. 동두천을 떠나 국방부로 들어갈 때 사단장은 그에게 "장군이 될 훌륭한 자질을 가졌다."는 멋진 능률 보고서를 써줬고, 이게 군에서 출세의 발판이 됐다는 거죠. 파월 장관과는 다보스에서 만나고 2년 뒤 통일부 장관으로서 개성공단에 대해 설명하기 위해 워싱턴에 갔을 때 두 번째로 만났고, 그가 국무장관 그만두고 서울에 왔을 때도 만났어요. 파월은 개성공단 지지자였어요. DMZ를 뚫고 새로 난 도로와 철길을 보며 이게 어디냐며 깜짝 놀랐어요. 동두천과 DMZ 일대 지리를 환하게 꿰고 있더라고요. 그는 포용 정책의 지지자로서 대화와 협상을 통해서 북한 문제를 풀어야 한다고 생각했어요. 부시 정부 네오콘들의 대북 압박 강경 정책에도 불구하고 북한에 대한 인도적 지원을 해야 한다고 주장하기도 했죠.

그때 북한이 2003년 1월에 NPT를 탈퇴하고, 2차 핵 위기가 폭발할 때라서 분위기가 험악했지요. 그런데도 미국 국무장관이 "인도적 지원이 필요하다."고 한 거죠. 이라크 전쟁을 반대한 것처럼 북한의 참상 등을 봐왔고, 그동안 한국 정부가 해온 대북 지원이 잘한 것이다, 계속되어야 한다고 본 겁니다. 군인인데, 인도주의자라는 인상을 받았어요. 부시 정부 때 4년 동안 국무장관이었는데 2004년까지니까 개성공단 추진할 때도 파월이 있었어요. 파월은 개성공단 지지자였습니다. 그런데 부시 정부에서는 왕따였죠.

지 ▷ 부시 2기에는 교체됐었죠.

정 ▶ 부시 1기, 2001년부터 2004년까지 미국의 대외 정책은 완벽하게 강경파 네오콘이 주도했습니다. 네오콘은 사담 후세인이 대량살상무기와 핵물질을 보유하고 있다는 허위 정보를 근거로 이라크 침공을 감행했고, 북한에 대해서도 정권 교체를 목표로 삼고 군사적 선제공격 가능성을 흘리곤 했죠. 이 과정에서 파월 국무장관 같은 온건파는 왕따가 되는 분위기였어요. 문제는 그런 식으로 밀어붙인 강경 정책이 수렁에 빠진 거예요. 이라크 전쟁에서 전사자가 급증하면서 반전 여론이 비등하고 북한 문제 역시 꼬여가기만 했죠.

여기서 제2기 대외 정책 수장으로 1기 때 백악관 안보보좌관을 했던 콘돌리자 라이스가 국무장관이 됩니다. 라이스는 스탠퍼드 대학교수 출신으로 소련 전문가였어요. 아버지 부시 때 NSC에서 소련 담당관으로 일했고 아들 부시 대통령과는 가족처럼 지내는 사이였어요. 라이스 국무장관은 죌릭 부장관, 젤리코 고문 등과 함께 팀을 이뤄서 새로운 접근을 모색합니다. 이때 나온 게 이른바 젤리코 구상이란 것인데요. 2005년 봄 언저리에 젤리코 고문의 주도로 유럽의 경험을 살려 한반도의 정전 상황을 영속적인 평화 조약으로 바꾸고 한국 주도의 통일을 지원하며, 동북아에서 새로운 평화 안정의 다자 틀을 만든다는 구상을 보고서로 만듭니다. 일 년 반쯤 지나 젤리코 보고서는 부시 대통령에게 보고되고, 북한의 1차 핵 실험 이후 미국의 대북 정책이 외교적 해법으로 전환하는 근거가 됩니다.

라이스 장관은 첫 번째 순방으로 한·중·일 아시아 방문을 합니다. 2005년 3월에 첫 해외 나들이를 왔어요. 청와대 들어가기 전에 저를 만났는데 따라온 수행원이 열댓 명 되었어요. 한 30분 얘기하다가 따로 좀 얘기하자고 제의해서 내 개인 집무실에 둘이 들어가서 얘기했습니다. "당신은 국제정치학자다, 키신저가 당신의 멘토 아니냐." 키신저가 하버드 대학 교수를 지낸 국제정치학의 대가였고, 콘돌리자 라이스는 스탠퍼드 교수였죠. 키신저한테 사사한 겁니다. "당신의 멘토인 키신저가 미-중 수교를 이끌었지 않냐. 냉전 속에서 데탕트를 만들었다. 데탕트의 주역이 키신저다. 냉전이 끝났는데 전 세계에서 유일하게 냉전의 유물이 남아 있는 곳이 한반도다. 당신이 한반도에 있는 냉전의 잔재를 걷어내고 평화 체제를 만들어낸다면 그 일은 위대한 업적이 될 뿐만 아니라 부시 정부 최고의 외교적 업적이 될 것이다."라는 얘기를 했어요. 라이스는 잠자코 다 듣고 나서 "잘 들었습니다. 좋은 참고가 됐습니다." 그러더군요. 아마도 그녀의 머릿속에는 내 말과 젤리코 구상이 겹쳐 떠올랐겠죠.

라이스가 네오콘의 지지를 받아서 장관이 됐기 때문에 되자마자 북한은 폭정의 전진기지라고 말했거든요. 『아웃포스트 오브 티러니

(outpost of tyranny)』라고 이스라엘 출신의 정치학자가 쓴 책이 있어요. 그 사람의 얘기를 인용하면서 북한이야말로 폭정의 전진기지라고 한 거예요. 그래서 북한이 발끈하고 이럴 때 한국에 왔는데, 제가 "냉전의 철조망을 걷어내는 일을 당신이 좀 했으면 좋겠다." 그러면서 평화 체제 얘기를 한 거죠. 그러고 라이스가 청와대에 가서 그 얘기를 한 겁니다. "이전에 반기문 장관께도 말씀드렸지만 미국은 북한의 안전을 보장하고 한반도에 평화 체제를 구축하는 데 관심이 있습니다. 향후 한반도에서 정전 체제가 평화 체제로 전환하는 다자간 논의를 시작할 용의가 있습니다."

노 대통령은 라이스의 이 돌연한 발언에 마치 감전된 사람처럼 뜻밖의 표정을 지었다고 합니다. "어떻게 저 여자는 얼마 전에 북한을 폭정의 전초기지니 뭐니 하더니 백팔십도 다른 말을 천연덕스럽게 하지?" 그리고 라이스가 돌아간 직후 참모들에게 물었답니다. "아까 라이스가 말한 평화 체제의 의미가 도대체 무엇인가? 반 장관에게 뭘 말했다는 건가?" 이에 반기문 장관이 머뭇거리다가 답변했어요. "사실은 얼마 전에 미국에서 제가 라이스 장관을 만났는데 그때 한 말입니다." 어이가 없다는 표정으로 노 대통령이 언성을 높였다고 그러더군요. "아, 그런데 왜 지금까지 그 사실을 혼자만 알고 있어요?"

전통적으로 외교부는 평화 협정 논의에 부정적인 입장이었어요. 북한의 평화 협정 주장은 유엔사를 해체하고 주한미군을 철수시키려는 기만전술에 불과하다는 생각이 강했지요. 평화 협정 논의는 북한 핵 문제를 해결하는 수단이 될 수 없으며, 6자 회담에서도 논의될 수 없다는 입장이었죠. 그래서 2005년 초에 라이스가 평화 체제를 거론

했을 때 반 장관은 이렇게 답변했다고 합니다. "북한의 기만전술에 말려들지 않는 것이 좋습니다."

지 ▷ 노 대통령으로서는 깜짝 놀랐겠네요.

정 ▶ 그랬죠. 2005년 6월에 특사로 가서 김정일 위원장에게 6자 회담 나오라고 설득을 하고, 9월, 9·19 합의로 가는 거예요. 제일 중요한 것은 이번에 '평화 체제' 이 네 글자가 들어가야 한다. 청와대에서 사람을 딸려 보냈죠. 그 사람한테 "평화 체제에 관한 것이 한 문장은 반드시 들어가도록 해야 한다."고 지침을 줬어요. 그리고 여러 번 지침을 확인했습니다. 송민순 차관보한테 어쨌든 평화 체제가 합의문에 들어가야 이 문건이 역사적 문건이 되는 거라고 거듭 강조했습니다. 우여곡절 끝에 9월 19일 아침 협상 타결의 날이 밝았는데 마지막 암초가 하나 등장했어요.

제2항, "미국과 북한이 상호 주권을 존중하고 평화 공존의 원칙에 따라 관계 정상화 조치를 취한다."는 대목에서 제동이 걸렸어요. 워싱턴의 강경파들이 평화 공존이란 말은 냉전의 절정기 때 소련이 사용하던 용어이고, 북한에서는 이 말을 주한미군이 없는 상태에서 북한 방식에 따라 통일된 한반도를 의미하는 것으로 쓰기 때문에 절대로 안 된다는 거였습니다. 한나절을 다 소비하고 나서 절충한 용어가 무엇이었는지 아세요? '평화 공존'을 '평화적으로 함께 존재한다.'로 바꾸자는 거였어요.(웃음) 영어로는 coexist peacefully 대신 exist peacefully together로 바꾼 건데 사실 그 말이나 이 말이나 무슨 차이가

있나요. 이미 흘러간 냉전 시대 사고가 문제죠. 절충안은 아이디어가 많은 우리 쪽 송민순 대표가 냈죠. 하지만 북한이 한국어 판은 절대 못 바꾸겠다고 고집해 영어만 바꾸고 한글 판은 그대로 두게 됐습니다. 외교라는 게 명분 싸움이지만 때로는 아이들 싸움 같은 면도 있어요.(웃음)

지 ▷ 조삼모사 격이네요.(웃음)

정 ▶ 양쪽 설득하고, 그래서 9·19를 만들어내는 데 여러 가지 역할을 한국 정부가 했습니다. 남과 북이 통하고, 한미 공조가 되면 역할이 생기는 겁니다. 미국이 "평화 공존이란 말은 안 된다."라고 하면, 깨지면 안 되니까 "우리가 이렇게 좀 해보면 어때." 하고 붙이곤 했어요. 이런 중매꾼 역할, 중재자, 중계 역할을 통해서 말 그대로 미국에 두 개 정부가 존재했음에도 여러 가지 암초가 많았음에도 불구하고 9·19가, 어쨌든 역사적 문건이 탄생한 것입니다. 1번 북한의 핵 포기 결단, 2번 미국이 북한과 수교하기로 결정, 3번 평화 협정, 알맹이가 거기에 다 들어간 거예요. 불편한 진실인데, 그것이 가능했던 것 중 하나가 200만 킬로와트의 전기를 주겠다는 약속이었어요.

주거니 받거니,
만일 경수로 안 되면 우리가
전기 줄게

지 ▷ 그 송전 약속에 관해서도 퍼주기 논란이 많았지 않습니까?

정 ▶ 요새도 SNS 같은 데서 블랙아웃, 전기도 모자란데 정동영이 북에 200만 킬로와트 전기 주기로 했다며, 저를 공격하는 사람들이 있는데요. 그 당시에는 전력 예비율이 15% 이상을 웃돌았어요. 발전 용량 6,000만 킬로와트에서 900만 킬로와트 이상의 여력이 있었기 때문에 한국전력, 전문가들과 검토를 해서 그 제안을 했어요. 왜 그랬느냐, 1차 핵 위기가 발생했을 때 그것을 봉합한 것은 경수로예요. 1993년 핵 위기, 1994년 10월 제네바 합의에서 핵심이 "당신들 에너지 때문에 원자력 발전소가 필요하다는데, 그거 놔두고, 우리가 경수로 지어줄게." 이렇게 해서 핵 동결을 한 거죠. 그런데 그게 8년 만에 깨져 버렸어요.

지 ▷ 경수로 대신 전기를 준다고 한 거네요.

정 ▶ 경수로 열심히 짓고 있다가 2002년 10월에 부시 대통령이 국무부 제임스 켈리 아태차관보 일행을 평양에 보내서 "북한의 고농축 우라늄 개발계획(HEU)에 대한 증거가 있다."면서 이를 폐기하라고 요구하죠. 이어서 미국은 1994년의 제네바 기본 합의를 파기하는 수순을 밟아가면서, 북한으로 하여금 지난 8년간 중단했던 플루토늄 핵 개발을 재개하도록 만드는 결과를 초래하게 됩니다. 당시 워싱턴의 네오콘들은 남북 정상 회담, 철도 도로 연결 등 남북 관계 개선 그리고 일본과 북한의 정상 회담 개최 등 한반도에서 전개되고 있는 탈냉전 움직임에 대해 부정적인 시각을 나타냈어요. 일부 네오콘 전문가들은 "한반도의 긴장 장기화가 미국의 국익에 나쁘지 않다."는 주장을 노골적으로 펴기도 했습니다. 이 같은 주장이 섬뜩하지만 일면의 진실을 표현하고 있다고도 볼 수 있죠.

그때가 2002년 대선 막바지였습니다. 노무현-정몽준-이회창 세 후보가 각축을 벌이던 시기여서 한반도 정세가 긴장 국면으로 빠지면 사실 노 후보 쪽이 불리한 상황이었어요. 그럼에도 불구하고 노 후보가 당선됐고 그 직후 2003년 1월 북한이 NPT를 탈퇴하고, 제2차 핵위기가 폭발한 것입니다. 1차 때에 비해서 2차는 문제가 더 복잡하게 헝클어져 있었잖아요. 1차 때는 은닉한 플루토늄을 신고하라는 것이었는데 이번에는 이미 그 사이에 핵폭탄 한두 개를 만들 수 있는 플루토늄을 가지고 있는 것이 확인되었고, 우라늄 문제도 제기되어 있었으며, 경수로 짓는 것도 중단되어버렸어요. 지금은 더 어렵지만, 그때 나름대로는 해결하기가 엄청나게 어려운 상황이었습니다. 확증 정보도 없이 첩보 수준의 정보를 갖고 고농축 우라늄 의혹을 제기하고 이걸 빌미로 제네바 합의를 파기해버린 부시 정부가 북한에게 경수로를 지어줄 턱이 없기 때문에 그 상태에서 북으로 하여금 핵을 포기하게 하려면 상응한 조치가 필요했습니다.

그런 배경이 우리가 북한에 200만 킬로와트의 전기를 준다는 제안에 있었단 말이죠. '안 지어주면 우리가 전기 줄게, 핵 내려놓아라.' 그 카드거든요. 김대중 정부 당시 정상 회담 등을 할 때 북이 간절하게 원했던 것이 '우리 전기 좀 달라.'는 것이었습니다. 그런데 미국이 '전기는 안 된다.'며 완강하게 나왔어요. 전략 물자라는 것이죠. 전기 가지고 무기 공장도 돌릴 수 있으니까요. 그래서 북의 요청을 거절했는데 그걸 다시 살려낸 겁니다.

경수로는 안 된다는 것이 미국 강경파의 입장이었어요. 미국을 설득할 수가 없었습니다. 북한에도 무조건 핵을 포기하라고 할 수 없었어요. 매개가 있어야 하잖아요. 9·19 합의문에는 6자 회담 의장국인 중국이 마련한 중재안에 따라 "적절한 시점에 경수로 문제를 논의한다."라고 되어 있습니다. 북한도 미국 강경파도 양쪽 모두 불만이었지만 중국이 강력하게 밀어붙여서 어정쩡하게 봉합이 된 겁니다. 이 문제는 당장 해결할 수도 없고 해결할 방도도 없으니 일단 뒤로 미뤄놓자는 봉합책이었던 셈이죠. 그런데 워싱턴 강경파의 반발이 더 거셌어요. 그래서 그런 문구로 합의문을 발표할 거면 반드시 '적절한 시점'이 무엇을 뜻하는지 미국의 입장을 밝히는 별도의 단독 성명을 낭독하도록 회담 대표에게 지시를 해놓았단 말이에요. 이것이 나중에 9·19 합의문이 파기되는 결정적 폭발물이 되는 거죠.

이처럼 강경파의 완강한 반대를 뚫고 그나마 합의문 서명에까지 이르게 된 것은 6·17 소통 이후 제2의 6·15 시대라고 불릴 만큼 급물살을 탔던 남북 관계와 정 안 되면 남쪽에서 전기를 줄 테니 핵을 내려놓고 함께 가자는 우리 측 설득이 일정 부분 역할을 한 것입니다. 전기 제공 문제와 관련해 제가 평양에서 김정일 위원장에게 이 제안을 하자 김 위원장은 진지한 표정으로 듣고는 이렇게 대답했어요. "신중하게 검토해서 답을 드리겠습니다." 그러고는 두 달 뒤 서울을 방문한 임동옥 통전부장이 한밤중에 따로 만나 얘기하기를 "남쪽의 전기 제공 제안은 고마운 제안입니다. 하지만 북측의 전력 주권 문제 때문에 제안을 받아들일 수 없습니다."라고 하는 거예요. 그게 6자 회담 합의에 한 줄 들어갑니다. "한국은 북한에 대해서 전기 200만 킬로와트 제공 의사를 가지고 있음을 밝혔다." 일종의 보증서죠. 협상은 그렇게 얽어매는 거예요.

그러니까 9·19를 이끌어내기 위해 사회를 보는 것은 의장국 중국이지만, 9·19를 만들어낸 제1역할국은 한국이었습니다. 6자 회담을 끌어낸 것이 한국이었고, 그 다음에 도저히 건널 수 없는 강, '경수로'라는 강을 건너기 위해 중국이 나서서 논의 자체를 뒤로 미루는 지연책을 쓰고, 우리는 전기 제공이라는 대체 교량을 제시함으로써 험한 파도가 치는 강을 건널 수 있었던 겁니다. 주거니 받거니. 그런데 그건 지난 얘기고, 9·19가 담고 있는 핵 포기와 평화 체제, 이 두 가지를 누가 어떻게 할 수 있느냐, 그건 우리가 창의적 상상력을 가지고 할 수밖에 없습니다. 미국이 해주기를 바라면 부지하세월이고, 중국이 해주기를 바라는 것도 부지하세월이죠. 역사적으로 우리가 9·19를 한번 해봤다는 것이 엄청난 자산이에요. 현재는 9·19라는 것이 휴화산이 됐지만, 완전히 죽은 것은 아닙니다.

지 ▷ 그걸 만들어내는 과정에서 2005년 6월 김정일 국방위원장 면담이 6자 회담 복귀, 나아가 9·19 합의를 만들어낸 계기가 된 건데요.

그렇게 신뢰를 가지고 정상 회담을 하고 대화를 해야 된다는 얘긴데, 지금 분위기로는 어렵지 않습니까?

정 ▶ 참여정부에서 아쉬웠던 것은 정상 회담을 임기 말인 2007년 10월 4일에 할 것이 아니라 임기가 시작되던 2003년 10월 4일에 했으면 한반도의 역사가 달라졌을 거라는 점입니다. 그런데 왜 그렇게 됐느냐, 아쉽지만 특검이 결정적이었어요. 1차 남북 정상 회담을 특별검사를 통해 수사를 했잖아요. 그것이 정치적 패착입니다. 그게 안타까운 거예요.

특검이라는 정치적 패착

지 ▷ 나중에 노 대통령도 그 부분에 대해서 후회하지 않았나요? 대북 사업을 추진해나갈 수 있는 현대 정몽헌 회장이 그 과정에서 자살하기도 했고요.

정 ▶ 꼬인 거예요. 그걸로 김대중 정부와 노무현 정부가 틀어졌고, 거기서부터 시작해서 결국 2007년 정동영 패배까지 쭉 가버렸어요. 안 되는 쪽으로 가버린 겁니다. 특검으로 간 것이 패착입니다. 그래서 남북 관계가 2003년, 2004년은 거의 제로잖아요. 특검의 여파죠. 2005년 6·15에 내가 특사로 간 것도 남북 관계가 잘나가서가 아니라 말하자면 패를, 승부수를 던진 겁니다. 이번에 북쪽이 6·15 공동 행사를 하자고 했는데 박근혜 정부는 안 된다고 했지요. 그것과는 다른 접근을 한 거예요. 이 사람들은 그걸 굴욕으로 보았지만, 굴욕은 아니죠. 남북 관계를 푸는 데 있어서 무슨 형식이니 격이니 하는 것은 다 국내 정치용에 불과합니다. 정확하게 대조되는 것이 2005년 6·15 행사였어요. 그때 남북 관계가 어려워졌던 직접적 원인이 있습니다. 제가 장관 취임한 지 일주일 만에 탈북자 460명인가를 베트남에서 전세기로 실어 왔거든요. 그걸 방송이 중계를 해버렸어요. 전임 장관이 외교부 장관하고 같이 미리 결정해놓은 것이었습니다. 장관으로 가서 "이러면 남북 관계 다 깨진다."고 반대했더니 그때 반기문 장관이 "은밀하게 조용히 하면 된다."고 했는데, 그게 조용히 되나요?(웃음)

지 ▷ 전세기로 460명을 실어 오는데.(웃음)

정 ▶ 남북 관계는 혼자 잘한다고 되는 것이 아니라 상대방이 있는 거잖아요. 상대방 눈을 찌른 것과 마찬가지였죠. 내가 장관을 몇 달이라도 했으면 다르게 하자고 뒤집을 수도 있었는데, 외교부 장관이 이미 베트남에 가서 서명하고 다 합의를 해놨기 때문에 어쩔 수 없었습니다. 북에서 발끈해서는 장관급 회담이고 이산가족 상봉이고 예정된 것을 전부 깨버리고, 6자 회담도 중단시켰지요. 그 여파로 일 년 내내 남북 관계가 얼어붙었습니다.

그렇게 일 년을 지내고 나서 다음 해 2005년 6월에 평양에 가서 중대 제안이라고 전기 제공 카드를 꺼낸 겁니다. 남북 관계도 남북 관계지만, 6자 회담을 끌어내야 하는데, 어떻게 북을 나오게 할 것인가가 문제였지요. 핵 문제 해결을 위해서 뭔가 결정구가 필요한데, 결국 핵=에너지 문제=원자력 발전소=영변 5메가와트 원자로, 그거 아니겠어요. 그러면 에너지=원전, 원전=전기 아닙니까? 이 문제를 해결해주면서 핵 문제의 근본 해법으로 돌아가는 거죠. 핵 문제→원자력 발전소→에너지→전기 문제. 이렇게 되는 거니까. NSC 쪽에서 아이디어를 내고 이것을 전략적 제안으로 만들어서, 그걸 쥐고 갔던 겁니다.

최고 지도자끼리의 소통이 가장 빠른 길

지 ▷ 북한이라는 사회가 특수한 사회이기 때문에 지도자와 면담을 하는 것이 상당히 중요하고, 경우에 따라서 파격적 조치도 가능하다는 거네요.

정 ▶ 지도자와의 교감과 소통이 결정적입니다. 2000년 6·15가 대표적이었고, 2005년 6월 6·17 면담이 결정적이어서 북의 핵 포기 결단으로 이어졌지요. 그건 제 말이 아니고, 『조선신보』라고 대외 선전 매체가 있어요. 2010년 9월 19일자 『조선신보』는 "평양에서 북남 수뇌회담이 열린 지 4개월 후 워싱턴에서 조미 공동코뮤니케가 발표되었다."라며 자신들의 최고 지도자와의 소통과 남북 관계가 북미 관계를 푸는 열쇠임을 강조했습니다. 특히 "2005년 6월 남측의 통일부 장관이 김정일 총비서와 만나 '제2의 6·15'라고 하는 새 국면이 열렸으며, 6자 회담에서 9·19 공동성명이 채택된 것은 그 3개월 후이다."라며 역시 최고 지도자와의 소통의 중요성 그리고 남북 관계 발전이 핵 포기 결정에 핵심적 요소였음을 확인한 거예요. 결국 국면을 크게 전환시키려고 한다면 저쪽의 지도자 김정은과 직접 소통하는 것이 가장 빠르고 효과적이라는 얘기죠. 우선 특사를 보내서 박근혜 대통령의 진짜 생각을 전해서 소통을 하고, 다음에 북쪽 특사를 받아서 얘기를 듣고, 둘이 만나고 해야 합니다. 이것이 임기 하반기냐, 전반기냐에 따라서 박근혜 정부 5년의 그림이 달라집니다. 이명박은 몇 번 만났나요? 한 번도 안 만났으니까 남북 관계가 이 지경이 된 거죠.

지 ▷ 과거 민주정부는 북한과 그동안 굴욕적인 대화를 했기 때문에 현 정부는 이것을 정상화하려는 것이라는 얘길 하고 있고, 언론이 그걸 받아쓰고 있지 않습니까? 내각책임참사들을 의도적으로 남한의 수석대표보다 격이 낮은 당국자로 선정하고 있다는 주장도 있고, 남한의 대표보다 격이 낮은 인사를 파견함으로써 북한 내부에 체제 우월성을 간접적으로 선전하려는 의도가 있다는 분석도 있는데요.

정 ▶ 첫 번째로 예의가 아니고, 모욕을 하는 건데요. 제가 15, 16, 17차 장관급 회담을 한 사람입니다. 2000년부터 2007년까지 7년 사이에 장관급 회담이 21번 있었는데, 저는 2005년 6월부터 12월까지 6개월 사이에 세 번 회담을 했어요. 남북 회담을 할 때는 상대방 회담 수석대표가 아니라 평양의 지도부를 보고 하는 것입니다. 결과적으로 장관급 회담을 통해서 이산가족 상봉에 합의했고, 그동안 2만여 명이 만났습니다. 개성공단을 만들었고요. 그러면 그것이 다 굴욕의 산물입니까? 그건 아니죠. 그건 예의도 아니고, 사실 관계에 맞지도 않습니다. 그리고 다른 건 다 격이나 급이 맞잖아요. 정상 회담, 여기서 대통령 나가고, 저기서 총리가 나왔나요? 총리 회담할 때 저쪽이 부총리가 나왔나요? 실무회담, 다 격에 맞게 나왔어요. 국방장관 회담, 국방장관이 나왔어요. 인민무력부장이 나왔어요. 통일부 장관, 저쪽에 통일부 장관이 없잖아요.

다른 것은 다 급이 맞는데, 이것만 전략적으로, 굴욕적으로 급을 낮춘다? 이건 뭐라고 할까, 실제로 회담을 하고 싶지 않거나, 이런 것을 통해서 국내 여론, 국내 정치에 활용하거나 하는 목적이 아니라면 이해를 할 수가 없는 거죠. 이 정부에서는 장관급 회담을 하기가 어려워졌어요. 회담한다면 총리 회담을 하고, 실무 회담을 하면 격에 문제가 없잖아요. 박근혜 대통령이 후보 때도 남북 간 합의를 존중한다고 했거든요. 합의의 정신 중 기본이 상호 존중입니다.

그런데 장관급 회담, 김양건이 안 나오면 안 하겠다는 것은 상호 존중을 안 하겠다는 거잖아요. 남북기본합의서 1장 1조가 무엇입니까? "남과 북은 서로 상대방의 체제를 인정하고 존중한다." 그렇게 되어 있어요. 1조 위반이죠. 부속 합의서를 보면 "1조, 남과 북은 정치, 경제, 사회, 문화, 체제와 제도를 인정하고 존중한다." 2조가 재밌네요. "남과 북은 서로 간의 정치, 경제, 사회, 문화 체제와 제도를 소개하는 자유를 보장한다." 소개하면 노동당 통전부장이 무슨 자리인가를 잘 선전해야죠.(웃음) 이거 위반이에요. "3조, 남과 북은 서로 상대방 당국의 권한과 권능을 인정하고 존중한다." 다 위반이라니까요. 남북 합의서 "8조, 남북한은 언론, 삐라 및 그 밖에 다른 수단을 통해서 비방 중상하지 아니한다." 이렇게 합의해놓고, 또 합의를 존중한다고 얘기해놓고 삐라 뿌리는 반북 단체를 방치하거나 지원한다면 그것은 앞뒤가 안 맞는 거죠. 이건 순전히 국내 정치에 활용하는 것입니다. 북을 깔보는 거고요. 남과 북, 오늘의 현실 속에서는 우리가 국력도 훨씬 크고 모든 면에서 앞서 있으니 좀 더 포용력을 발휘해야 합니다.

지 ▶ 그렇죠.

4장

평화 체제와 기회의 땅 한반도

평화 체제는 과정이다

지 ▷ "어떤 일이 있어도 전쟁은 반드시 막아야 한다. 그러기 위해 하루빨리 평화 체제로 가야 한다."는 말씀도 하셨잖아요.

정 ▶ 평화 체제는 과정입니다. 어느 날 갑자기 정전 체제가 평화 체제로 바뀔 수 있는 게 아니고 상당한 기간에 걸쳐 긴장과 갈등 대결이 해소되고 화해와 협력이 진행되는 가운데 평화 체제로의 전환이 단계적으로 이루어진다고 봅니다. 평화 체제란 국민의 평화로운 삶이 보장되는 체제입니다. 지금 우리 국민은 불안정한 평화 속에 살고 있잖아요. 하도 오래 이런 상태에 살다 보니 익숙하게 길들여졌다고나 할까. 하지만 아들 군대 보낸 부모의 심정을 헤아려보면 가슴 깊은 곳에는 아직도 불안 심리가 자리 잡고 있지 않겠어요.

평화 체제의 기반은 평화 경제의 발전입니다. 그 기반 위에 1단계가 군사적 신뢰 구축, 2단계가 평화 협정과 군비 축소, 최종적으로 냉전 체제의 종식이지요. 이 과정에서 북한 핵 문제도 당연히 해결된다고 믿습니다. 왜냐하면 평화 체제라는 것은 북한이 핵을 포기하고도 체제를 유지할 수 있는 환경을 의미하기 때문입니다.

평화 체제 분위기를 조성하기 위한 평화 경제의 대표적 사업이 개성공단입니다. 개성공단을 원래 계획대로 완성하는 것이 평화 체제로 이행하는 데 필수적입니다. 그 다음 1단계 군사적 신뢰 구축의 핵심은 비무장 지대 DMZ, 현재는 비무장 지대가 아니라 중무장 지대죠. 이걸 실질적으로 비무장화하는 것입니다. DMZ 안에 들어가 있는 초소와 무기들을 철수시키고 최전방 전투 부대들을 후진 배치하는 조처들이죠. 이미 1991년 남북기본합의서에 이에 관한 내용들이 구체적으로 열거되어 있어요. 문제는 실천이 되지 않았다는 겁니다. 남북 간 신뢰 구축에서 결정적으로 중요한 것은 서해 바다의 NLL을 긴장과 대립의 경계선으로부터 평화의 경계선으로 바꾸는 일입니다. 이건 평화 경제 수역 지정, 다시 말해 공동어로 구역 설정 말고는 마땅한 대안이 없다고 봐요. 최근의 NLL 소동 같은 것은 명백하게 대결 시대적 사고에 머물러 있는 사람들이 평화 체제로 가는 길에 장애물을 조성한 행동이었죠.

2단계 평화 협정과 군비 축소로 가기 전에 과도적으로 종전 선언과 종전 관리체계를 만드는 일이 필요합니다. 이미 2007년 10·4 정상회담을 통해 관련 당사국 간에 종전 선언을 한다는 원칙에는 합의해 놓았어요. 개성공단을 완성하고 해주공단·원산공단 이렇게 평화 경제를 확장하면서 적극적으로 종전 선언을 추진해야죠.

최종 단계는 평화 협정과 군비 축소인데 이 단계에서 한반도의 오래된 냉전 상태는 비로소 해소되고 북핵 문제도 완전히 해결될 것입

철조망 너머 보이는 북녘 땅이 지척에 있다.

니다. 북핵 문제는 한국전쟁 이후 60년 동안 지속돼온 북미 간의 적대적 관계를 해소하고 관계를 정상화하는 이른바 냉전 해소 과정과 맞물릴 수밖에 없어요.

평화 협정이 체결되고 군비 축소 단계에 들어가면 그 혜택은 남북한뿐만 아니라 동북아 지역 자체가 갈등과 분열에서 벗어나는 파급 효과가 생길 거예요. 남북의 군대 숫자도 크게 줄겠지요. 남북 합쳐 180만 대군이 대치하고 있는 한반도는 누가 봐도 비정상 아닌가요. 전 세계 모든 지역에 자국 군대를 깔아놓고 있는 미국도 140만 명 정도의 병력을 갖고 있는데 비좁은 한반도에 180만 군대를 밀집 배치해 놓은 건 정상 상태가 아니에요.

중요한 것은 이런 단계와 과정을 누가 주도해야 하는가이죠. 미국이 해줄까요? 중국이 해줄까요? 남북이 서로 등 돌리고 적대하는데 어느 나라가 평화 경제를 만들어줄 것이며 종전 선언과 평화 협정은 또 어떤 나라가 뭐가 답답하다고 앞장서겠는가 하는 점을 생각해봐야 합니다. 답은 남과 북이 손을 맞잡는 수밖에 없어요.

평화는 문서로 보장되는 게 아니라 실천으로 담보되는 거 아니겠어요. 실천하기 위해 우선 화해가 필요합니다. 평화 체제로 가는 과정의 출발선이 화해입니다. 화해가 중요해요. 적대국 간에도 협력은 가능하지만 화해 없이 진정한 변화는 불가능해요. 민주정부 10년 남북 교류와 협력의 기본은 화해의 바탕 위에 서 있었고, 그 후 남북이 적대적 관계로 돌아서버린 것은 화해가 파괴됐기 때문입니다. 화해가 필요해요. 서로의 잘잘못을 따지는 책임 공방에 머물러서는 앞으로 나가지 못합니다.

지 ▷ "평화가 커지면 시장도 커진다."는 것이 평소에 하시는 말씀인데요. 개성공단도 그런 거잖습니까? 시장이 커지면 평화도 커지고, 그렇게 선순환되는 걸 텐데요. 평화 체제가 되면 우리 발언권도 커지겠지요.

정 ▶ 맞습니다. 상상해보면 우리 발언권이 엄청나게 커지는 것입니다. 일본 교과서 왜곡이나 독도 같은 문제도 갈라져 있으니까 힘이 안 실리는 거예요. 한반도 평화 체제로 가게 되면 독도 문제 같은 경우 일본이 우리를 함부로 못 대하게 되죠. 힘의 관계가 대등해지고, 그러면 중국도 우리를 존중하게 됩니다. 북한은 자기 품에 있고, 남한은 동생 다루듯 하는 것이 아니라. 그건 국토나 인구 크기 문제가 아니죠. 미국에게도 우리가 얼마나 더 중요해지겠습니까? 친중 노선으로 일방적으로 기울지 않도록 하기 위해서 더 신경도 쓸 것이고, 그때 비로소 진정한 자주독립 국가가 되는 것이죠. 작전권도 없지, 분단되어 있지, 우리는 사는 데 불편이 없다고 생각하지만, 진짜 굴욕적인 것은 지금의 상황 아닙니까.

지 ▷ 통일되면 주변국에서 한국의 눈치를 좀 더 보겠죠.

정 ▶ 구한말부터 포함해서 100년 이상 온전한 자주독립국에서 살아보지 못했어요.

작전권 없는 나라는 세계에서 한국뿐

지 ▷ 2015년으로 다가온 전시 작전권 환수 문제가 있습니다. 이미 한 번 연기했고, 2015년에서 또 한 번 연기해야 하지 않느냐는 얘기들이 있는데요.

정 ▶ 장군들이 당당하지 못해요. 오히려 더 자주적이고 당당해야 할 군 지도부가 어찌 그렇게 강대국 의존적인지 안타깝습니다. 남북 간에 체제 경쟁은 이미 끝난 지 오래예요. 한국의 군사비 지출은 세계 8

강입니다. 경제 총량은 1조 달러를 넘어서 실질적으로는 북한에 비해 덩치가 100배도 더 큽니다. 북한에게 동맹국이었던 소련은 해체됐고 중국은 자본주의 시장경제 체제로 변해버렸어요. 군사적으로 기댈 곳이 없는 나라예요. 전 세계를 둘러봐도 자주독립 국가 가운데 제 나라 군대에 대한 지휘권을 못 가진 나라는 한국 말고는 없습니다. 심지어 전범 국가였던 일본의 자위대도 일본 정부가 지휘권을 갖고 있어요. 일각에서는 NATO 회원국들도 작전권이 없지 않느냐고 반론하는 사람들도 있습니다만, 이건 잘 모르고 하는 소리예요. NATO는 영국, 프랑스, 독일, 이탈리아, 스페인 등 유럽 24개국과 미국, 캐나다를 포함 모두 스물여섯 나라가 회원국인데요. 전면전 상태가 되면 각국이 작전권을 NATO 사령관인 미군 사령관에게 위임하도록 되어 있습니다. 하지만 자동적으로 작전권이 넘어가는 것이 아니고, 각국 정부가 독자적으로 결정하는 겁니다. 예를 들면 자국 군대의 일부만 작전권을 넘겨줄 수도 있고, 전체를 다 위임할 수도 있지요. 우리와는 근본적으로 처지가 달라요. 지 선생도 군대를 갔다 왔으니까 잘 아시겠지만, 우리는 평시 상태와 경계 태세인 Defcon 5와 4(Defense Readiness Condition)에서는 우리가 작전지휘권을 갖지만, 전투 준비 태세를 말하는 Defcon-3 상태로 격상되면 곧바로 미군 사령관에게 작전권이 넘어가게 되어 있어요. Defcon-1은 전쟁 직전 상태를 말하지요.

전작권, 정확하게 말하면 '전시 작전지휘 및 통제권'인데요. 이걸 왜 가져와야 하느냐? 첫째는 주권국가로서 체통이 걸린 문제고요. 두 번째는 남북 관계에서 발언권과 협상력을 가지려면 한국군에 대한 지휘권은 당연히 갖고 있어야죠. 군대 통할권도 없는 상태에서 남북 평화 협정을 주도할 수도 없고 평화 협정을 맺는다 해도 평화를 담보할 수도 없습니다. 세 번째는 미국과 중국 등 주변 강대국들과의 관계에서 한반도 문제의 한반도화, 남북한의 당사자성을 확보할 수 있게 되는 겁니다. 통일로 가는 과정을 남북이 주도하려면 응당 우리 문제는 우리가 주도할 수 있는 조건과 자격을 갖춰야 하지 않겠어요.

그런데 이걸 이명박 정부가 2012년에서 2015년으로 미루더니 또 다시 박근혜 정부가 2017년으로 미룬다는 얘기가 나오는 것은 독자적으로 한반도 평화를 유지하고 관리해나갈 능력이 없음을 고백하는 거나 마찬가지예요. 명분도 실리도 없는 얘기예요. 이런 식이면 올해 60년을 넘긴 정전 협정 체제는 앞으로 5년 동안 별다른 고민 없이 다만 한미동맹과 군사적 억지력에 기댄 채 세월이 흐를 수밖에 없겠죠. 역사 앞에 부끄러운 일 아닌가요. 우리 스스로 한반도 정세를 주도하고 운명을 개척하겠다는 의지와 철학만 갖고 있다면 충분히 독자적으로 전작권을 행사할 수 있다고 믿습니다. 전쟁을 영원히 막자는 게 평화 체제인데 작전권이 없으면 평화 체제를 주도할 수가 없어요. 우선 평화 체제의 형식이 남북 간에 평화 협정을 맺고 미국 중국이 이를 보장하는 2+2 방식이 돼야 합니다. 우리에게 평시뿐만 아니라 전시 작전통제권이 있어야 평화를 만드는 데 우리가 주체가 될 수 있지 않겠습니까? 작전권을 회복하게 되면 북한도 평화 체제를 만들기 위해서는 미국이 아니라 우리와 얘기할 수밖에 없는 거죠. 내용에 있어서도 남북 군사 관리 기구를 설치해서 DMZ를 평화적으로 관리하고 군비 축소를 해야 하는데 역시 작전권도 없이 어떻게 주도적 입장을 가질 수 있겠습니까? 지금 젊은이들한테 대한민국이 약소국이냐고 물어보면 당연히 아니라고 대답합니다. 군사력 8강에다가 1년에 350억 달러의 막대한 군사비를 지출하고 있어요. 이것은 북한의 열 배가 넘어요. 경제 총량으로도 세계 15위의 나라를 약소국이라고는 못 하죠.

지 ▷ "햇볕정책은 결코 안보를 소홀히 한 적이 없다. 오히려 확고한 안보 태세 위에서 평화를 지키고 우리의 문제를 우리의 의지와 힘으로 풀어보려는 노력이었고 성과도 거뒀다."고 하셨잖아요. 오히려 진보 정권은 그게 핸디캡이라고 생각하니까 안보에 더 신경을 쓰는 측면도 있고, 보수 정권은 오히려 상대적으로 신경을 덜 쓴다는 건데요.

정 ▶ 김대중 대통령 때부터 10년 동안 민주정부는 대북 포용 정책을 펴면서 세 가지 원칙에 충실했어요. 북에 대한 흡수통일을 추진하지 않는다는 것과 교류 협력 사업을 적극적으로 추진한다는 것 그리고 거기 더해서 일체의 무력 도발을 용납하지 않겠다는 안보 우선의 원칙도 서 있었습니다. 실제 국방비 증액 숫자로 보면 민주정부 때가 가장 많았어요. 보수 세력으로부터 음해와 모략을 피하고자 하는 의도도 있었겠지만 억지력은 확실하게 해놓고 개방적인 태도로 포용 정책을 펼쳐나간 것이죠. 무엇보다 당위론적인 통일 논의를 접어두고, 현실적으로 필요한 화해·협력과 평화에 정책의 초점을 맞추었습니다. 대북 포용 정책 추진 과정에서 북한의 대남 도발과 소극적인 자세로 어려움을 겪기도 했지만 인내심과 일관성을 갖고 화해 협력 시대를 열었던 것입니다.

지 ▷ 그래도 여전히 안 믿는 일부 국민들에게 믿음을 줄 수 있는 방법은 어떤 게 있을까요?

정 ▶ 다른 것보다 백문이 불여일견입니다. 가서 보면 달라져요. 강원도 고성의 슈퍼 어르신이 그랬잖아요. 그분도 옛날에는 상당히 보수적인 사고를 가졌던 분 같은데, 가서 보니까 도와줘야겠다는 생각이 들었다고 하잖아요. 아까 파주 반구정의 황희 정승 기념관 해설사도 개성공단 가봤다고 했는데, 가서 보면 이게 우리의 미래라고 느낄 수 있습니다.

지 ▷ 저도 이번에 강원도 고성과 임진강 등지에 와서 상당히 인상적인 분들을 많이 만났습니다. 고성의 슈퍼 어르신도 그렇고, 명파초등학교 학생들, 그 해설사분 등 남북문제에 대해서 고민을 하다 보니까 남북 관계에 대해 깊은 생각을 많이 하게 되었다는 생각이 들던데요. 실제로 여기 있는 사람들은 밖에서 생각하는 것처럼 무섭지 않은데, 다른 사람들이 자꾸 전화해서 "괜찮으냐?"고 한다잖아요. 요즘 전쟁은 사실상 전후방이 없을 거고요.

정 ▶ 아까 어르신께서 대포가 강원도에 사는 우리를 겨냥하지는 않는다고 그러셨잖아요.(웃음) 상황이 바뀐 것이 어쨌든 북이 핵폭탄을 개발했잖아요. 민족의 절멸이에요. 어떤 일간지 논설위원이 "사흘만 참으면 된다, 사흘만 참으면 깨부술 수 있다."는 칼럼을 썼는데요. 이성을 벗어난 거죠. 그런데 그런 선동이 먹힌다는 데 문제가 있습니다.

지 ▷ 지금 보면 통일에 대해서 생각하는 것을 불편해하는 시각들이 팽배합니다. 통일에 대한 관심이 낮아진 것 같은데요.

정 ▶ 그래서 지 작가와 책을 쓰고 있지 않습니까.(웃음)

지 ▷ 아무래도 어른들이 얘기를 안 하니까 아이들도 관심이 없을 텐데요. 같이 만나고, 뛰어놀게 해야 이해가 깊어질 것 같습니다. 외국 아이들하고 캠핑장에 넣어두면 처음에는 어색해하다가 같이 뛰어놀다 보면 말이 안 통해도 친해지잖아요.

정 ▶ TV에 비치는 것이 굶어 죽는 사진, 핵무기, 군대의 열병 장면 등 부정적인 장면밖에 없습니다. 그 이미지를 예를 들면 개성공단에서 일하는 모습, 우리 관광객이 백두산을 올라가는 모습, 이런 걸로 바꾸면 바뀔 것입니다. 굶어 죽는 것이 아니라 북도 경제가 성장하고 남북 협력해서 광물 자원도 수입해 오고, 북쪽 사람들이 한류 음악도 듣고, 한국 패션 상품이 들어가고, 삼성 갤럭시가 이북에서도 팔리고, 이렇게 되면 금방 친화력을 느끼죠. 지금은 완벽한 절연 상태 아닙니까? 대만, 중국이 모델이 되리라고는 우리가 상상을 못 했어요. 그런데 대만과 중국 관계가 우리보다 앞서 가버렸잖아요. 비교해보면 됩니다. DJ 정부 전에는 금강산, 꿈에라도 한번 갈 수 있을까, 죽기 전에 한번 볼 수 있을까, 그거 아니었습니까? 그런 상상을 현실로 만드는 것이 정치 아닙니까? 지금은 비록 중단돼 있지만 200만 명이 갔다 왔으니까 금강산 한번 보고 죽었으면 좋겠다는 소리 하는 사람이 없죠. 현실로 만들어버렸으니까요.(웃음) 얼마든지 현실로 만들 수 있습니다.

한국은 북미 대화
도와야 한다

지 ▷ 꿈을 현실로 만드는 역할이 정치라는 관점에서 보면 평화 체제 역시 우리 정치가 좋은 정치냐 나쁜 정치냐에 달려 있다는 말씀이죠. 서로에 대해 전쟁 위협이 없는 평화 체제로 가야만 한반도에서 핵을 없앨 수 있다는 논리네요.

정 ▶ 그렇죠. 평화 체제로 가야 핵 문제가 해결될 수 있어요. 그렇다면 과연 미국이나 중국이 평화 체제를 알아서 만들어줄 것인가. 결국은 한국이 앞장서서 풀어가야 할 최우선 과제입니다. 그리고 북한이 알아서 비핵화로 가겠는가. 이 또한 한국이 선도적으로 풀어가야 합니다. 평화 체제와 핵 문제의 해법, 우리에게는 9·19라는 대표적인 모델이 있잖아요. 평화 체제 만들기는 남북이 같이해야 하고, 현실적으로는 참전했던 당사자인 미국과 중국도 적극적으로 참여해야 하는데, 그러려면 우리가 적극적으로 평화 체제를 끌어당겨야 합니다. 그런데 이 정부에서 평화 체제의 '평' 자도 얘기하지 않는데, 그것이 가능하겠습니까? 정부에서 일차적으로 해야 할 것이 무엇일까요. 북미 간에 대화를 하도록 도와야 한다고 생각하는데, 박근혜 대통령이 '대화를 위한 대화는 안 된다.'고 발목을 잡고 있어요.

지 ▷ 우리가 주도적으로 대화를 이끌 필요가 있다는 거군요.

정 ▶ 제가 정부에 있을 때 평양에 가서도, 워싱턴에 가서도 이렇게 말했어요. "북미 간에 대화가 되도록 한국이 적극적 역할을 하겠다. 우리에게 역할을 주고 우리를 활용해라." 그렇게 해도 어려울 텐데, 북미 대화를 하면 안 된다니, 어디서 많이 본 장면이에요. YS 시절, 남북 대화 없이는 북미 대화를 하면 안 된다고 했지요. 남북이 막히니까 수단이, 지렛대가 없잖아요. 우리를 빼놓고 어떻게 북미 간에 대화를 하느냐면서 불평을 했던 겁니다. 이명박 정부도 북미 대화를 반대했죠. 오히려 보수 정권인 노태우 정부의 1988년 77선언은, '북한과 미국이 가까워지도록 돕겠다.'는 것이 그 핵심입니다. 적대를 풀자고 말하면서, '북미와 북일 간의 개선을 도와주겠다.' 그런 면은 노태우 정부와 민주정부 10년이 맥을 같이하는 것입니다.

지 ▷ 박근혜 정부가 노태우 정부의 선택을 참고할 필요가 있겠어요.

정 ▶ 박근혜 정부가 어느 쪽을 택할 것인가. 북미를 갈라놓고 압박하는 쪽으로 갈 것이냐, 이명박 정부 시즌 2냐, 아니면 북미 간에 대화와 협상을 하도록 지지하고 협력할 것이냐. 답은 자명합니다. 노태우 정부 때 우리가 한소 수교, 한중 수교를 했듯이 북미 수교, 북일 수교를 하도록 우리가 도와주는 것이 결국 한반도의 평화, 한반도의 비핵화에 도움이 될 것입니다. 미국과 북한이 협상하고 대화하는 것이 우리 국익에 반하는 것이 아니라 우리가 안정되는 거잖아요. 우리가 평화로워지는 것이고, 문제 해결의 실마리를 찾을 수도 있지요. 그런데 '대화를 위한 대화는 안 된다.'니 이해할 수가 없어요.

지 ▷ 장관급 회담이 무산된 것도 그렇고, 지금까지의 상황을 보면 이명박 정부와 기조가 같아 보이는데요. 압박할수록 북한은 더 핵무장으로 간다고 하셨는데, 박근혜 대통령은 인식이 좀 다른 것 같습니다.

정 ▶ 대화의 종류에 대화를 위한 대화, 대화를 위하지 않는 대화가 따로 있는 게 아니잖아요? 그렇다면 '대화를 위한 대화'라는 말은 왜 나왔을까요. 내심 대화를 원하지 않으면서도 포장하기 위해서 하는 말일 뿐이죠. 마치 퍼주기라는 말처럼. '나는 대화를 반대하는 사람이 아니고, 대화를 위한 대화를 반대하는 것이다.' 실제로는 대화를 반대하는 것과 오십보백보 아닙니까? 왜냐하면 핵 문제가 비핵화를 하겠다고 해서, 포기하겠다고 해서 하루아침에 그대로 실현되는 게 아니잖아요. 20년의 뿌리가 있기 때문에 아무리 빨라도 5년, 10년은 걸릴 텐데, 시작도 못 하게 대화를 막으면 어떻게 합니까?

냉전 구조 해체를 위하여
-한반도 페리 프로세스

지 ▷ 원론적인 얘긴데, 닭이 먼저냐, 달걀이 먼저냐 하는 공허한 논쟁을 하고 있는 것 같습니다. 결국 신뢰를 쌓아야 하는데, 그러기 위해서는 어떤 부분부터 시작해야 한다고 보십니까? 신뢰가 없어서 대화를 못 하는 건데, 대화를 시작해야 신뢰가 쌓이지 않겠습니까? 이것도 닭이 먼저냐, 달걀이 먼저냐 하는 것일 텐데요.(웃음)

정▶ 우리 경험에서는 인도적 지원부터 시작하는 거죠. 대규모 인도적 지원을 시작해서 서로에 대한 믿음을 쌓아야 합니다. '지난 5년 동안 지원을 끊었는데, 얼마나 힘드냐, 우리가 도와주겠다.' 정부가 이렇게 나가면 분위기가 확 바뀌지 않겠습니까? 그런 데서 신뢰가 쌓이는 거죠. 상대적으로 우위에 있는 사람이 좀 베풀어야지, 없는 사람에게 무릎 꿇으라고 강요하는 것은 신뢰를 쌓겠다는 자세가 아니에요.

한반도 신뢰 프로세스라는 이름은 '한반도 페리 프로세스'에서 따 왔습니다. 1999년에 클린턴 대통령의 지시를 받고 윌리엄 페리 전 국방장관이 서울과 평양에 왔었지요. 북한 문제를 어떻게 접근할 것이냐, 그것이 핵심이었어요. '북을 있는 그대로 보자.' 지금껏 북을 보고 싶은 대로 보아왔기 때문에 정책이 실패했던 것이다. 그래서 대화와 협상이 본격적으로 시작된 거죠. 페리가 왔던 1998년 8월, 미국에서 금창리 지하 핵 실험설이 흘러나오기 시작했습니다. 평북 금창리의 큰 땅굴에 핵 시설을 설치하고 있는 것으로 추정되며, 북한이 제네바 합의를 위반하고 핵무기 프로그램을 비밀리에 계속 추진하고 있다고 판단한 것이죠. 결과적으로 이 정보는 잘못된 것이었습니다. 그리고 1998년 8월에 이 사람들이 대포동 미사일을 쏩니다. 미국은 화들

짝 놀라고…… 당시 미국 의회가 여소야대였는데, 공화당이 다수였어요. 1994년 제네바 협정 이후 4년이 지났는데, 제네바 합의가 흔들리기 시작했습니다.

윌리엄 페리 장관을 대북 정책 조정관으로 임명해서 대북 정책을 전면 재검토하라고 한 겁니다. 금창리에 지하 땅굴을 팠다고 하지, 대포동 미사일을 쏘지, 제네바 합의는 삐걱거리지, 야당이 공격하지, 이런 상황이었습니다. 게다가 윌리엄 페리는 1994년 이른바 1차 핵 위기 때 북한 영변에 대한 폭격을 주장했던 강경파 국방장관 출신입니다. 이런 분이 조정관이 된 거죠. 처음에는 강경파를 임명해서 클린턴 정부가 강경 정책으로 선회할 것이라고 봤는데, 김대중 대통령과 임동원 원장 팀이 강압 정책으로 풀 일이 아니라면서 페리를 설득한 겁니다. 북한 핵 문제는 냉전 구조의 산물이에요. 남과 북의 대결 구조, 미국과 북한의 적대 관계, 그리고 북한의 폐쇄성, 거기다가 남북의 군비 경쟁, 정전 체제, 이런 것들을 뭉뚱그려서 냉전 구조라고 합니다. 이런 것들 위에서 이른바 핵 문제가 생긴 거잖아요.

지 ▷ 김대중 정부는 강경파인 페리를 어떻게 설득했나요?

정 ▶ 군사적으로 공격한다고 해서 풀릴 문제가 아니다, 냉전 구조를 해체시켜야 한다, 포괄적으로 접근해야 한다. 포괄적인 접근을 하기 위해서는 북한에 대한 제재를 해제하고, 적대 관계를 해소하고, 정전 체제를 평화 체제로 바꾸는 노력을 해야 한다. 북한을 중국이나 베트남처럼 바꾸자, 개방시키자. 이렇게 해야 근본적으로 해결이 되는 것이라고 설득했지요. 그리고 이러한 방향이 담긴 페리 보고서가 나왔던 것입니다. 한반도 냉전 구조 해체를 위한 포괄적 접근. 이것이 김대중 정부의 북핵 문제에 대한 인식 틀, 정책 틀이었는데 이걸 가지고 페리를 설득한 겁니다.

페리는 상당히 강경한 생각을 가지고 서울에 왔어요. 서울에서 김대중 대통령을 만나고, 임동원 원장도 만나고, 평양에도 갔다 왔지요. 그 결과 경험이 많고 합리적인 인물인 그는 한반도 페리 프로세스를 만들었습니다. 페리 보고서는 이렇게 되어 있어요.

"1994년에 비해 북한의 군사력은 상대적으로 약화되었고, 한미 연합의 억지력은 상대적으로 강화되어서 북한의 전쟁 도발 가능성은 현저히 감소되었다. 그리고 아직 북한의 반응은 제한되어 있으나, 한국은 자신감을 가지고 포용 정책을 적극 추진하고 있다. 북한은 경제 파탄과 기근으로 아사자가 속출하고 있고, 국제 사회의 인도적 지원에 전적으로 의존하고 있다. 이에 따라서 북한의 도발 행위도 지난날에 비해 대폭 감소되었다. 다행히 1994년의 제네바 합의로 영변 핵 시설은 국제 감시의 통제하에 놓여 있다. 그러나 지금 북한은 금창리에 지하 핵 시설을 건설하며 비밀리에 핵 개발을 진행하고 있다는 의혹이 있다. 미사일 개발 계획도 공개적으로 추진하고 있어 제네바 합의가 큰 위기에 처해 있다. 이런 상황에서 미국이 고려할 수 있는 정책 대안은 크게 다섯 가지다. 1번 현상 유지, 2번 매수, 3번 북한 개혁, 4번 북한 체제 전복. 이 네 가지는 비현실적이다, 다섯 번째 나머지 유일한 방법은 상호 위협 감소를 위한 협상이 유일하게 선택 가능한 대안이다. 따라서 미국은 상호 위협 감소를 위한 포괄적 대화를 북한에 제의

해야 할 것이다."

지 ▷ 상당히 전향적인 보고서인데요.

정 ▶ 이것이 페리 프로세스의 핵심이었어요. 대화의 전제 조건은 두 가지, 북한이 미사일 재발사를 유보하고, 금창리 지하 시설에 대한 접근을 허용해야 한다는 것이었습니다. 이에 대해 북한은 일단 대북 제재, 경제 제재를 유보하고 인도적 지원을 늘리는 방식을 제기할 수 있었죠. 북은 미사일 발사 보류, 금창리 접근 허용, 미국은 대북 경제 제재를 유보하고, 인도적 지원. 이 두 가지씩을 교환해서 미국과 북한이 적극적인 대화에 나서자는 것이 페리 프로세스였어요.

북한이 이를 받아들이면 포괄적 대화를 통해서 북한 핵, 북한 미사일의 위협을 감소 내지는 해소시키고, 동시에 미국은 경제 제재를 해제하고, 적대 관계를 해소하는 한편, 관계 정상화를 위한 국무장관의 평양 방문을 추진할 수 있을 것이다. 그래서 2000년 10월에 올브라이트가 평양에 가는 거죠. "이에 힘입어 한국은 북한과 화해 협력을 촉진하는 등 한반도 냉전 종식을 위한 환경을 조성할 수 있고 일본은 북한과의 관계 정상화를 추진하며 냉전 구조를 해체하게 될 것이다. 이러한 평화적 환경이 조성됨에 따라 북한의 경제 재건을 위한 국제사회의 관심도 확대될 것이다. 미국은 북한에 이러한 구상을 포괄적으로 제시하되, 북한의 호응 정도에 따라 단계적으로 구상의 실행을 추진할 것이다. 만약 북한이 이것을 거부하거나 금지선을 넘어서 대화가 실패하면 위기관리의 문제가 대두할 것이다. 북한의 위협을 봉쇄할 방책으로는 미국의 군사적 대비 태세를 강화하고, 경제 제재를 강화하는 등의 조치를 취해야 할 것이며, 일련의 대북 포용 정책도 축소될 것이다. 결과적으로 제네바 합의는 파기 위험에 직면하게 되고, 이렇게 되면 위기 상황의 확대를 막고, 전쟁을 방지하기 위해 미국은 군사적 억제력을 강화하고 북한을 고립시키는 등의 비상조치를 취해야 할 것이다." 이게 페리 보고서입니다.

상호 위협 감소를 위한 포괄적 대화를 하자

지 ▷ 김대중 전 대통령이 기뻐하셨겠네요.

정 ▶ 보고서 내용을 듣고 김대중 대통령이 "어떻게 이렇게 내 생각과 일치하느냐, 믿어지지가 않는다."고 했습니다. 그때 페리가 "김대중 대통령 구상의 영향을 많이 받았습니다. 사실은 임동원 수석의 전략 구상을 표절해서 재구성했습니다."라고 말해서 폭소가 터져 나왔다고 해요.(웃음) 이게 한반도 페리 프로세스란 말이죠.

냉전 구조 해체를 위해서 상호 위협 감소를 위한 포괄적 대화를 하자는 건데요. 박근혜 대통령이 내세운 한반도 신뢰 프로세스, 이름은 페리라는 말을 신뢰로 바꾸어놓았는데 내용은 딴판이에요. 단적으로 드러난 것이 '내일까지 회담 안 나오면 중대 조치해. 격 안 맞아, 김양건 안 나오면 하지 마.' 페리 프로세스는 일단 상호 존중에서 출발하여 상호 위협을 감소하자는 거고요. 한반도 신뢰 프로세스는 북을 존중하겠다는 입장보다는 북이 나쁜 짓을 했으니까 벌을 받아야 된다는 이런 입장에서 아직은 벗어나지 못한 거죠. 지금은 2013년이고, 13년 전의 상황보다 더 나빠져 있고, 위기는 커져 있습니다. 13년 전에는 김대중 대통령이 미국의 강경파를 설득해서 있는 그대로의 북한을 보고, 북한을 존중하면서 포괄적 협상을 통해서 문제를 풀자고 한 거고요. 박근혜 정부는 오바마 대통령과 함께 '진정성을 보여라, 그래야 대화를 하는 것이지, 대화를 위한 대화는 안 된다.' 이렇게 되어 있으니까 위기와 도전을 대하는 자세가 DJ·클린턴 조합과 박근혜·오바마 조합이 다른 겁니다. 오바마는 클린턴과 같은 성향인 반면 DJ와 박근혜 정부는 철학이 같다고 볼 수 없는데요.

여기에 2000년 상황과 2013년 상황의 차이가 있습니다. DJ·클린턴 조합에 의해서 포괄적 해법이 시도가 됐잖아요. 2000년 말에 화룡점정으로 북미 정상 회담으로 가고 있었단 말이죠. 냉전 구조 해체의 핵심은 북미 간의 관계 정상화잖아요. 그렇게 가기 위해서 클린턴·김정일 정상 회담으로 가고 있었는데, 참 불운하게도 2000년 11월에 조지 부시가 미국 대통령이 되어버렸죠. 그 역사의 불운이 결국 13년 뒤에 오늘의 현실로 이어지는 겁니다. 거기서 조지 부시가 아니었다면 클린턴·김정일 정상 회담을 통해 북미 관계의 정상화로 갔을 겁니다. 북미 관계의 정상화로 가면 냉전 구조가 해체되는 거니까 미사일과 핵 문제는 거기서 해결로 접어드는 건데요. 부시의 등장으로 결국 '대화를 위한 대화는 안 된다.' 이게 부시의 얘기거든요. 어디서 많이 들어본 얘기가 거기서 나오는 거죠.(웃음)

지 ▷ 상황이 풀릴 기미가 안 보이는 거군요.

정 ▶ "대화를 위한 대화는 안 한다. 대화는 보상이다. 나쁜 짓을 한자들에게 어떻게 보상을 하느냐." 이렇게 강압 정책을 편 결과, 2000년과 2013년 사이에 달라진 게 뭡니까? 2000년에는 핵 실험이 없었죠. 대륙간 탄도탄 능력도 없었고, 우라늄도 없었어요. 지금은 엄청나게 나빠진 거죠. 그러면 선택지, 윌리엄 페리가 얘기한 미국이 고려할 수 있는 정책 대안 다섯 가지. 1번 현상 유지, 2번 매수, 3번 북한 개혁, 4번 북한 체제 전복. 이게 비현실적이라고 했는데, 오늘날에도 여전히 비현실적이에요. 지난 5년 이명박은 현상 유지를 선택하면서 북한 체제 전복, 북한 붕괴를 기대했죠. 이게 비현실적이라는 것이 확인됐잖아요. 페리 프로세스는 상호 위협 감소를 위한 협상을 선택했는데, 한반도 신뢰 프로세스는 한반도 위협 감소를 위한 포괄적 협상이 아니라 뭐가 뭔지 방향을 못 잡고 있는 거예요.

핵 문제와 관련해서 어쨌든 첫 번째로 돌아가서 왜 북은 핵을 갖고자 하는가. 왜냐하면 체제 보장 때문입니다. 사회주의권이 몰락하고, 중국은 개혁개방으로 가버리고, 그래서 강력했던 북중동맹도 사문화됐고, 북한의 위기감은 가중됐어요. 반면에 남한은 한미동맹으로 강력한 군사적 안전망이 있고, 눈부신 경제 발전을 하고, 그래서 남북 격차가 상당히 벌어졌습니다. 그러니 북한은 재래식 무기만 가지고 군사적 균형을 유지할 수가 없고, 그러니 체제를 근근이 연명을 할 수는 있어도 장기적인 시각에서 보면 체제 보전의 미래가 안 보이는 거죠. 확실히 체제를 보장할 수 있는 수단은 핵이므로 핵을 개발했어요. 그리고 북은 핵을 개발할 수 있는 조건을 갖고 있습니다. 우선, 독재 정부 아닙니까? 국민의 동의가 필요 없는 거죠. 우리 정부는 핵 개발을 하고 싶다고 해서 할 수가 없잖아요. 의회도 있고, 언론도 있고, 여론도 있으니까요. 독재 정부인데다 적대 국가와 대립하고 있는 조건, 북미 적대 관계도 있고요.

또 하나, 우라늄이 많이 있어요. 핵물질이 많이 있습니다. 이 같은 조건에서 북한 입장에서는 나름대로 합리적 선택이 핵 개발이라고 생각하는 거죠. 결국 이것을 어떻게 해결할 것인가. 평화 체제와 북미 관계 정상화가 그 답입니다. 그게 핵심 중의 핵심이에요. 북미 관계 정상화는 2000년 10월 중순, 백악관에 간 조명록 차수와 클린턴이 만나고 나서 조미공동코뮤니케라는 것을 냅니다. 그게 북이 내놓은 정답, 북이 가고자 하는 방향이에요. 문서 내용은 이렇습니다.

"쌍방은 조선민주주의인민공화국과 미합중국 사이의 관계를 전면적으로 개선시킬 수 있는 새로운 기회들이 조성된 데 대해 심도 있게 검토하였다. 회담들은 진지하고 건설적이며, 실무적인 분위기 속에서 진행되었으며, 이 과정을 통해 서로의 관심사들에 대해 더 잘 리해할 수 있게 되었다. 조선민주주의인민공화국과 미합중국은 역사적인 북남 최고위급 상봉(6·15 정상 회담)에 의해서 조선반도의 환경이 변화되었다는 것을 인정하면서 아시아태평양 지역의 평화와 안전을 강화하는 데 이롭게 두 나라 사이의 쌍무 관계를 근본적으로 개선하는 조치를 취하기로 결정했다. 이와 관련해 쌍방은 조선반도에서 긴장 상태를 완화하고 1953년 정전 협정을 공고한 평화 보장 체계로 바꿔 조선전쟁을 공식 종식시키는 데서 4자 회담 등 여러 방도들이 있다는 데 대해 견해를 같이하였다. 조선민주주의인민공화국과 미합중국 측은 관계를 개선하는 것이 국가들 사이의 관계에서 자연스러운 목표가 되며, 관계 개선이 21세기 두 나라 인민들에게 다 같이 이익이 되는 동시에 조선반도와 아시아태평양 지역의 평화와 안전도 보장하게 될 것이라고 인정하면서 쌍무 관계에서 새로운 방향을 취할 용의가 있다고 설명했다. 첫 중대 조치로서 쌍방은 그 어느 정부도 타방에 대해서 적대 의사를 가지지 않을 것이라고 선언하고, 앞으로 과거의 적대감에서 벗어난 새로운 관계를 수립하기 위해 모든 노력을 다할 것이라는 공약을 확인했다."

지 ▷ 그 합의대로 됐으면 남북 관계에도 확실한 진전이 있었겠네요.

정 ▶ 이게 핵심이에요. 북미는 그 어느 정부도 타방에 대해서 적대적 의사를 갖지 않을 것이라고 선언하고, 앞으로 과거의 적대감에서 벗어난 새로운 관계를 수립하기 위해 모든 노력을 다하자는 합의. 그래서 이제 미사일도 쏘지 않는다는 거죠. 이것이 2000년 10월 12일인데, 한 달 뒤 미국 대통령으로 조지 W. 부시가 등장했어요. 클린턴·김정일 정상 회담이 이루어졌다면 한반도의 냉전이 해체로 들어갔을 텐데, 역사적 불운이에요. 부시를 상대로 7년간 DJ 정부와 노무현 정부가 엄청나게 고생을 하고, 이명박 정부로 넘어갔지요.

2000년에서 2013년 사이에 많은 일들이 있었습니다. 우선, DJ 정부와 노무현 정부의 대북 포용 정책의 연장 속에서 2005년 6자 회담을 통해 핵 포기를 내용으로 하는 9·19 공동성명을 만들어 돌파구를 냈습니다. 이렇게 쭉 갔어야 하는데, 이게 안 된 배경에 미국 이해관계의 양면성이 있어요. 미국은 부시 정부 때 비핵화보다는 비확산이라는 용어를 사용합니다. 비핵화는 논-뉴클리어라이제이션(non-nuclearization)인데, 싹 걷어내자는 겁니다. 비확산은 논-프로리퍼레이션(non-Proliferation)인데, 확산을 막자는 것이죠. 중동 테러리스트한테 팔면 안 된다고 말하는 것은 현상 유지라고 볼 수 있습니다. 공식적으로는 비핵화해야 한다고 말하지만, 현실적으로는 비확산 노선으로 선회하는 거예요.

미국 입장에서 보면 북한 문제로 긴장이 조성되면, '미국의 역할이 중요하다.'라는 식으로 미국의 존재감이 올라가는 역설이 생기지요. 미일동맹이 강화되고, 한미동맹이 강화되고, 그것을 통해서 하와이-괌-오키나와-한반도를 잇는 중국 포위의 한 축이 강화되는 효과가 발생합니다. 그 다음에 군비 증강, 무기 수출, MD 체제 구축, 이런 것이 가능해지는 거죠.

지난 20년 동안 핵 문제가 해결되지 않은 근본 이유는 냉전 구조가 해체되지 않았기 때문인데, 미국을 포함해 한반도 주변 강대국 모두가 현상 타파보다는 현상 유지를 원하고 있어요. 오바마도 그 연장에 있다고 봐야 합니다. 일본의 이해관계도 양면성이 있습니다. 북이 미사일을 쏘고 핵을 보유하면 불안해진다고 하지만, 역으로 수혜자이기도 해요. 무슨 수혜자냐? 일본의 경계 대상은 북한이 아니라 중국인데, 그 중국을 상대로 하는 군비 증강에 명분을 제공해주는 거죠.

한반도 현상 유지가 4대 강국의 국익

지 ▷ 정상 국가론에 힘을 실어주는 거죠.

정 ▶ 군비도 증강하게 해주고, 헌법 개정의 당위성도 만들어주고, 일본으로 보면 얼마나 고마운 존재입니까? 최대의 수혜국은 일본입니다. 6·25 전쟁이 나니까 2차 대전의 패전 국가가 벌떡 일어섰잖아요. 한반도의 긴장이 고조되니까 일본이 여러 가지로 입장이 좋아지는 거예요. 헌법 개정, 군사력 강화에 대한 반대 여론을 누를 수 있는 거죠. 그런 양면성이 있습니다. 중국도 양면성이 있는데, 북한이 핵 실험하고 이런 것은 성가시죠. 비핵화가 중국의 국익인 것은 맞는데요. 한편으로는 북이 핵 실험을 하니까 중국의 역할이 자꾸 커지는 거예요. 중국의 발언권이 커지고, 중국의 역할이 높아지는 거죠. 북한의 핵 문제를 해결할 사람은 중국밖에 없다, 이렇게 되는 거니까요.

중국의 이해관계로 보아서는 비핵화를 해야 하지만, 중국은 북한을 전략적 자산이라고 말합니다. 순망치한, 입술이 상하면 이가 시리니까 입술이 있어야 해요. 핵 보유로 성가시기는 한데, 북한이 붕괴되거나 하는 것과는 비교할 수가 없죠. 어떤 것이 더 무거운가. 북이 장난감 수준의 핵을 갖는 것하고, 북한이라는 존재 자체가 갖는 이익과는 비교가 안 됩니다. 미군이 압록강까지 올라오는 가상의 상황을 생각해보면 북한이 미군을 남한에 묶어놓는 완충 지대 역할을 하는 거죠. 그래서 중국이 대북 정책에서 3원칙으로 내세우는 것이 첫째 비핵화, 둘째 한반도에서 전쟁은 절대 안 된다, 셋째 북한의 혼란이나 붕괴는 절대 용납할 수 없다예요. 북한에 대해서는 핵 불용, 미국에 대해서는 전쟁 불용, 우리한테는 혼란이나 북한 붕괴는 안 된다는 거죠. 결국 중국의 입장은 북핵 문제와 북한 문제를 분리한다는 겁니다. 북핵 문제는 북핵 문제고, 북한 문제는 북한 문제다, 그런 이해관계가 있죠.

지▷ 그 속에서 우리가 중심을 잡아야 한다는 거예요.

정▶ 주변 강대국들이 이런 이해관계가 있는데, 지금은 북핵 문제에 대한 제재 국면입니다. 3차 핵 실험을 하고 나서 2094호 UN 제재 결의가 있었고, 그 전에 작년 로켓 발사에 대한 2087호, 2009년 2차 핵 실험에 대한 1874호, 2006년 1차 핵 실험에 대한 1718호 등 지금 유엔 제재가 4중이거든요. 그런데 제재에도 불구하고 실효성이 별로 없어요. 1,350킬로 국경이 중국 쪽으로 터져 있기 때문이지요. 제재를 했으면 거의 아사 상태, 빈사 상태로 가야 하는데, 오히려 무역이 확대되고, 경제 사정이 개선되는 등 제재가 실효가 없다는 것이 증명되고 있습니다. 게다가 몇 차례나 제재를 했는데 계속 핵 실험을 하고 미사일을 발사하고 있어요. 어떻게 문제를 해결할 것인가. 첫째, 북미 간의 대화와 협상에 의한 평화적 해결, 관계 정상화가 이루어져야 합니다. 둘째, 6자 회담에서 합의한 9·19를 부활시켜서 냉전을 해결해야 합니다. 이 두 가지를 도와주고 밀어주는 것이 남북 대화죠. 남북 대화 없이는 북미 협상도 9·19의 복원도 쉽지 않습니다.

결국 종점에는 북핵 문제 해결, 한반도 평화 체제가 있을 겁니다.

미국의 페리 프로세스도 같은 내용을 얘기했어요. 클린턴 정부도 그런 인식하에서 북핵 문제 해결을 추구했고, 민주정부도 같은 인식 틀을 갖고 있었죠. 그 반대편에 있는 것이 부시와 이명박이었어요. 박근혜 정부는 뭐가 뭔지 모르겠습니다. 어떤 면에서 보면 변증법적으로 정·반·합, 이런 식으로 하고 싶어 하는 것 같아요. 민주정부 때 포용정책은 퍼주기 해서 그 돈으로 핵 만들었고, 이명박 정부 때는 대북 강경책으로 이룬 게 없고, 그러니 우리는 다르게 해보겠다. 뭐 이런 심산이라고나 할까요.

어쨌든 과거 정부의 대북 정책에 대해서는 정확하게 평가를 해야 올바른 방향이 나오는데, 그 평가와 인식이 잘못되어 있어요. 부시 정부와 이명박 정부가 매달렸던 대북 압박과 제재, 붕괴에 대한 희망, 이런 것들이 결국 헛된 것으로 드러났음을 냉철하게 직시해야 합니다. 포용 정책에 대해서는 일정 부분 긴장이 완화되고, 북미 간의 관계 정상화도 그 방향으로 입구에 들어섰던 부분에 대해서 사실대로 평가가 되어야 합니다. 자기 나름의 독자적인 그림을 그려서 한반도 냉전 해체 문제를 어떻게 다룰 것인지⋯⋯ 지금은 양비론 비슷하게, 포용정책도 잘못되었고, 이것도 안 되고, 그러니까 내가 새로운 뭔가를 해보겠다는 거잖아요. 그런데 진단과 평가를 정확하게 해야 바른 치료약이 나오죠. 오진을 하면 처방약 자체가 부작용을 일으키고 맙니다. 그래서 지금 부작용이 일어나고 있는 거예요. 그 연장에서 '대화를 위한 대화는 안 된다.'라고 하며 북미 대화의 발목을 잡는 건데요. 걱정이 됩니다.

동족 간에 증오가 없는 독일의 작은 발걸음 정책

지 ▷ 독일 통일 과정을 보면서도 많은 교훈을 얻으신 것 같은데요. 드 메지에르 통일 당시 동독 총리 얘기가 인상적이더라고요. "대화가 진행되는 과정에는 총성이 울리지 않는다." "두려움에 떨고 있는 적은 사악한 적보다 무섭다." 우리보다 먼저 통일을 한 나라고, '작은 발걸음 정책'을 통해서 차근차근 지속적으로 준비해왔기 때문에 통일이 되었습니다. 우리도 민주화 정부 10년을 넘어서 왔으면 좋았을 텐데, 그게 단절된 상태니까요.

정 ▶ 내가 드 메지에르 총리를 두 번 만났는데요. 그가 이렇게 말했어요. "대화가 계속될 때에는 총성이 울리지 않는다." 그게 대화의 중요성입니다. 실제 핵 얘기도 그런데요. 핵과 관련해서 협상이 진행되는 동안에는 북의 핵 능력은 멈춰 있었어요. 그리고 남북 간의 화해와 협력, 대화가 진행되는 동안에는 우리 국민이 발 뻗고 잤습니다. 이게 대화가 단절되면서 지난 5년 동안 얼마나 많이 죽고 다치고 재산상의 피해도 많고, 그랬습니까? "사악한 적보다 두려움에 떨고 있는 적이 더 위험하다."고 했는데, 상대방을 막다른 골목으로 몰면 안 되죠.

지 ▷ 우리는 곧잘 동서독과 남북한을 비교하게 되고 은연중에 독일식 흡수 통일을 꿈꾸고 있지 않은가 싶어요. 하지만 둘 사이에는 조건과 환경 측면에서 많은 차이가 있지 않습니까?

정 ▶ 동서독은 우리와 세 가지 차이가 있습니다. 하나는 증오, 동서독 간에는 증오가 없었어요. 동족 간의 전쟁이 없었기 때문에 서로 증오할 일이 없었지요. 그런데 우리는 아직도 증오가 있는 게 큰 차이죠. 우리가 더 노력해야 합니다. 두 번째, 동독에는 시민사회가 있었어요. 그곳엔 교회가 있었습니다. 이천 년 기독교 국가의 전통 속에서 교회를 중심으로 시민들이 모인 거예요. 동네 사람들이 모이는 거죠. 그게 북에는 없습니다. 최근에 만들어진 것이 장터인데, 처음으로 전국 범위로 장터가 생겼어요. 김정은 시대 들어와서 누구나 다 장사를 할 수 있게 풀었어요. 예전에는 장사를 할 수 있는 증서를 줬는데, 이제는 배급 체계가 무너졌으니까 누구나 장사를 할 수 있다는 겁니다. 북에서는 의사 선생님도 오후 서너 시에 진료가 끝나면 퇴근해서 보따리를 싸가지고 장에 나오는 거예요. 학교 선생님도 그렇고. 최고의 직업이 장사 잘하는 사람입니다. 그렇게 해서 시장경제를 배우는 거죠.

라이프치히 시내의 니콜라이 교회에서 촛불 기도회가 처음 시작됩니다. 1989년 여름 촛불 기도를 처음에 이십 명, 백 명, 천 명, 만 명, 이게 진원지가 돼서 결국 동독 지도부를 서독과의 합병으로 몰았습니다. 밑에서부터 일어난 거죠. 시민사회라는 것이 정보 교류도 하고, 나름대로 전통도 보전하고, 독일 민족의 동질성도 갖고 있는데요. 북은 체제도 완전히 다르지만, 김일성 유일사상에다가 시민사회도 존재하지 않는다는 큰 차이가 있습니다. 내가 독일에 가서 중요하다고 생각한 세 번째가 커뮤니케이션 문제예요. 1970년에 최초로 브란트 수상과 슈토프 수상이 만난 이래 동서독 정상 회담을 여섯 차례 하는데요. 거기서 제일 큰 합의 중 하나가 서로 신문도 자유롭게 보기로 하고, 방송도 보기로 한 것입니다. 그래서 동독 사람들이 서독 방송을 보고, 서독 사람들이 동독 방송도 보고, 그러니까 서로 이해도가 굉장히 높죠. 우리가 평양 중앙 방송을 보고, 『노동신문』도 매일 구독해서 보는 그런 상황을 상상해보세요. 저쪽 사람들이 『조선일보』도 보고, 『한겨레신문』도 본다고 하면 엄청난 차이가 있는 거잖아요. 그래서 결론은 뭐냐 하면 독일식 흡수 통합은 불가능하다는 겁니다.

지 ▷ 어떤 차이가 있는 건가요?

정 ▶ 조건이 달라요. 1945년도에 갈라졌다는 것만 같지, 기본적으로 동독과 북한은 비교가 안 됩니다. 그 다음에 통일 이후의 문제를 생각하면 흡수 통합을 감내할 능력이 우리한테 없는 거죠. 여러 가지 지표를 비교해보면 재앙이 되어버리는 거니까. 그래서 거기서 나온 대답이 에곤 바르 박사가 얘기한 개성공단이 한국형 통일 방안이라는 겁니다. 개성공단을 통해서 북한의 자생력을 키워주는 것이 우리가 통일 비용을 줄이는 길입니다. 경제 개방과 발전을 통해서 자기들 인프라를 구축하고, 그래서 베트남식으로 일인당 1,000불, 2,000불을 거쳐 중국처럼 1인당 5,000불이 되면 대등한 관계로서 남북 연합으로 갈 수 있잖아요. 우리 통일 방안이 1단계 화해 교류, 2단계 남북 연합, 3단계 통일 이렇게 되어 있거든요. 10년 내에 2단계까지 갈 수 있습니다. 개성공단을 확대하다 보면 그게 남북 연합으로 가는 거예요. 1민족, 2국가, 2체제를 유지하는 것입니다. 그렇게 가다가 궁극적인 통일은 시간이 걸릴 테니까 후대에 맡겨도 됩니다. 그런 통일 방안이 중요한 것이 아니라 현장과 실천이 더 중요하죠. 이걸 굴리면 통일의 바퀴가 되어서 굴러간다는 것입니다.

'10년 후 통일'로 가는 두 바퀴, 개성공단과 9·19

지 ▷ 북한이 미국, 일본과 수교할 수 있게 해주고, 국제 사회로 나갈 수 있게 해주면 그것이 결국 통일 비용을 줄이고, 통일로 가는 길이 될 수 있다는 거네요.

정 ▶ 북한 경제가 10년이면 천지개벽한다고 봅니다. 제가 상해 푸동을 1995년에 처음 갔어요. 1992년에 처음 삽질을 했는데, 그때는 늪지대에다 크레인 설치하는 단계였어요. 10년 뒤에 갔더니 정말 천지개벽을 했더군요. 북한도 10년이면 그럴 겁니다. 양질의 노동력과 그런 조건이 되어 있잖아요. 10년이면 강산이 변할 거예요.

지 ▷ 원래 계획은 평화 경제 특구를 다섯 개 정도 더 만들려고 하셨잖아요. 신의주, 남포, 해주, 나진 선봉, 원산 등.

정 ▶ 2007년 10월 4일 정상 회담 합의 사항이 48개인데요, 그중 24개항이 경제 사업 합의입니다. 이산가족, 국군 포로, 정치적인 합의 이런 것을 빼고 경제 사업 프로젝트가 24가지입니다. 문산에서 개성, 개성에서 신의주까지 철로 침목 교체해주는 것, 고속도로 놔주는 것, 원산에다가 조선소를 지어서 거기서 블록 공장을 만드는 것, 단천에서 광산 개발해서 가져오는 것 등 24가지나 됩니다. 그러니까 사실 이번에 정권 교체가 됐으면 즉각 10·4 합의 실천에 들어가서 남북 경제공동체 입구로 바로 들어가는 거죠. 그런데 지금 개성공단을 닫아놓은 상태이니 정말 답답합니다. 우리 국민의 선택이니까 어쩔 수 없지만, 참 속이 쓰려요.

지 ▷ 박근혜 정부가 그런 합의를 이행할 가능성은 없다고 보십니까?

정 ▶ 박근혜 정부가 잘되기를 바랍니다. 그래야 우리나라가 잘되는 거잖아요. 한반도의 지리적 위치는 때로는 축복이고, 때로는 저주라고 하지요. 이걸 저주로 만들면 안 됩니다. 박근혜 정부가 이걸 축복으로 만들라는 겁니다. 박근혜 대통령도 자기 아버지가 독재를 했지만, 빵을 만들었다는 것 때문에 평가를 받듯이 경제에서 뭔가 돌파구를 찾고 싶을 것 아닙니까? 아무리 찾아봐도, 창조 경제, 누가 신문에 썼대요. 노벨 경제학상을 받은 토머스 사전트 서울대학교 초빙 교수가 새누리당 이 모 의원 초청으로 강연회에 와서는 박근혜 창조 경제에 대해 이런저런 설명을 듣고 나서 한마디 했어요. 뭐라고 했느냐. "불 쉿." 헛소리 마. 그랬다는 거죠. 창조 경제? 헛소리라는 거죠.

지 ▷ 좀 심하게 얘기했네요.(웃음)

정 ▶ 그 노벨 경제학상 수상자가 이렇게 얘기했다고 합니다. "북방 경제를 뚫어라, 개성공단 정상화해라, 여기서부터 시작해라." 그게 해답입니다. 창조 경제를 다른 데 가서 찾지 말고 북방 경제에서 찾으라는 것이죠. 저는 개성공단이 죽지 않으리라고 생각합니다. 박근혜 대통령도 국가 경영을 하려고 하는 사람인데, 출구가 없어요. 머리가 그렇게 돌아갈 거라고 봅니다. 개성공단은 작게 보면 공단의 문제지만, 크게 보면 민족의 미래로 가는 것이고, 경제적으로 보면 잠재성장력을 키우는 길이지요. 한국형 통일 방안입니다. 이 책의 주제이기도 한데요. 남북 관계에서 손에 잡히는 미래가 개성공단이에요.

그 다음에 한반도 정세와 주변 국가와 관련해서는 큰 이정표, 한국형 평화 장전이 바로 9·19입니다. 공교롭게도 이 두 가지가 내가 정부에서 통일부 장관과 NSC 상임위원장으로서 남북 관계를 맡고 있을 때 맞닥뜨리고, 내 역할을 보탠 것인데요. 거기에 기여하고 헌신했다는 것에 자부심을 느낍니다. 여러 가지가 있지만, 남북 관계에 있어서 이보다 더 중요한 것이 없어요. 이 두 가지 가치는 10년 뒤에도 더 커져 있을 거예요. 10년 뒤의 개성공단, 10년 뒤의 9·19, 그렇잖아요. 적어도 통일 한국으로 갈 때까지 개성공단과 9·19야말로 계속 굴러가는 두 바퀴예요. 한 바퀴만 빠져도 못 굴러갑니다. 두 바퀴가 굴러가서 민족 경제공동체로 가고 그리고 궁극적으로 통일로 가는 거죠. 두 바퀴를 만드는 데 일정한 역할을 했다는 것이 어떤 의미에서 운명적이기도 하고, 행운이기도 합니다.

지 ▷ 그래서 "9·19 공동성명은 평화 소(小) 장전이다."라고 말씀하셨죠. 마그나 카르타라는 건데요. 그 두 가지가 통일부 장관 시절 가장 보람 있었던 일이겠네요.

정▶ 그 시절만이 아니라 앞으로 몇십 년 동안은 이 두 가지로부터 모든 것이 비롯될 것입니다. 종점이 한반도 평화통일에 다 걸리잖아요. 개성공단이 걸리고, 9·19가 걸리죠. 9·19에 대한 평가와 관련해 일본 도쿄대학의 한반도 문제 전문가 와다 하루키 교수의 말을 인용하고 싶네요. 그는 9·19가 갈등과 대립의 동북아 역사를 평화공동체의 역사로 새로 쓰기 위한 '꿈의 프로그램이다', '희망의 청사진이다' 이렇게 말했어요. 하루키 교수는 10년 전 『동북아 공동의 집』이라는 책을 썼는데 남북한과 일본, 중국, 몽골, 러시아, 미국 등 7개국이 3층 집을 지어야 한다고 제안했어요. 1층은 안전 보장의 층, 2층은 환경 보호의 층, 3층은 경제의 층으로 짓자고 말했지요. 하루키 교수가 제안한 3층 건물 중 1층 안전 보장의 층이 바로 9·19 공동성명에 나와 있어요. 합의문 제4항에 "동북아의 항구적인 평화와 안정을 위해 공동 노력하자. 동북아에서 안보 협력을 증진하자."고 약속한 거지요. 문제는 실천입니다. 제일 앞장서기 좋은 위치에 있는 나라가 한국이에요. 한국의 지도자가 원대한 철학을 갖고, 갈등과 대립의 역사를 공존과 협력의 역사로 전환하기 위해 적극적인 노력을 기울일 때, 3층 집 건축은 꿈이 아니라 현실로 변할 수 있는 거겠죠. 그리고 다른 남북 협력 사업도 중요하지만 개성공단은 경제적 군사 안보적 가치뿐만 아니라, 통일로 가는 수레바퀴라는 점에서 의미가 남다르다고 생각해요. 비교해보면 금강산 관광도 중요하고, 평화통일 과정에서 어떤 역할은 하겠지만 이만큼 결정적인 역할은 아닌 거죠. 금강산에 관광객이 더 간다는 것이지, 개성공단과는 차원이 다른 얘기예요.

지 ▷ 통일부 장관 시절 아쉬웠던 점은 있나요? 이건 좀 더 잘했으면 하는.

정 ▶ 통일부 장관 시절 정상 회담의 결론을 냈어야 하는데, 그걸 못 한 것입니다. 마지막까지 고민을 했는데, 2005년 말 노 대통령이 저한테 양자 간에 선택을 하라고 했어요. 정상 회담을 계속 밀고 당기고 하는 상황이었기에 그 문제를 마무리하든지, 지방 선거가 다가오니까 당으로 가서 선거를 지휘하든지. 둘 다 중요했지요. 제가 후자를 선택했는데, 결과적으로 보면 전자를 선택했어야 했다는 생각이 듭니다. 왜냐하면 정상 회담을 임기 말이 아닌 2006년쯤 했다면 대내외 정세가 많이 달라졌을 것이기 때문이에요. 하지만 독배인 줄 알면서도 당으로 되돌아갔죠. 그때는 그게 내 운명이라고 생각했으니까요. 가긴 갔는데 이미 정권에 대한 지지율이 곤두박질치는 상황을 되돌리기에는 내 자신이 역부족이었고 결과적으로 참패하고 말았죠. 스스로 걸어가서 독배를 들이켠 격이 됐습니다.

퍼주기라는 말은 반인도주의, 왜곡 과장

지 ▷ 대북 퍼주기 정책이라는 말에 대해서 자세히 얘기해보죠.

정 ▶ 미국의 공화당 사람들이 하도 딱지 붙이기를 잘하니까 민주당 쪽 브레인 조지 레이코프가 『코끼리는 생각하지 마』라는 책을 냈잖아요. '코끼리는 생각하지 말라'는 말을 듣는 순간 코끼리를 떠올리지 않을 도리가 없으니 상대방 의제에 뛰어들어 논쟁하지 말고 의제 자체를 바꾸라는 조언이었어요. 저쪽에서 퍼주기라고 비판하는 데 대해 아무리 퍼주기가 아니라고 해봤자 헛수고라는 말이죠. 어쨌든 상대방 프레임에 빠지지 말라는 건데, 대표적으로 퐁당 빠진 것이 대북 퍼주기 이야기입니다. 반론을 해서는 거기서 빠져나오지 못합니다. 완전히 다른 프레임을 제시해야죠. 그중의 하나가 대륙으로 가는 길이에요. "퍼주기가 아니고 대륙으로 가는 길을 열자는 것이다. 쌀, 비료, 분유, 빵, 의료 이런 것을 줬으니까 돌려받자."는 건데요. 이건 자비입니다. 인도주의는 측은지심 아닙니까? 기아로 죽어가는 동포들, 기아선상에 있는 아프리카 사람들도 우리가 구호하듯이, 북한의 어려운 동포가 있으면 돕는 것은 인간 본성에 입각한 것 아닙니까? 그런데 그걸 가지고 퍼주기라고 비난하고 비판하는 것은 반인도주의입니다.

지 ▷ 액수가 너무 크다는 거 아닌가요?

정▶ 과장과 왜곡이 있어요. 액수를 과장하는 거예요. 7조 원을 퍼줬다, 8조 원을 퍼줬다고 하거든요. 미국 의회조사국이라는 곳도 고약해요. 네오콘 연구원이 있는데, 거기서도 민주정부 10년 동안 70억 불을 줬다고 하는데요. 아무리 봐도 10년 동안 대북 지원은 정부, 민간 합해서 2조 8,000억 원이거든요. 통계 왜곡과 과장이에요. 쌀, 비료를 중심으로 한 정부 지원이 2조 1,000억 원입니다. 민간 지원, 민간에서 빵공장이다, 국수공장이다, 농기계나 자재 보내주고, 결핵 약 보내주고 이런 것들, 이게 7,000억 원, 그래서 2조 8,000억 원입니다. 그런데 70억 불, 7조, 8조, 10조 원 얘기가 나오는 이유는 YS 때 경수로 지어주기로 한 것까지 포함된 것이에요. 그건 다른 얘기죠. 민주정부 10년 동안의 대북 지원과는 성격이 다릅니다.

1994년 제네바 합의에 따라서 창원의 두산중공업에서 경수로를 짓고 있었는데요. 그 비용도 거기다 다 계산해 넣었어요. 그 다음에는, 쌀 지원할 때 태국 쌀값과 우리 쌀값이 다섯 배 차이가 납니다. 우리는 80킬로그램 한 가마에 16만 원인데, 그곳은 3만 원 정도 하거든요. 게다가 우리 쌀 창고가 넘치니까 농림부나 농민 단체에서 재고미를 주라고 한단 말이죠. 그런데 지원할 때는 태국 쌀값으로 계산해서 주잖아요. 그러면 양곡관리 특별회계라고 해서 그 차액이 있어요. 그건 사실 남쪽의 필요에 의한 것 아닙니까? 그런데도 이걸 이북에 줬다고 하는 거예요. 그건 왜곡이죠. 어쨌든 3만 원짜리 사다 주면 되는데, 남쪽의 쌀 창고에 있는 것을 주는 문제가 있습니다. 철도, 도로 연결하는 사업도 퍼주기라고 하는데요. 그건 누가 쓰려는 겁니까? 철도, 도로를 연결해서 우리 기업들이 사업하러 가기 용이하게 투자하는 거잖아요. 퍼주기와는 아무 상관이 없어요. 우리가 대륙으로 가는 길을 열기 위해서 철도와 도로를 연결하는 건데, 이걸 포함해서 7조다, 8조다 하는 겁니다. 독일이 정상 회담하고 나서 통일까지 20년 동안 지원한 통계가 있어요. 독일 통일 이전에는 1년에 100억 불씩, 10조씩 들어갔고, 통일 이후 20년 동안은 비용이 급증해서 1년에 100조씩 들어갔어요.

지 ▷ 평화문제연구소에서 2011년에 발표한 '독일 통일의 과정과 교훈'을 보면 이렇게 나와 있어요. "통일 직전 서독 정부는 1994년까지 4년간 1,150억 마르크의 통일 비용을 투입하면 될 것으로 생각했다. 그러나 통일 후 동독 경제 상태가 예상보다 훨씬 열악하다는 사실을 알게 된 후에는 2000년까지 10년간 2조 마르크를 투자하면 동독 경제를 서독 못사는 주 수준으로 끌어올릴 수 있을 것으로 예상했다. 그러나 통일 후 통일 비용이 급증, 2005년까지 15년간 총 1조 4,000억 유로(1,750조 원), 1년에 116조 원을 통일 비용으로 지출함으로써 독일 경제가 큰 어려움을 겪게 되었다."

정 ▶ 통일 전에 서독은 동독에게 37개의 병원을 지어줬고, 서독 교회들은 동독에 1년에 1억 불 가까이 지원을 했습니다. 교회에서만 도와준 게 그렇죠. 우리는 교회에서 계속 퍼주기를 했다고 보수 교단들이 그러는데요. 통일 전에 도와준 액수가 있어요. 우선 그게 과장됐고요. 첫 번째가 인도주의 위반이라는 겁니다. 그 다음에 그러면 받은 게 없느냐, 100원 줬으니 100원 받아라, 오늘 줬으니 내일 받아라, 쌀로 줬으니 쌀로 받아라, 이것이 기계적 상호주의를 얘기하는 사람들의 주장입니다. 퍼주기 얘기하는 사람들은 그런 거거든요. 이 기계적 상호주의 대신, 포괄적 상호주의가 진행되어왔다고 볼 수 있습니다. 쌀과 비료로 인도적 지원을 하고, 남북 관계를 개선하고, 호전성을 줄이고, 서로 간의 증오심을 줄이고, 이게 받은 거죠. 긴장 완화가 된 거예요.

그 다음에 지원하면서 이산가족 상봉도 하고, 이산의 고통을 줄인 것 아닙니까? 그 과정에서 긴장 완화, 예를 들면 서해상에서 두 번씩이나 충돌했으니까 통신으로 연락하도록 하자, 우발적인 충돌을 방지하자는 합의 같은 것을 하죠. 쌀 보내주고 그런 합의를 하고, 주고받고, 주니까 자연히 우리가 요구할 것을 요구하게 되잖아요. 기계적 상호주의는 아니지만, 포괄적 상호주의가 이루어졌다고 볼 수 있는 겁니다. 그걸 정치적 목적으로 퍼주기라고 선동을 한 건데요. 첫째는 반인도주의입니다. 두 번째는 사실관계가 틀린 과장과 왜곡이라는 것입니다. 실질적으로 포괄적 상호주의가 이루어져서 긴장 완화가 되고, 이산가족의 고통도 덜었다는 거예요.

붕괴론의 입장에서 벗어나야

지 ▷ 퍼주기 해서 핵 개발을 했다는 주장도 있잖습니까?

정 ▶ 터무니없는 선동이죠. 일체의 쌀과 비료와 인도적 지원을 차단

한 이명박 정부 5년 동안 가장 핵 실험이 왕성했고, 미사일 발사, 우라늄 농축, 핵 군비의 증강이 이루어졌잖아요. 이것은 어떻게 설명할 겁니까? 말이 안 되잖아요. 동포애와 민족의 미래라는 점에서 지금 같은 유전자를 가진 동족인데, DNA가 변하고 있어요. 신체 형질이 변하고 있습니다. 13살 남자아이의 경우 남쪽에서 평균 159cm, 북쪽 아이가 132cm, 여자아이가 149cm 대 123cm, 13살짜린데 27cm씩 차이가 나는 거예요. 몸무게도 20~25kg 차이가 납니다. 인종이 달라지고 있는 겁니까? 훗날 서로 혼인도 하고, 남북이 함께 섞여서 살 텐데, 그때 "우리가 배고팠을 때 왜 그렇게 모질게 대했습니까? 왜 그렇게 인색했습니까?" 하고 물어보면 뭐라고 대답할 겁니까? 이성적인 사람들이라면 퍼주기라는 말보다 인도주의적 차원으로 베풀어야 한다, 이렇게 해야죠. 인간의 존엄성에 대한 인식이 필요합니다. 정말 우리가 퍼주기를 한 것인가, 받은 사람 입장을 한 번이라도 생각해봤나를 말입니다.

지 ▷ 쌀을 보내줬더니 군량미로 전용했다는 주장도 있잖습니까?

정 ▶ 북은 도로망도 엉망이고, 첫째 수송 수단이 없어요. 그러니까 우리가 원산으로, 함흥으로, 남포로 항구를 지정해서 갖다 주잖아요. 그걸 내륙으로 배분해야 할 것 아닙니까? 그 과정에서 군 트럭이 동원된, 그런 사실이 있는 것 같은데요. 군량미로 전용됐다는 확증은 없죠. 그럼에도 불구하고 군량미로 전용이 됐다는 의심이 있으니까 거기에 대한 투명성을 강화할 필요는 있겠죠. 북쪽 군량미 연간 소요량이

35만 톤이라는데, 북이 쌀을 200만 톤 생산합니다. 최우선적으로 군량미를 쓸 것 아닙니까? 옥수수 등 잡곡이 한 200만 톤, 쌀이 200만 톤 된다고 하는데, 쌀하고 잡곡하고 반반씩 군량미로 주는 모양이에요. 우선적으로 자기들이 선군 정치를 하면서 식량을 확보하겠죠. 예를 들어서 쌀 포대자루에 대한민국이라고 쓰여 있거든요. 그걸 군 창고에 쌓아놓으면 군 사기가 뭐가 되겠어요. 북한군 지휘관이 남쪽 쌀을 가지고 자기 병사들을 먹이고 싶겠습니까? 어거지 소리죠. 그리고 유니세프나 이런 기구들이 쌀 지원도 하고, 인도적 지원도 하면서 구체적으로 모니터링을 하는데, 투명성에는 문제가 없다고 합니다. 국제기구 사람들은 문제 제기를 하지 않아요. 극보수 반북 인사들의 전형적인 트집 잡기죠. 그렇게 보입니다.

지 ▷ 3대 세습 등은 전 세계에 유례없는 체제이기 때문에 거기에 대해서는 좀 변화가 필요하고, 비판도 해야 한다는 얘기가 진보 진영 일부에서도 나오고 있는데요.

정 ▶ 3대 세습이라는 것이, 뭐라고 할까요? 정상적인 상태는 아니죠. 인류 보편적인 정서에 비춰봤을 때도 거기에 반하는 것이고요. 21세기의 정상적인 국가 체제라고 볼 수는 없지만, 남북 관계의 특수성 속에서 남북은 내정에 불간섭하기로 여러 차례 원칙적인 합의를 했습니다. 7·4 공동성명, 기본합의서, 남북합의서의 정신이 '서로 다르다, 다르니까 내정에는 개입하지 말자.'는 겁니다. 그것에 대해 우리 기준으로 잣대를 들이대서 말하면 상호 존중과 공존이 불가능하죠. '지금의 상태는 통일로 가는 과정에서 잠정적으로 형성된 민족 내부의 특수 관계이다.'라고 정의되어 있어요. 언젠가는 하나가 되는데 그 과정에서 잠정적으로 형성된 민족 내부의 특수 관계가 있고, 그런데 서로 내부 문제는 간섭을 하지 말자고 합의를 했다는 말입니다. 그것을 두고 붕괴론자들은 '왜 그 문제는 제기하지 않느냐, 세습 체계와 북한의 인권에 대해서'라고 주장하지요. 우리의 목적은 평화적인 통일로 가는 거잖아요. 그것이 지상의 목표이고, 그 과정에서 설정한 일 단계가 화해와 협력과 교류란 말입니다. 그것이 우선되는 겁니다.

선화해 협력 교류, 그렇게 해서 두 번째인 국가연합 단계로 가자. 이렇게 단계적으로 설정이 되어 있는 거죠. '왜 체제 문제를 제기하지 않느냐, 왜 인권 문제를 얘기하지 않느냐.'는 것은, 압박해서 붕괴시켜야 한다는 붕괴론자의 입장에서 하는 말입니다. 어쨌든 남과 북은 서로를 전복하거나 파괴하지 아니한다는 합의를 하고, 내부 문제에 간섭하지 않기로 하고, 화해하고 교류하고 협력하면서 뭔가 공통분모를 넓혀보자는 거예요. 점진 통일 방식이죠. 붕괴론자는 급진 통일론자라고 볼 수 있습니다. 목을 졸라서, 질식시켜서, 압박해서 쓰러뜨리자는 건데요. 그 다음에 어떠한 대책도 없습니다.

북한 인권 문제는
포괄적 접근법으로

지 ▷ 북한 인권 문제에 대해서 진보 진영에서도 언급할 필요가 있다고 하는데요.

정 ▶ 북한은 1981년 유엔 인권규약에 들어갔어요. 북한도 인류 보편의 정치적·사회적 인권을 지켜야 할 인권규약 회원국이기 때문에 한국 정부가 유엔에서 북한 인권 결의안에 찬성하는 것은 당연하다고 봅니다. 다만 남북 간에는 서로 내정에 간섭하지 않는다는 기본 합의가 있었고, 북은 인권 문제 제기를 내정 간섭으로 간주해 반발해왔기 때문에 신중하게 접근해야 합니다. 대신 기아에 허덕이는 동포에 대한 식량, 의약품 지원은 인도주의적인 정신으로 상시적인 지원 체제를 갖추고, 국군 포로 문제와 이산가족 문제, 이런 것들을 포함해서 포괄적으로 접근할 필요가 있죠. 국군 포로나 납북자 문제, 이산가족 문제도 비인도주의적 상황에 있는 거니까 포괄적으로 접근을 하자는 겁니다. 인류 보편 가치로서의 인권 문제와 인권규약 차원에서 유엔 결의의 북한 인권법에 찬성하지만, 동시에 신중하게 접근하고, 포괄적으로 접근해야죠. 그런데 여당인 새누리당이 얘기하는 북한인권법은 북한인권법이 아니라 반북 단체 지원법, 또는 대북 삐라 지원법이에요. '삐라 뿌려라, 돈 지원해줄게.' 이것이 핵심이란 말이죠. 그걸로 북한 인권이 개선이 되겠어요. 그것 역시 붕괴론적 시각에 서 있는 거죠. 반북 단체에 대해서 돈을 대주라는 것인데, 그걸로 과연 북한 인권이 개선될까요.

지 ▷ 이명박 정부에서 반북 단체에 상당히 지원을 했습니다. 실효성도 없어 보이는데다, 남북 관계를 악화시킬 우려가 있으니 하지 말아야 한다는 의견도 있는데요. 국고 지원의 문제가 있긴 하지만, 그 사람들이 하는 행동을 막을 수는 없는 상황이잖아요.

정▶ 많이 지원했죠. 정부의 지원만 없어도 반북 단체는 그다지 힘을 얻지 못할 거예요. 자꾸 돈도 대주고, 격려하니까 기승을 부리는 겁니다. 게다가 보수 세력 쪽에서는 포용 정책 10년을 퍼주기, 그리고 북한 눈치 보기라고 비판해왔어요. 퍼주기라는 말에는 단호하게 대응해야 합니다. 또, 눈치 보기라는 것은 북한 인권에 관한 유엔 결의안에 기권한 것에 대해서 그렇게 얘기해왔는데요. 그건 북한이 인권규약의 가입국이기 때문에 찬성투표는 하되, 포괄적으로 접근하자는 것입니다.

지▷ 국군 포로 문제 같은 경우에는 YS 정부 때 이인모 노인을 비롯해서 비전향 장기수를 북한으로 송환했는데요. 남한에서는 국군 포로 문제가 해결되지 않았다고 생각하잖아요.

정▶ 난제 중의 하나죠. 북은 그 문제는 다 정리가 됐다고 보고 있어요.

지▷ 양쪽 시각차가 있는 건가요?

정▶ 그렇죠. 남쪽 내부의 정서를 감안하면 국군 포로 송환이 대북 화해 협력 정책에 대한 지지를 넓힐 수가 있습니다. 국군 포로, 납북자 문제의 근원적 해결, 이 부분은 국가가 국민의 생명과 안전에 대해서 무한 책임을 진다는 그런 차원에서 국군 포로와 납북자 문제의 근원적 해결을 추진하는 것이 맞다고 봅니다. 그래서 적십자 회담과 당국 대화를 통해서 우선 소재 파악을 하고, 그 다음에 대북 인도적 지원 등과 연계한 송환 추진, 세 번째로 귀환자에 대한 정착 지원이라는 이 세 가지 방법이 있습니다.

지 ▷ 납북자 문제는 북한과 일본의 외교관계에서도 걸림돌이 되는 문제 아닙니까?

정 ▶ 그렇죠.

지 ▷ 인도적인 차원으로 하자면 소재 파악하고, 원하는 사람에 한해서 송환을 하는 것은 오히려 다른 부분보다 어렵지 않아 보이는데요. 풀기 힘든 것은 어떤 부분 때문인가요?

정 ▶ 북에서는 이미 북을 선택해서 공화국 시민으로 살아가는 사람이라고 규정하는 것이고요. 6·25 때 포로 문제가 해결됐다, 그런 입장인데요. 그런 입장을 바꾸기가 쉽지 않은 것입니다.

지 ▷ 자기 체제에 대한 우위를 그런 부분으로 설명해왔는데, 지금 와서 인정하기가 어렵다는 건가요?

정 ▶ 체제 우위가 아니고, 이 문제는 끝났다고 말해왔는데, 기본 입장을 바꾸려니까 북의 입장에서는 어려움이 있는 것 같아요. 그래서 이걸 북의 입장을 뒤집으라고, 그렇게 접근하기보다는 인도주의 문제로 접근해야 할 것 같습니다. '국군 포로가 돼서 수십 년 동안 살고 있는데, 우선 소재 파악을 하자.'고 말이죠.

인도적 문제
대만·중국처럼 풀어야

지 ▷ 인도주의적 차원으로 생각해봐도 그렇고, 군사지역인 개성을 내주는 것보다는 그게 더 쉽지 않을까요. "원하는 사람은 돌려보내주겠다."고 하는 것은 그렇게 어렵지 않을 것 같은데요.

정 ▶ 예를 들면 고이즈미 일본 총리가 방북했을 때 "일본인 납북자 보내주마." 해서 북일 관계 정상화의 돌파구를 텄습니다. 다섯 명인가 돌아가고, 메구미라는 사람의 유골을 보냈는데, 거기도 의문점이 있어요. 진위 여부, 유전자 감식을 했는데, 일본 측에서는 다른 유골이라고 보고 있는 반면 판별이 확실치 않다는 주장도 있습니다. 양쪽의 얘기가 다른 거예요. "무슨 소리냐, 우리는 보내줬는데."라고 하고, 한쪽은 아니라고 하는 진위 공방이 남아 있어요. 지난 10년간 그것을 가지고 북일 관계가 충돌해왔지요. 일본 내에서 반북 정서를 확산시키고 그것을 발판으로 아베 정권이 탄생하게 됩니다. 아베 총리가 그걸 자기의 정치적 자산으로 삼았어요.

지 ▷ 일본이 극우화되는 데 상당히 도움을 준 거네요.

정 ▶ 아베가 대표선수죠.

지 ▷ 재일교포 3세인 양영희 감독의 영화 「가족의 나라」가 생각납니다. 오빠를 귀국 사업 때 북한에 보냈는데, 불치병에 걸린 오빠가 당으로부터 여러 사람과 같이 짧은 시간의 귀국 허락을 받았어요. 검사를 받아보니 수술을 받더라도 경과를 지켜봐야 하기 때문에 곧 북한으로 돌아간다면 수술을 해줄 수 없다는 얘길 듣습니다. 가족들이 그것 때문에 굉장히 힘들어하는데, 그 시간마저 허용이 안 되고, 외국에 나가 있는 모든 체류자들을 소환하라는 당의 명령 때문에 바로 송환되는 상황을 그린 영화입니다. 그 영화를 보면서 북한 인권에 대해서 우파는 비열했고, 좌파는 비겁했다는 생각이 들더라고요. 우파한테 이용당할까 봐 그런 얘기를 못 해온 측면이 있는 것 같아요.

정 ▶ 그런 문제들을 근원적으로 해결하는 것이 중요하죠. 사례 하나하나마다 인도적 고통이 있다는 것이 문제인데요. 사례별로도 해결하지만, 동시에 근원적으로 해결하는 것은 이런 거죠. 대만, 중국 보니까 아무 문제가 없잖아요. 자유 여행, 자유 왕래, 이주, 다 허용해버리니까 아무 문제가 없어지는 것 아닙니까? 결국은 북한을 국제 사회의 성원으로 인도해 나와야죠. 그것이 북쪽 사람도 그렇고, 우리도 그렇고, 서로 자유롭게 왕래할 수 있고, 여행도 할 수 있고, 송금도 할 수 있고, 우편도 교환할 수 있고, 이렇게 되면 그런 고통이 없어지는 거잖아요.

대만과 중국이 모범 사례를 보여주고 있어요. 그런 근원적 해결을 추구하자는 겁니다. 북일 간의 국교 정상화가 이루어지면 일본 납치자 문제의 근원적 해결이 되겠죠. 국교가 정상화되면 우방 관계가 되는 거니까 그런 문제들이 없어지는 겁니다. 북일 간에도 적대적이고 북미 간에도 적대적이잖아요. 남북이 적대 관계로 돌아가고 있잖아요. 이것이 모든 문제의 근원입니다. 적대 관계를 해소해서 우방 관계로 만들면, 납북자 문제, 이산가족 문제, 국군 포로 문제 등 인도적 문제가 다 풀립니다. 그런 식으로 인도적 문제의 근원적 해결을 추진하자는 거죠.

지 ▷ 독일보다 더 어려운 부분이 우리는 전쟁을 겪었다는 건데요. 우파들은 한국전쟁에 대해서 근본적으로 북한 정권의 사과가 필요하다고 얘기하고 있습니다.

정 ▶ 그게 오늘의 핵심 문제입니다. 법률적으로 전쟁이 종결되지 않았으니까요. 전쟁 뒤처리를 60년 미룬 거죠. 사실 2005년 8·15에 북한의 대표단, 고위 지도부가 동작동 국립묘지에 와서 헌화, 참배한 것은 거기에 대한 사과의 뜻도 있다고 봅니다. 하지만 그 정도로 6·25가 정리되는 것은 아니죠. 전쟁을 종료하고, 휴전 협정을 평화 협정으로 대체하고, 그것을 바탕으로 평화 체제를 만들었을 때 6·25가 극복이 되는 것입니다.

갈등의 역사를
기회의 역사로!

지 ▷ 이 지도는 뭔가요?

정 ▶ 위성사진인데요. 『내셔널 지오그래픽』이라는 잡지가 낸 세계대지도 7판 아시아 편 표지입니다. 미국 도서관에서 지도책을 뒤적거리다가 이 지도를 처음 봤거든요. '우리가 세계의 변방, 극동이 아니네.' 하는 생각이 들었죠. 이 지도에서는 세계 중심이잖아요. 한반도의 지정학적 위치가 때로는 저주였고, 때로는 축복이었다는 말이 있는데, 이걸 축복으로 만들어가야 하는구나. 이 지도 편집자가 뭐라고 썼는지 아세요? 아시아에 대해서 다양한 역사, 공존의 역사, 갈등의 역사라고 했습니다. 내가 다시 이름을 붙인다면 '갈등을 기회로'라고 하겠습니다. 지정학적 위치는 갈등을 부르는 위치인데, 이걸 기회를 부르는 위치로 바꾸자는 거죠.

지 ▷ 갈등을 기회로, 좋네요.(웃음)

정 ▶ 앞서 중국의 이해관계, 일본의 이해관계를 얘기했는데요. 그 이해관계의 양면성이 분단에서 발생합니다. 미국과 중국은 책임이 없냐, 러시아와 일본은 책임이 없냐고 하면 다 책임이 있어요. 지도에는 나타나지 않지만 38선을 누가 만들었나요. 소련과 미국이잖아요. 6자 회담의 4자인 미-중-러-일이 북핵 문제를 해결한다고 하는데, 북핵 문제가 생긴 것은 적대 관계 때문이고 적대 관계의 뿌리가 분단인데, 분단에는 모두 책임이 있습니다. 이걸 제대로 보려면 역사를 거슬러 올라가봐야 합니다. 1894년 청일전쟁, 1904년 러일전쟁, 1905년 을사조약, 1945년 8·15 해방, 미국과 소련에 의한 38선 분단, 1950년 6·25 전쟁(미-소·중), 1953년 7월 27일 정전 협정(미-중). 역사적 맥락에서는 1945년부터 분단이 되었다고 하는데, 사실은 1894년 동학농민전쟁으로 농민군이 전주성을 점령하고 서울로 진격할 때 고종이 청나라 군대에 파병을 요청했어요. 그때 용산에 원세개 군대가 왔고, 부르지도 않은 일본 군대가 성환으로 들어옵니다. 여기서 청나라 군대가 패하고 평양으로 도망을 갔는데, 평양에서 또 크게 져요. 한반도 땅에서 중국하고 일본이 총질하면서 싸우고 나서는 일본의 식민지로 전락하고 맙니다. 이것이 동아시아 제국주의의 개막이지요.

1894년 우리 백성들은 민족적 각성에 의해서 척양외세, 민족자결, 보국안민, 인내천 등을 주장하며 조정의 모순과 외세의 개입에 저항하기 위해서 떨쳐 일어났습니다. 그러나 지배 세력은 외국 군대를 끌어들입니다. 청나라 군대에 이어 일본까지. 1904년 2월에는 인천 앞바다와 대련에서 일본 해군이 러시아 군함을 격침시킵니다. 전쟁은 1905년까지 계속되는데, 그때 독도에 망루를 설치하고 1905년 2월 일본에 병합을 해버립니다. 시네마 현 고시로. 히로시마와 나가사키에 원자폭탄을 맞고 일본은 1945년 8월 15일에 마침내 항복을 했습니다. 하지만 독도를 제국주의 전쟁의 희생물로 삼켜버렸던 일본이 지금까지 자기네 영토라고 얘기하는 것을 보면, 아직도 한반도를 둘러싼 제국주의 갈등의 역사는 제대로 정리가 되지 않은 것 같습니다. 분단과 관련해서 나는 중국, 일본, 러시아, 미국 4국에게 책임을 물어야 한다고 봐요. 그래야 우리가 분단을 극복하고 통일로 가는 데 당신들이 협력해라, 통일 기여 역할론을 주문할 수가 있어요. 우리가 사정사정해서 도와달라는 것이 아니라 당신들한테 분단의 책임이 있으니까 협력하라고 당당하게 요구할 수 있다는 것입니다.

지 ▷ 분단 책임을 묻자는 얘긴 신선한데요.

정 ▶ 그걸 요구하려면 남과 북이, 서울과 평양이 통해야 합니다. 미국과 러시아가 38선을 가르고, 러시아와 일본, 중국과 일본이 우리 땅에서 전쟁을 했잖아요. 4자가 다 책임이 걸리거든요. 그런데 지금 책임을 묻는 사람이 없어요. 분단 책임을 묻게 되면 우리가 도덕적·역사적으로 우위에 서서 평화적 통일을 하는 데 협력하라고 주문할 수 있는 거죠. 그러기 위해서는 핵 문제를 해결해야 합니다. 북한 핵 문제 해결을 위한 6자 회담은 누가 주도해야 하나, 한국이 주도해서 핵 문제의 해결과 함께 분단이라는 냉전 체제를 해체하는 것이 평화 체제……

라는 데까지 연결이 됩니다. 여기에서 한국의 역할이 빠져버리면 아무 것도 안 되는 거죠.

핵 문제의 뿌리는 북한의 동맹국이었던 소련과 중국이 한국과 수교하고, 동맹이 해체되고 체제 생존의 문제가 닥치자 북한이 결사적으로 핵 개발에 매달린 것 아닙니까? 결국 해결책은 적대와 대결의 냉전 구조 자체를 해체하고 평화 체제로 전환하는 것이 핵 문제의 해법이란 말이죠. 이게 상식인데, 이것이 지금 국민들 머릿속에 들어 있지 않아요. 논리적으로, 이론적으로 '분단책임론'을 발전시켜야 합니다. 얼마만큼씩 책임이 있는지, 박사 논문이 여럿 나와야 하거든요. 한반도의 냉전 구조와 분단에 있어서 일본의 책임은 어느 정도이고, 중국의 책임은 어떻게 되는지, 러시아의 책임은 얼마이며, 미국의 책임은 어떻게 되는지, 역사적으로 따져봐야 합니다. 미국이나 중국이 우리한테 큰소리칠 입장이 아니지요. 미-중-일-러 4국에게 사과를 받아야 합니다. 도덕적으로 미안하게 생각해야 하고요.

1972년 독일의 브란트 총리가 폴란드에 가서 무릎을 꿇었어요. 유태인 학살에 대해서 사과하기 위해. 사실 미-중-일-러는 우리 앞에 무릎을 꿇어야 합니다. 분단과 전쟁과 냉전의 참혹한 희생을 치른 것에 대해서. 그러려면 우리가 먼저 책임을 지라고 요구해야 하잖아요. 제가 과문해서인지는 몰라도 분단책임론에 대해서는 듣지 못했어요. 단순히 북한 핵 문제를 해결하고 한반도의 긴장을 완화하는 차원이 아니라, 구조적으로 한반도 갈등의 역사, 비극의 역사를 축복의 역사로, 기회의 역사로 바꾸는 것이 우리 시대 사람들이 해야 할 일이라고 생각합니다. 이것이 결론이 아닐까 싶어요. 이름 없는 백성들이 무슨 책임이 있겠어요. 무죄예요. 정치하는 사람들이 무한 책임을 져야 합니다. 옛날부터 들어온 얘기가 맞아요. 우리는 외교를 잘해야 살아남을 수 있는 민족입니다.

PARIS

MOSKVA

BEIJING

5장

대륙으로 가는 길, 통일 미래로 가는 길

VLADIVOSTOK

대화는 선택이 아니라 필수

지 ▷ 오늘 뉴스를 보니까 박근혜 대통령이 오바마 미 대통령과의 통화에서 "북한과의 대화를 위한 대화는 북한의 핵 고도화 시간을 벌어줄 뿐이다."라고 얘기했다는데요. 최근의 상황을 잘 설명하는, 박근혜 정부 정책의 단초를 예측할 수 있는 얘기가 아닌가 싶기도 합니다. 일각에서는 북한과 대화를 회피하거나, 시급하지 않은 과제로 생각하는 게 아닌가 하는 의견들도 있지 않습니까?

정 ▶ "대화를 위한 대화는 하지 않겠다."는 말의 원조는 오바마 정부죠. 5년이 다 돼가는 오바마 정부의 대북 정책을 한마디로 표현하는 말이 이른바 '전략적 인내'인데 이 말은 '전략적 무시'와 같은 뜻이고 '전략적 방치'라고 해석해도 될 겁니다. 이건 미국의 이해관계를 반영하고 있다고 볼 수 있죠. 이라크 전쟁과 아프가니스탄 전쟁 등 중동 지역에 발이 묶여 있던 미국으로서 북한 문제는 어지간하면 시간을 끄는 게 상책으로 간주됐고 거기에 맞춰 동맹국 정부인 이명박 정부가 대북 강압 정책을 견지하고 있었기 때문에 대화를 통한 협상에는 무게가 실리지 않았다고 볼 수 있어요. 게다가 동북아에서 미국의 국익이 미일동맹과 한미동맹을 축으로 중국에 대한 포위망을 강화하는 것이라고 이해한다면 북한이 핵 실험을 하고 미사일을 쏘는 것이 성가신 일이긴 하지만 당장 미국의 안보에 직접적인 위해가 가해지는 것도 아니고 오히려 한-미-일 동맹 축을 공고하게 만든다는 측면에서 나쁠 게 없는 거죠. 한 가지 예만 든다면 지난 봄 한반도 위기 때 미국의 최신예 무기가 총출동했잖아요. 핵폭탄을 투하할 수 있는 B-2 스텔스 폭격기, F-22 스텔스 전투기, 핵 잠수함 등 가공할 군사력을 시위했는데 그때 미국의 방위산업체인 록히드 마틴사와 보잉사 주가가 20%나 뛰었어요. 이게 뭘 말합니까? 우리 국민은 전쟁이 날까 싶어 전전긍긍하는데 저 멀리서 한반도를 건너다보며 좋아하는 사람들이 있다는 것입니다. 정신 바짝 차려야 해요.

그런데 이번에 한국 대통령이 딱 미국의 입맛에 맞는 얘기를 또 해준 거예요. "대화를 위한 대화는 하면 안 된다." 이 소리 듣고 오바마 대통령은 아마 좋아했을 테지만, 답답한 것은 북핵 문제가 누구의 문제냐는 거죠. 미국은 느긋할 수 있지만 우리는 북핵에 발목이 잡혀 있는 한 앞으로 나아갈 수가 없어요. 5년째 미국에게 핵 문제를 아웃소싱하고 있는 격인데 이건 우리의 국익이 아닙니다. 이명박 정부 5년이 이미 증명했잖습니까. 우리가 팔 걷어붙이고 나서지 않으면 핵 문제는 지연될 수밖에 없고 그 시간을 이용해 북은 핵 고도화의 길을 질주해가는 것입니다.

지 ▷ 뭔가 가시적인 것이 보이지 않으면 대화를 할 수 없다는 건데요.

정 ▶ 손바닥도 마주쳐야 소리가 나는 법인데 남과 북이 서로 엇박자예요. 북한은 지난 4월 이후 대화 쪽으로 방향을 튼 게 확실해요. 미국을 향해 대화 신호를 보내기도 하고 베이징에 최용해, 김계관 등을 연달아 보내 중국으로 하여금 미국을 움직이게 하는 작업을 열심히 하는 것으로 보여요. 그런데, 김계관이 북경에 가는데 같은 시기에 6자 회담의 한-미-일 3국 대표가 워싱턴에서 만납니다. 한-미-일 삼각으로 대화를 하고, 북-중이 따로 대화를 하는 건데요. 이건 모양새가 좋지 않죠. 어쨌든 대화가 돌아가니까 지난 1, 2, 3, 4월 연초의 분위기, 그 흐름과는 기조가 바뀐 거죠. 밀물과 썰물이 교대했다고 할 수 있습니다. 여기서 중요한 것은 우리의 입장, 좌표와 위치인데요. 대화를 위한 대화는 안 된다는 이명박 정부 때 입장 그대로란 말이에요. 안타깝습니다. 이것은 결국 대화를 지체할 뿐이고, 우리가 수동태에 머무는 거란 말이죠. 또 북에 대한 제재와 압박론과 다름이 없는데, 제재와 압박을 5년간 했잖아요. 그런데 결과가 핵 능력의 고도화로 나타났단 말입니다. 박근혜 대통령이나 참모진의 기본 인식에 뭔가 문제가 있는 거예요.

지 ▷ 대화를 하면 핵 고도화의 시간을 벌어주는 것이 아니라 오히려 반대라는 거죠.

정 ▶ 반대잖아요. 과거 역사를 보면 대화를 하는 동안에는 북의 핵 능력이 멈췄습니다. 일단 멈추게 해야 하잖아요. 멈추게 하고 폐기로 가야 하는데요. 그 대화 자체를 대화를 위한 대화라고 하는 건 강경론자들의 틀 짜기죠. 대화를 위한 대화라는 뜻이 뭔가요? 대화면 대화지, 대화를 위한 대화가 따로 있나요? 그런데 문제 해결을 위해서 대화 말고 무슨 방법이 있나요?

남북 관계를 대화를 위한 대화로 규정하는 것은 제대로 된 대화를 위해서는 선조치나 선행동이 필요하다는 전제 조건을 달아서 대화를 지체시키려는 목적으로 보입니다. 두 번째가 금방 얘기한 대화와 협상을 통한 문제 해결에 대한 신념이 없는 거예요. 그런 철학이 없는 거죠.

지 ▷ "이명박 정부가 '기다리는 것 말고는 아무것도 하지 않는' 무능·무대책으로 일관하면서 북한이 중국에 의존하는 정도가 갈수록 심해지고 있다. 북한을 중국에 편입되도록 가만히 앉아서 방치하는 것은 세계 역사에 길이 남을 아둔한 외교이자, 역사와 후손에게 엄청난 죄를 짓는 것이다."라고 하셨는데요. 지금도 그 기조가 크게 변하지 않았다는 거네요.

정 ▶ 이명박 정부 때는 남북 대화를 혐오했어요. 그 전에 민주정부는 대화를 했잖아요. 정상 회담도 대화고, 장관급 회담 21차례도 대화고, 민간의 6·15 공동행사니, 교류협력 행사 이런 것이 다 대화 아닙니까?

그걸 대화를 위한 대화로 규정해버린 거잖아요. 전에 했던 장관급 회담은 굴욕적이었고, 그런 굴욕과 굴종을 되풀이하지 않겠다고 하는 거니까 그런 대화를 통해서 만들어진 남북 관계의 성과물들을 전부 폄하해버린 겁니다. '그런 대화는 안 하겠다, 그럼 무슨 대화냐 하는 건데, 본때를 보여서 북의 무릎을 꿇리겠다.' 그런 거죠. 대화와 협상을 기피하고, 부정하는 겁니다. 대화해봐야 다 파기한다, 그러니 매가 약이라는 거죠.

대화를 당근으로 보는 것입니다. '북이 나쁜 짓을 했는데, 나쁜 짓을 했으면 채찍을 때려야지, 왜 대화를 해, 대화는 보상이야.' 대화 보상론이거든요. 조지 부시 정부의 대북관계 철학이고, 네오콘의 확고한 입장이었죠. '나쁜 행동에 대한 보상은 없다.' 대화 이전에 진정성 있는 행동을 보이라는 거였습니다. 부시 6년 동안 미국과 북한은 같은 테이블에 동등한 위치로 앉지 않았어요. 그걸 거부한 거죠. 그래서 만들어진 테이블이 6자 회담이거든요. 일대일로 마주하기 싫은 거고, 북한을 대화 상대로 인정하지 않는다는 겁니다. 직접 대화는 보상이고, 선심을 쓰는 것이죠. 이번에 장관급 회담 격을 가지고 따진 것은 상대를 존중하지 않는 말입니다. 같은 맥락이에요. 지금 좀 의심스러운 것이 있는데, 통일부나 국정원이나 남북 관계를 다루는 부서에 있는 사람들은 기본적으로 북을 대화 상대로 인정하고 전략도 짜고 생각을 해야 하는 것 아닙니까?

그런데 박근혜 대통령의 입을 통해서 나오는 얘기는 통일부가 아닌 다른 쪽에서 입력을 통해 나오는 것 같아요. 그 입력하는 사람들은 아마도 북한 붕괴론자, 강경론자, 흡수 통일론자, 맹목적인 동맹론자로 보입니다. 또 다른 측면은 안보 문제를 국내 정치화하는 혐의가 있어요. 국내 정치와 연동해 대북 강경 정책을 구사하는 것은 전형적인 냉전 시대의 잔재입니다. 강력한 군사적 억지력과 한미동맹을 강조하면서 그 힘으로 북을 굴복시키겠다는 의도를 드러내고 있는 거죠. 그들에게 남북 관계 정상화는 목적이 아니고, 남북 긴장을 활용해 국내 보수 여론을 결집시키는 데 더 관심이 큰 것으로 보인단 말입니다.

민주주의와 평화에 대한 철학을 기대하며

지 ▷ 북한은 6자 회담보다는 북미 직접 대화를 선호하고 있는 걸로 보이고요. 6자 회담의 동력이 소진됐다는 분석도 있습니다. 그러나 중국은 여전히 6자 회담의 유효성을 인정하고 있는 상황인데, 6자 회담의 전망은 어떻게 보시나요?

정 ▶ 그것 역시 한국이 하기 달렸습니다. 6자 회담 열리지 않은 것이 2008년 말부터지요? 5년 동안 안 열렸으니까 죽은 것은 아니지만 휴화산이죠. 이걸 살려내야 합니다. 북은 기본적으로 시큰둥해요. 중국은 적극적이고, 미국도 회의론과 필요론이 두 개 다 있지만, 기본적으로 우리가 지난 5년 동안 6자 회담에 대해 전혀 의지가 없었습니다. 9·19 공동성명이라는 9자를 한 번도 언급하지 않았습니다. 이명박 정권 사람들이 오로지 매달린 것은 '계속 조여, 조이면 무너져.' 하는 것이었거든요. 북을 있는 그대로 보고, 받아들이고, 그 기초 위에서 전략을 세워야 하는데, 보고 싶은 대로 보는 거예요. 자기 희망대로, 자기 멋대로 보는 거죠. 결과가 말해주잖아요. 그런데 또 그 전철을 밟는 것 같아서 안타깝습니다. 오늘 이 말은 굉장히 나쁜 신호네요. 미국에다 대고 "대화를 위한 대화는 안 된다."고 얘기하는 것은.

지 ▷ 갈팡질팡하는 것처럼 보입니다. 중국에는 북한이 대화에 나설 수 있도록 중재해달라고 요청을 하면서 미국에는 이런 메시지를 전달하는 것은 대화에 대한 원칙이 없는 것 같은데요.

정 ▶ 과거 자서전에서 박근혜 대통령이 북핵 문제를 동양식 밥상처럼 한 상에 이슈들을 다 올려놓고 포괄적으로 해결해야 한다고 했던 입장과 비교해보면 많이 다릅니다. 포괄적 해법은 대화와 협상을 통한 문제 해결론이기도 하거든요. 그러기 위해서는 중국에 대한 대화 중재 부탁과 함께 미국에 대해서도 적극적으로 대화에 나서달라고 요청해야 앞뒤가 맞지요. 물론 그렇게 하려면 남북 간에 소통이 활발해야 합니다. 지금 남북이 막혀 있으니까 아마도 미국이 먼저 북한과 대화하는 건 좋지 않다. 뭐 이런 생각 아닌가 싶어요. 그런데 박근혜 대통령 자서전에 이런 대목도 나와요. "북측과 툭 터놓고 대화를 나누면 그들도 약속한 부분에 대해 지킬 것은 지키려고 노력한다. 나는 북한 방문을 통해 이런 확신을 얻었다." 그의 이런 생각이 변하지 않았기를 바랍니다. 그래야만 지난 정부의 실패를 되풀이하지 않을 수 있기 때문입니다.

지 ▷ 남북 대화뿐만 아니라 박근혜 대통령의 국정 운영 철학 자체가 대화에 대한 것이 전혀 없는 것 같습니다. 모든 정책에 있어서 의중을 모르겠다는 사람들이 많고요. 국민들이나 일부 여당 의원들도 의중을 잘 모르겠다고 하는데요. 박근혜 정부에 대북 정책을 조언하신다면 어떻게 하시겠습니까?

정 ▶ 국내적으로는 민주주의에 대한 철학이 모자라는 것 같습니다. 국정원 문제 다루는 걸 보면 호미로 막을 일을 가래로도 못 막는 지경으로 끌고 가지 않나 싶어요. 과거 유신 통치 때처럼 덮고 누르고 막으면 그냥 지나갈 것이다. 이렇게 믿는다면 오산입니다. 40년 전 한국과 지금의 대한민국은 다른 나라예요. 민주공화정의 기본을 국가 최고 정보기관이 명명백백하게 훼손했는데 이걸 어떻게 국민이 용납하고 덮고 갈 수 있겠습니까? 작년 대선 막바지에 과거사 문제로 역풍을 맞게 되자 박근혜 후보는 머리를 숙였어요. "5·16, 유신, 인혁당 사건 등은 헌법 가치를 훼손하고, 정치 발전을 지연시키는 결과를 가져왔다."고 했거든요. 국민 여론에 밀려서 한 것이지만 그때 고개 숙였던 정신으로 돌아가야 합니다. 잘못하면 민주주의의 용산 참사를 불러올 수 있어요. 그러면 모두 불행해집니다.

남북 관계 관련해서는 평화에 대한 철학이 분명하지 않습니다. '도발에 대한 응징, 대화의 문은 열어두겠다.' 그런데 어떻게 조화를 이룰지에 대해서 자기 나름대로의 그림과 철학이 있어야죠. 안보는 튼튼하게 하되, 평화적으로 핵 문제를 해결하겠다는 확고한 신념이 있는 건지 모르겠습니다. 특히 남북문제, 외교, 안보, 통일, 이 부분은 대통령 어젠다입니다. 어느 나라나 대통령 어젠다예요. 가령 전두환 전 대통령은 김재익 경제수석에게 "경제는 당신이 대통령이야." 하고 위임을 했다잖아요. 내가 잘 모르니까 전적으로 그 머리를 빌려 쓰는 거죠. 그럴 수 있습니다. 그런데 외교, 안보, 통일에 있어서 "당신이 대통령이야." 하는 대통령은 없었어요. 있을 수가 없죠. 우리로서는 안타까운 일이에요.

지 ▷ 국정 운영이든 대북 관계든 철학을 갖고 해야 할 텐데요. 한-미-일 공조 얘기를 하긴 하지만, 사실 동상이몽이지 않습니까? 미국은 항상 자기들의 국익이 가장 중요한 나라였고, 일본도 우경화의 길을 걷고 있습니다. 한-미-일 공조만 믿고 뭘 하다 보면 나중에 우리만 쪽박 찰 일이 생길 수도 있지 않을까요.

정 ▶ 한-미-일 공조라는 것이 필요하지만 기본적으로 냉전 틀이죠. 냉전 때 북방 삼각, 남방 삼각 그래서 '북-중-러'와 '한-미-일'이 충돌하던 그 구조 그 틀을 그대로 쓴다는 건데요. 북핵 문제는 그렇게 풀지 못합니다. 한-미-일 공조를 해야 하지만, 무조건 그걸 앞장세우면 안 된다는 겁니다. 그래서는 문제 해결에 도움이 되지도 않고요. 기본축이 대결, 대립 구도를 전제로 한 것 아닙니까? 남북 관계를 푸는 출발은 6·15입니다. 6·15라는 것이 기본적으로 화해하고 악수를 한 것 아닙니까? 손잡고 같이 가자고 한 것이죠. 공존을 하자고. 남북 관계는 6·15가 핵심이고, 핵 문제는 9·19가 핵심이고, 남북 관계는 개성공단으로 구체화된 것입니다.

NSC는 누가 대통령이 되더라도 필요한 시스템

지 ▷ NSC는 누가 대통령이 되더라도 유지해야 할 시스템이라고 하셨는데요.

정 ▶ NSC는 미국식 시스템이에요. 이명박 정부가 없애버렸어요. 박근혜 대통령 들어와서 살려보려고 하는데, 제대로 복원이 안 되고 지금은 이원화되어 있습니다. 청와대 안보실장이 있고, 외교안보수석이 있는데요. 머리가 두 개예요. NSC 시스템은 부활이 되지 않았습니다. 제가 참여정부 때 NSC 상임위원장을 하면서 운용을 해보니까 한국에는 절대적으로 필요한 거예요. 왜냐, 24시간 365일 동안 모니터를 해야 합니다. 그것이 필요한 나라는 미국하고 한국이에요. 미국은 전 세계를 24시간 봐야죠. 한국은 휴전선이 있으니까 24시간 봐야 합니다. 천안함 침몰했을 때도 처음에는 해군이 보고를 하지만, 나중에 보면 제각각이거든요. 그래서 청와대에서 부대에 직접 전화를 하는 경우도 있고 그랬잖아요. 체계가 없는 거죠.

모든 정보를 NSC로 집중시켜야 합니다. 군에서도 올 수 있고, 정보기관에서도 올 수 있고, 경찰에서도 올 수 있고요. 가령 백령도라고 하면 백령도 주민들을 통해 면사무소에서 행정안전부로 보고되는 것이 있잖아요. 경찰 계통을 거쳐 경찰청장에게 보고되는 것이 있을 테고요. 각 계통이 있단 말이죠. 군도 해병대, 해군, 기무사 등이 있을 테고요. 이런 다양 다기한 채널을 통해서 실시간으로 24시간 앉아서 첩

보와 정보를 취합하고, 어떤 것이 제대로 된 정보인가 그걸 분석하고, 판단하고, 걸러야 하지 않겠어요. 대통령 앞에 보고서가 놓일 때는 정확하게 와야 하는데, "아까 그게 틀렸답니다. 다른 보고가 있는데요." 이렇게 되면 양질의 보좌를 받을 수가 없겠죠. 이런 시스템이 없어서는 안 됩니다.

연평도 사건이다, 천안함이다 하면 '뭐는 뭐다' 해서 최종 보고가 오고, 시간 지연이 없이 거의 실시간으로 정확하게 보고돼야 하잖아요. 그걸 뒷받침하려면 시스템이 있어야 하는데, 이명박 정부 때 시스템을 없애버린 거예요. 노무현 정부 때 한 것은 다 치우라고 한 거죠. NSC에 100명 넘게 있었습니다. 장관급 정례회의를 매주 1회, 목요일 오후 다섯 시면 청와대 별관에서 만났습니다. 통일부 장관, 외교부 장관, 국방부 장관, 국정원장, 외교안보수석, 국무조정실장, 이렇게 여섯 명이 상임 멤버죠. 모여서 회의를 하면 이슈가 열 가지가 있으면 남북 관계가 다섯 개 내지 여섯 개예요. 외교 관계 사안이 한두 개, 국방 관련이 한 개 정도, 압도적으로 남북 관계 이슈가 많았어요. 남북 관계 때문에 안보고, 외교고 이 사안이 생기는 겁니다. 그래서 통일부 장관이 NSC 위원장을 하는 게 맞습니다.

두 번째 효과는, 장관들이 다 바빠요. 한 부처를 책임진다는 것이 보통 일이 아닙니다. 장관급 6~7명이 함께 모여서 회의하기가 힘든데요. 저녁 때 만나 회의하고 식사하고 소주 한잔하면서, 매주 만나니까 팀이 되는 거예요. 팀워크가 생기는 거죠. 외교 안보 쪽은 특히 메시지가 단일해야 해요. 통일부 장관은 이렇게 말하고, 국방부 장관은 저렇게 말하고, 외교부 장관은 이렇게 말하고, 중구난방이 되면 안 되니까 메시지를 단일화해야 합니다. 그러려면 실무자들로만은 한계가 있죠. 외교 안보 장관들이 팀이 되어야 합니다. 자기 생각이 좀 다르더라도 팀에 조율된 메시지는 이거다, 그래야 쭉 같이 나갈 수 있단 말이죠. 그게 NSC의 값어치인데, 이걸 없애버린 것은 바보 같은 일이에요. 제가 그래서 이명박 정부 때도 주변에 있는 사람들에게 몇 번이나 얘기했었어요. 이재오, 홍준표 이런 분들. 내가 도와줄 것은 없고, NSC는 만들어라, 이러이러한 이유 때문이다, 양질의 보좌를 받아야 국가안보에 도움이 된다…… 어쨌든 통수권자이고 고독한 결정을 해야 하는데, 정확한 보고를 받아야 합니다.

탈북자를 새터민으로 바꾸다

지 ▷ 역사의식이 없는 민족은 미래가 없다는 말이 있잖아요. 정권이 바뀌면서 역사 왜곡이 심해질 거라는 우려도 있는데요. 정권에 따라 역사 교육이 이리저리 휘둘려서는 안 되는 것 아닌가요.

정 ▶ 제가 어제 중학교 교과서를 훑어봤습니다. 고등학교에서도 남북 관계를 안 가르치고, 중학교 3학년 사회 교과서에 조금 얘기가 나와요. 남북 관계와 통일 문제에 대해서 서너 페이지를 다루고 있을 뿐입니다. 거기서 눈에 띄는 것이 7·4 공동성명은 박스로 만들어 눈에 잘 띄게 설명을 했는데, 6·15에 대해서는 언급이 없어요. 7·4는 사실

선언만 했지, 실천은 안 했거든요. 7·4 시대는 없었고, 6·15는 6·15를 실천하는 시대가 있었죠. 그게 제대로 안 된 것 같아요. 중고등학교 6년 동안 중학교 3학년 사회 시간에 몇 페이지를 가르칠 정도로 교육에 통일 의지가 없어요. 그러니 청소년들이 통일이 필요하다고 느끼겠어요. 오히려 명파초등학교 2학년 애들이 똑똑하지. "통일을 해야 돼요? 안 해야 돼요?" 물으니까 일제히 해야 한다고 하잖아요. "왜요?" 하니까 "안심하고 놀 수가 있어요. 전쟁이 안 나요." 그러잖아요.(웃음)

지 ▷ 현대사 교육을 하지 않는 부분과 맞물려 있지요.

정 ▶ 그렇죠. 역사 교육을 필수에서 선택으로 돌려버리고, 현대사를 고등학교 2학년 때 한 학기 배우잖아요. 미국이나 유럽, 서양은 초등학교, 중학교 때 자기 역사를 줄기차게 가르치거든요. 역사를 가르친다는 것은 정체성, 내가 누구냐, 뿌리를 가르쳐주는 것이고, 자긍심을 심어주는 것입니다. 역사 가르치는 걸 소홀히 해서야 어떤 한국인을 만들겠어요.

역사 교육의 문제는 예를 들면 초·중·고 시절 임진왜란을 세 차례 배우지만 『난중일기』를 학생들이 읽지는 않아요. 객관식 문제 풀이니까 난. 중. 일. 기. 네 글자만 달달 외우고 마는 거죠. 『난중일기』를 읽어보지 않고 어떻게 이순신 장군의 마음을 절절하게 느낄 수 있겠습니까. 주입식 교육이 아닌 역사의식을 깨우치는 교육을 해야 합니다.

제가 통일부 장관을 하면서 한 일 중에, 하나원이라고 있어요. '북한 이탈 주민 정착 지원에 관한 법률'에 따라 만들어진 교육 시설인데,

장관이 돼서 방문을 했어요. 원형 철조망으로 뻥 둘러놓았더라고요. "이거 밖에서 들어오는 것을 막는 것인가요, 안에서 나가는 것을 막는 것인가요." 하고 물어봤더니 대답을 못 하더군요. "걷어내세요. 여기 남쪽 생활에 정착하기 위해 도움을 주기 위한 것이라면 서로 어울려야 하는데, 철조망으로 교도소 담장 같이 해놓아서야 되겠습니까?"

지 ▷ 갇혀 있는 것 같은 느낌이었겠네요.

정 ▶ 제일 좋은 것은 건너편 마을에 같이 사는 것이 정착하는 데 도움이 되지 않겠습니까? 한 달쯤 있다가 걷었나, 하고 확인을 해봤더니 안 걷었어요. "장관이 지시했는데도 왜 걷지 않는 겁니까?" 했더니 경찰하고 보안 부대에서 반대한다는 거예요. 통일부에서 장관이 관리하는 건데 당장 걷어내라고 했더니, 타협하느라고 CCTV를 설치하고, 산쪽으로 3분의 1 정도는 남겨놓고 걷었습니다. 지금은 철조망 걷었으니까 흉하게는 안 보이죠.

그리고 교육 과목 중에 역사가 없어요. 역사는 가르쳐야 합니다. 북한에서 김일성 역사만 배우고 왔을 거 아니에요. "국사 교육을 집어넣으세요. 선생을 채용하세요." 왜 역사 교육이 중요한가요. 여기 넘어와서 몇 년 지나고 나면 대부분 회의가 생깁니다. 스스로에게 '내가 대한민국 국민인가, 조선민주주의인민공화국 사람인가.' 묻게 되는 경계인이 되고 맙니다. 처음에 올 때는 배고파서 넘어왔지만, 경쟁이 격심하고, 빈곤층에 편입되어 차별도 받고, 그런 현실 속에서 실망하면서 나는 남쪽 사람인지, 북쪽 사람인지 경계에 서게 됩니다. 대개 그

통일전망대 아래 최북단, 강원도 고성 명파초등학교 어린이들

런 상황을 마주하거든요. 그래서 대한민국 국민으로 흔들리지 않고 살아가려면 정체성이 서야 하고, 그러기 위해 역사 공부가 중요한 겁니다.

지 ▷ 탈북자라는 말도 새터민으로 바꾸셨죠.

정 ▶ 하나원에 갔을 때 아이들에게 학교 재미있냐, 물어보니까 한 아이가 그래요. 애들이 막 놀린다는 거예요. "탈북자라고 놀려요." "탈북자라는 말이 듣기 싫으니?" 했더니 싫다고 해요. 아이들 가슴에 상처를 준다는 얘긴데요. 듣기 싫다고 하는데 왜 탈북자라고 부르느냐, 그래서 이걸 고치라고 했더니 공무원들이 또 안 된다는 거예요. 법률상 용어기 때문에 안 된다더군요. 북한 이탈 주민 지원에 관한 법률에 나오는 법률 용어라는 겁니다. 말은 맞는데, 언어는 세력이에요. 많이 쓰면 그게 지배적인 용어가 되는 겁니다. 본인들이 탈북자가 싫다는데, 바꿔줘야지 싶었습니다. 국어연구원에 용역을 맡겼어요. 그래서 새터민이라는 말이 나왔어요. 이제 새터민이라는 말을 많이 쓰고 있지요. 훨씬 부드럽잖아요. 어느 동네나 시골에 가면 새터가 있어요. 신기리 마을이라고 있습니다. 새 신 자에 터 기 자. 마을에서 젊은이들이 시집 장가가면 집을 새터에 내줘서 방방곡곡 새터 마을이 많거든요.

이명박 정부 들어와서 제일 먼저 없앤 것이 무슨 새터민이냐, 탈북자라고 불러라, 그래서 돌아갔어요. 요즘에는 통일부가 탈북자라고 부릅니다. 정권이 사람 위주로 보느냐, 아니면 이념으로 보느냐의 차이인 것 같아요. 그때 제가 새터민이라는 이름을 만들었는데, 보수 언론들이 칼럼을 쓰고 엄청나게 비판을 했습니다. 쓸데없는 짓을 한다고. 탈북자면 탈북자지, 국민의 세금을 들여서 무슨 이름을 짓느냐고. 그런 신문들도 나중에 새터민이라고 쓰더군요. 언어는 세력이라는 말입니다. 새터민들은 내가 그렇게 한 것을 아니까 대선 때 저를 많이 찍어줬어요.(웃음)

지 ▷ 하나원 사람들이 검은색 옷만 입고 있어서 다양하게 입게 해주셨다면서요.

정 ▶ 전부 까만 옷을 입어 수용소 같은 분위기더라고요. 그래서 기왕 운동복을 주문하면서 입는 사람들이 좋아하는 색깔로 해주면 안 되겠느냐고 했더니, 금방 바꾸겠다고 하더군요.(웃음)

국가보안법과
남북관계발전법 사이에서

지 ▷ 통일을 논의하거나, 통일을 하는 데 가장 걸림돌이 되는 것이 무엇이라고 생각하십니까?

정 ▶ 제도 측면과 인식 두 개가 있는데요. 우선 국가보안법 체제죠. 보안법으로 지금도 징역 살고 있는 사람들이 있잖아요. 제가 통일부 장관 시절 한 것 중 하나가 남북관계기본법을 만든 겁니다. 당시 야당이 반대하는 바람에 타협해서 남북관계발전법으로 이름과 내용이 일부 바뀌었는데요. 그게 무슨 의미가 있냐 하면 1950년대 국가보안법 시대의 시작, 1991년 남북교류협력법 시대의 출발, 2005년 남북관계발전법 시대의 출발, 역사적으로 보면 세 구획이 됩니다. 국가보안법이 있어서 북한은 반국가 단체잖아요. 반국가단체니까 회합을 해도 안 되고, 전화를 해도 안 되고, 만나도 안 되고 그런 건데요. 교류협력법이 1991년에 생겼습니다. 노태우 대통령 때 서로 물건을 사고 팔고 교역을 하자, 왕래도 하자는 등 교류 협력을 하려니까 법적 근거가 있어야 했어요. 그러니까 양립 시대죠. 국가보안법도 살아 있고, 예외적으로 교류협력법이 생겨서 장사하고 교류하는 것을 뒷받침한 겁니다. 그런데 국가보안법이 살아 있으니까 회담을 해도 남북 정상 회담을 하든 장관급 회담을 하든, 합의 문서가 국가 대 국가의 문서인데, 국가보안법으로 보면 반국가 단체의 수괴와 한 거잖아요.(웃음) 이거에 대한 근거가 없는 거예요.

남북관계발전법은 거기에 대해서 법률의 지위를 부여하는 거죠. 이것은 법률에 준한다, 남북 관계 합의나 이런 것들에다 법률적 효력을 부여한 겁니다. 그리고 대북 특사의 법적 지위가 없잖아요. 대북 특사의 지위도 거기에 근거 조항을 해두었습니다. 보안법이 있는 상태에서 남북 관계의 안정성 확보를 위해서 법적 체제를 만든 거죠. 그리고 어떤 정부든 정권이 바뀌어도 5년 동안 남북 관계를 어떻게 해나가겠다는 설계도, 비전서를 국회에 제출하라고 했는데요. 이명박 정부 들어서는 법으로 해놓았는데도 안 지켰어요. 독일은 정권이 바뀌어도 계속해서 가잖아요. 박근혜 정부도 별생각이 없는 듯합니다. 여야 합의로 국회가 만든 법인데, 남북관계발전법이 2005년 12월 29일자로 국회에서 통과가 되었는데 지키지 않아요.

지 ▷ 국가보안법 체제가 통일에 걸림돌이 된다고 하셨는데요. 2004년도 열린우리당이 제1당일 때도 폐지를 못 했잖습니까? 국가보안법 폐지의 기운이 가장 높았을 때라고 볼 수 있었죠.

정 ▶ 아쉬워요. 열린우리당의 최대 실책 중 하나가 국가보안법이라는 이름이라도 걷어내고, 대체 입법이라도 했어야 하는데, 저는 그때 국회의원이 아니었지만 그걸 못 한 것에 대한 안타까움이 있습니다.

지 ▷ 국가보안법 폐지라는 측면에서 볼 때는 가장 좋은 기회였잖아요. 제1당이었고, 시민사회단체의 열망도 커서 단식 농성도 많이 하고 했는데요. 폐지하지 못한 가장 큰 이유가 무엇이었나요?

정 ▶ 열린우리당의 역량 부족이었죠.

지 ▷ 한나라당도 장외 집회 등을 하면서 강하게 반발했잖아요.

정 ▶ 반대는 당연하지만, 국내 여론이 폐지를 밀어붙이기에 반대가 거세고, 현실적으로 그런 저항이 있었다면 단계적 접근이라도 했어야죠. 그게 대체 입법이거든요. 국가보안법을 없애고, 거기에 있는 요소들을 형법에 집어넣자는 게 대체 입법론인데 그렇게는 갈 수 있었어요. 그것까지도 못 간 것은 참 아쉬운 일입니다. 국가보안법이 있고 없고의 차이 중 가장 큰 것은 자신감이거든요. 한반도 정세를 우리가 주도한다고 하는 자신감, 보안법이 없어도 체제에 대한 자신감과 우리의 체제 정당성에 대한 자부심 이런 것을 가지고 적어도 한반도 문제를, 우리의 운명을 우리가 주도한다는 생각으로 해야죠.

동주 이용희 선생이라고 옛날에 통일원 장관도 하신 분입니다. 정세현 전 장관의 스승이었는데, 이 어른이 이렇게 가르치셨답니다. "국제정치학이 미국에서 들어왔지만, 한국에서 국제정치학을 공부하는 목적은 미국이 주도하는 국제정치 상황을 정당화해주자는 것이 아니다. 사회과학 중에서도 국제정치학은 현실 참여 경향이 큰 학문이다. 분단국가인 한국에서 국제정치학을 연구하고 가르치는 것은 통일 문제와 관련이 되어 있다. 국가가 국제정치 차원에서 어떤 일을 해야 통일에 보탬이 될 것인지, 어떤 외교를 해야 분단의 피해를 최소화할 수 있을지에 대해 통찰력을 갖도록 하기 위한 것이다. 그러니까 한국에서 국제정치학을 공부하는 사람들은 자기 입장이 뚜렷해야 한다. 내 나라와 남의 나라를 혼동하면 안 된다. 항상 안과 밖을 구분하며 내 나라의 입장에서 유불리를 가릴 줄 아는 냉철함이 필요하다. 국제정치에는 영원한 동지, 영원한 적도 없기 때문이다." 국제정치학자로서 수업 시간에 늘 이런 얘기를 하셨다니…… 우리도 국민적, 국가 차원에서 그러한 자신감을 가져야 합니다.

대륙으로 가는 길이
평화 해법

지 ▷ 우파들은 늘 한국의 좌파들이 대한민국 정체성에 대해서 자신이 없다고 말하는데요. 우파들이 체제에 대해서 더 자신이 없어 보이거든요.(웃음) 북한과 대화하는 것에 대해서도 쭈뼛쭈뼛한 것 같고요. 왜 그러는 걸까요?

정 ▶ 이해관계가 있다고 생각해요. 분단 질서 속에서 명예든 부든 권력이든 가진 사람들이 기득권자고 수혜자거든요. 그런데 분단 상황이 급격하게 변하면, 현실이 변하면 자기가 갖고 있는 기득권이 흔들릴 수 있다고 보는 거죠. 예를 들면 일제 때 친일파는 식민지 지배가 계속되기를 바랐을 것 아니겠어요. 그래서 이 질서대로 현상 유지를 하는 것이 자기들 기득권을 유지하는 데 도움이 된다고 생각하는 이해관계가 있는 겁니다.

해방 후 친일 청산을 못 한 것과도 연결되어 있습니다. 당시 지식인들이 북으로 많이 간 것은 저쪽에는 친일파 문제가 없었기 때문이잖아요. 그 부분이 핵심이죠. 건국을 했는데도 일제 형사가 여기서도 경찰이니, 얼마나 절망했겠습니까? 일제 청산을 못 하면서 일제 고등 경찰이나 일제 군인이나 일제 관료들을 다 뽑아서 썼단 말이죠. 그 사람들한테 늘 콤플렉스는 그거 아니겠어요. 자기 과거에 대한 것. 그걸 반공으로 환치시킨 겁니다. 반공으로 바꿔치기해서 반대하는 사람들을 잔인하게 짓밟은 역사와 연결되어 있습니다. 그래서 북쪽을 인정하고 화해하는 것은 자기 부정이 되는 거예요. 북과 대화와 협상으로, 화해와 협력으로 악수하지 못하는 것에는 오랜 뿌리가 연결되어 있습니다. 그래서 전환이 안 되는 건데요. 해법은 자기들 이해관계에 도움이 되는 쪽으로 정책을 펴는 것입니다. 재벌 대기업들이 '이북에 가서 돈을 많이 버네.' 하고 기득권의 제일 중심에 있는 재벌이 화해 협력을 좋아하게 만드는 거죠. 그렇게 이북도 설득하고 정책도 그렇게 짜고, 그 점에서 현대 정주영 회장이 대단한 역할을 했습니다.

지▷ 2006년에 앨빈 토플러를 만나서 남북 관계에 대해서 얘기를 나누었다고 하셨는데요.

정▶ 토플러 박사 쪽에서 연락이 왔어요. 『부의 미래』를 쓰는데, 거기 일본, 중국, 한국에 관한 장이 있어요. 남북한의 상황을 앨빈 토플러 입장에서는 시간의 충돌로 봤습니다. 여기는 21세기로 가는데 북한은 30~40년 뒤처져 있고요. 이것을 설명하는 하나의 창문으로 개성공단을 본 거죠. 개성공단 얘기를 나한테서 들어야겠다고 해서 미국 갔을 때 점심을 같이하면서 주고받은 얘기를 쓴 것입니다. 그 역시 에곤 바르 박사처럼 한반도의 통일 모델을 개성공단형 경제통합 모델로 본 것입니다.

지 ▷ 그때 당시가 남북 관계가 가장 진전되어 있을 때인데요. 그럼에도 불구하고 앨빈 토플러는 "역사는 결코 기다려주지 않는다."는 말로 남북 관계 진전, 대북 정책이 너무 더디다는 비판을 했습니다. 지금은 속도가 훨씬 더 늦춰졌거나, 멈춘 상태인데요.

정 ▶ 지금 생각하면 그때 좀 더 속도를 냈어야죠. 상대가 있으니까 남북 간의 신뢰 수준이 높을 때 뭔가 했어야죠. 60년 적대에 겨우 몇 년 화해하고 협력했잖아요. 그래서 안타깝게 생각하는 것이 노무현-김정일 정상 회담을 임기 초에 했어야 시간을 낭비하지 않고 쭉 갔을 텐데 하는 점입니다. 노무현 정부는 입장이 좋지 않았습니까? 김대중 정부가 터를 닦아 줬잖아요. 철도도 이어놓고, 도로도 이어놓고, 개성공단도 합의해놓았고, 다 해놓았으니까 이걸 밀고 나가기만 하면 됐던 건데 첫 번째 지뢰밭인 특검을 설치한 거죠. 그 점에서 참 안타깝습니다.

지 ▷ 지금 생각해보면 허니문 기간에, 야당이나 언론에서 비판하지 않을 때 밀어붙였어야 될 것 같은데요.

정 ▶ 사실 정권 임기 5년 동안 많은 일을 할 수 있어요. 지난 5년간의 중국, 대만 관계 발전을 보면 5년이란 시간이 천지개벽을 일으킬 수도 있구나 하는 생각이 들어요. 오늘 아침 언론에도 나왔던데요. 중국이 북경, 상해, 칭타오 등 13개 도시의 시민들한테만 허용하던 대만 자유 여행을 이번에 26개 도시로 확대했어요. 우리 같으면 불공평하다고 난리가 날 텐데요.(웃음) 작년에 260만 명이 가고, 530만 명이 오고 양쪽이 800만 명이 왔다 갔다 했습니다. 남과 북이 800만 명이 왔다 갔다 하면 사실상 통일 상태잖아요. 그렇게 하자는 거죠. 대만, 중국도 하는데 불가능한 것이 아닙니다.

지 ▷ 세계사적으로 중요한 시대의 흐름 속에서 민족의 활로가 막혀 있다고 보거든요. 그걸 뚫어야 합니다. 민족의 미래 비전을 제시할 수 있는 희망적인 활로가 있는 비전이 나와야 합니다. 계속 막혀 있으면 안 되잖아요. 그걸 제시할 수 있는 선각자적인 관점에서 역사를 보면서 풀어줘야 하는데, 박근혜 대통령만 보고 있어서도 안 되는 것 같고요. 뭔가 행동으로 지식인이라든가 정치인이 나서서 "이걸 좀 하시오." 하는 실질적인 방안이 있어야 할 것 같습니다. 이대로 가면 끝이잖아요. 어떤 해법이 있을까요?

정 ▶ 해법은 대륙으로 가는 길입니다. 중3 사회 교과서를 보니까 그게 들어 있어요. 한반도 지도하고, 대륙으로 가는 길. 앞으로 그렇게 가야 한다는 거죠. 여기 동화책을 한 권 가져왔습니다. 통일되면 어떤 일이 좋냐. "기차 타고 유럽 여행을 간다, 비무장 지대가 생태 공원이 된다, 여행 갈 곳이 많다." 아이들에게 꿈과 희망을 주는 얘기죠. 기차

바이칼 호수에 있는 알혼 섬 불한 바위. 바이칼은 한민족의 시원지로 불린다. 원부족 언어 가운데는 아리랑이란 말이 남아 있고 서낭당, 장승, 강강술래, 고수레 풍습 등이 전해 내려오고 있다.

타고 유럽 간다, 이게 가장 피부에 닿는 얘기 아닐까요.

지 ▷ 그것과 관련해서 사단법인 '대륙으로 가는 길'에서 추진하고 있는 게 있을 텐데요.

정 ▶ 공부 모임도 하고, 바이칼과 시베리아도 가고, 출판도 하고, 강연도 하고, 프로젝트도 따서 진행하는 거죠. 회원이 천여 명 됩니다. 올 광복절에 회원들과 함께 바이칼호에 다녀왔습니다. 인천에서 블라디보스토크까지 비행기로 가서 시베리아 횡단철도 TSR 타고 70시간 달려서 이르쿠츠크까지 갔어요. 대륙열차로 사천 킬로미터를 사흘 낮밤을 꼬박 달렸죠. 가도 가도 끝이 없는 시베리아 자작나무 숲을 차

창 밖으로 내다보면서 광대한 자연의 힘과 함께 여기가 바로 활짝 열려 있는 우리 앞마당이라는 느낌이 들었습니다. 연해주와 시베리아는 이미 열려 있는데 우리가 스스로를 가두고 있는 것만 같아 답답했어요. 바이칼호는 한민족의 시원인 것이 분명하더라고요. 아리랑, 강강술래, 서낭당, 장승, 고수레, 씨름 같은 먼 조상의 흔적이 DNA처럼 남아 있는 곳이죠. 우리 조상들은 바이칼에서 남쪽으로 남쪽으로 내려와 만주와 한반도 일대에 정착한 것으로 보입니다. 한반도 철도와 시베리아 철도를 연결하는 것은 북방 경제 시대를 여는 것일 뿐만 아니라 단절된 우리의 뿌리를 잇는 것이기도 합니다.

외교를 잘해야
통일로 간다

지 ▷ 외교를 중요시하시지요. 예전에 탈레랑이라는 프랑스 외교관의 "유능한 외교관 한 사람은 10만 명의 군사보다 낫다."는 말을 인용하셨는데요. 햇볕정책을 실시했을 때 『뉴욕타임즈』는 "한국이 비로소 처음으로 남북문제에 관해서 운전대를 잡았다."라고 표현하기도 했습니다. 우리가 그만큼 외교를 중시해야 하는데, 한미 FTA만 해도 협상 담당자들이 기득권이나 친기업적이라는 비판들도 있었지 않습니까? 협상 담당자들이 나중에 대기업에 들어가기도 했고, 새누리당 국회의원으로 출마해서 당선되기도 했고요. 그래서 저 사람들이 한국 전체의 이익을 대변한다기보다는, 자기가 아는지 모르는지 몰라도 알게 모르게 기득권이나 기업의 입장을 대변하는 것이 아닌가 하는 우려들도 있는데요. 지난번에 외교부 관리들이 친미적인 사고를 하는 것 같더란 말씀도 하셨잖아요.

정 ▶ 진짜 지금이야말로 외교를 잘해야 통일로 갈 수 있어요. 남북관계도 잘해야 하지만, 외교를 잘해야 될 수 있습니다. 통일 외교가 정말로 절실하게 필요하지만 통일 외교라는 것이 미국과의 관계만 잘해서 되는 것이 아니잖아요. 1동족, 1동맹, 3동반자를 대상으로 동족 간에는 소통을 해야 하고, 동맹 간에는 잘 공조를 해야 할 것이고, 동반자는 협력을 잘 끌어내야죠. 그게 외교의 역할입니다. 미국이나 중국, 일본이 한국 통일을 해주려고 적극적으로 나설 이유가 별로 없잖아요. 그렇기 때문에 당사자가 중요해요. 6·15 선언이 중요한 것이 통일 문제를 남북의 당사자가 우리 민족끼리 주도하자고 했기 때문입니다. 지난 정권이나, 현 정권이 그걸 기피하잖아요. 우리 민족끼리 뭘 도모하기는커녕 서로 인정을 안 하려고 하니까요.

역사라는 것이 직진하는 것이 아니라 사행천처럼 꼬불꼬불 간다고 하지만, 우리 민족의 현대사를 보면 참 비극적이에요. 우리만큼 비극적인 현대사를 겪은 사람들이 없잖아요. 식민지에, 전쟁에, 쿠데타에, 가난에, 분단에. 2006년 가을에 베를린 대학에 한 학기 가 있었습니다. 포츠담에서 살았어요. 포츠담은 통일 전 동독에 속했지요. 베를린 대학까지 한 30분 거리인데, 동네에 포츠담 회담이 열렸던 체칠리엔호프(Cecilienhof) 궁전이라는 곳이 있어서 산책도 하고 놀러 가기도 했습니다. 그곳에 갈 때마다 우리 민족의 운명이 여기서 재단되고 있을 때 우리는 어디에서 무얼 하고 있었는가 하는 한탄이 절로 나왔어요.

지금은 호텔로 쓰는데, 1층에 회담장이 있습니다. 거기에서 3자, 스탈린, 루스벨트, 처칠이 만나죠. 1945년 초에 얄타에서 만나고, 7월 17일부터 8월 2일까지 포츠담에서 만나 유럽의 전후 처리와 일본의 항복 문제를 논의하기 위해 모였는데요. 역사의 아이러니가 루스벨트가 그 사이에 세상을 떠나요. 4선에 성공하고 취임해서 몇 달 만에 4월에 사망했습니다. 그리고 독일이 항복하고 트루먼 부통령이 대통령이 되고 첫 해외 나들이로 포츠담에 옵니다. 미국 대통령을 승계하고 처음이었죠. 그리고 처칠이 회담을 시작하고, 며칠 있다가 잠깐 본국에 다녀온다고 떠나지요. 본국에 총선거가 있었는데, 가서 선거에 패배합니다. 회담 중에 노동당으로 정권이 바뀌고 수상이 바뀐 거예요. 이틀 뒤에 에틀리라고 새로 당선된 노동당 수상이 왔어요. 그래서 포츠담 회담을 스탈린이 주도하게 됩니다.

포츠담 선언에서 한국 문제와 관련해 별도의 언급은 없었어요. 다만 2년 전 카이로 회담에서 선언한 대로 "한국인의 노예 상태에 유의하여, 적당한 시기에 한국을 자주독립시킨다."는 조항을 재확인한 정도였습니다. 포츠담에 도착한 트루먼 대통령이나 애틀리 수상은 아마도 경황이 없었을 거예요. 갑자기 전후 패전 처리라는 복잡하고 엄청난 과제를 다루게 됐는데 준비할 시간도 충분치 않았을 것이고. 두 지도자는 독일 분할이나 유럽 영토선 획정 같은 큰 문제에 집중했을 테니 당연히 멀리 동아시아 한반도의 독립 문제 같은 것은 주요 관심 사항이 되지 못했겠지요.

반면에 노회한 스탈린은 포츠담 회담에서 소련의 대일 참전이 주요 의제가 될 것이고, 그렇게 되면 소련군이 신속하게 만주를 거쳐 한반도까지 밀고 내려온다는 계획을 이미 머릿속에 갖고 있었을 거예요. 사실 포츠담 회담 직후 8월 8일 소련이 대일 참전을 발표하고 바로 이틀 뒤 8월 10일 벌써 소련군이 압록강을 건너 진주하기 시작했거든요. 이때 미군은 태평양 전선에 머물고 있을 때여서 부랴부랴 한반도 분할 점령안을 세우게 되죠. 8월 11일 러스크, 본스틸 두 사람의 대령이 상부의 지시를 받고 30분 동안 한반도 지도를 들여다보고 궁리를 한 끝에 38선을 쭉 그었다고 합니다. 나중에 러스크는 케네디 정부의 국무장관이 되고 본스틸은 주한미군 사령관을 지내죠. 참 한숨 나오는 일입니다. 8월 15일 미국은 소련 측에 38도선 분할안을 제안하고 스탈린은 이를 수용했어요. 8월 15일이 해방된 날이 아니라 사실은 분단의 첫날이었다는 게 너무 아픈 역사적 사실입니다. 더구나 당시 한국의 어느 누구도 한반도 분할 사실을 알아차리지 못했다는 게 더 비극적이죠.

좋은 정치는 분단을 해소하고 나쁜 정치는 분단을 고착화한다

지 ▷ 한반도 운명과 관련해 늘 정치가 중요하다고 강조해오셨지요.

정 ▶ 그렇습니다. 결국 '정치가 우선한다.'는 표현처럼 좋은 정치는 분단을 해소하는 데 기여하는 것이고, 나쁜 정치는 분단을 고착화하는 것이죠. 그걸 리트머스 시험지로 해서 그래도 햇볕정책을 밀고 왔던 민주정부 10년은 분단 해소를 위해서 정치의 선기능을 한 것이라고 볼 수 있습니다. 지난 정부 5년 동안을 보면 정치가 얼마나 상황을 꼬이게 하고 나쁘게 하는가를 웅변하는 것이고요. 독일의 경우를 봐도 여야 간에 정권이 바뀌어도 일관되게 분단을 해소하고자 노력을 기울인 좋은 정치가 있었기 때문에 주변 강대국들의 우려와 반대를 무릅쓰고 통일로 가는 문을 활짝 열어젖히지 않았습니까?

지 ▷ 전 통일부 장관들과는 가끔 뵙나요?

정 ▶ 제가 통일부 장관을 할 때 전임 장관들의 경험을 살려야겠다고 생각해서 전임인 정세현, 임동원, 박재규 장관 등을 매주 두 번째 월요일에 만나서 그분들에게 돌아가는 상황을 설명해드리고 조언을 구했죠. 이월회라고 이름 붙여서 지금까지도 모임이 있습니다. 또 수시로 DJ 대통령께 갔죠. 그분이 제일 관심 있는 것이 남북 관계니까, 남북 관계 진행 상황에 대해서 설명을 해드리고, 거기에 대해서 얘기를 들었습니다. 그게 저한테는 큰 교과서가 되고, 큰 가르침이 되었어요. DJ는 청년 시절부터 통일 문제에 대한 준비된 식견과 철학을 갖고 있는 지도자였지요.

지 ▷ 정동영표 통일 방안이랄까, 특별한 것이 있으신가요?

정 ▶ 정동영표는 '개성 동영'표 아닌가요.(웃음) 저 지난번 대선 때 슬로건이 이거였어요. 개성공단 확대를 통해 경제 통합으로 가고 9·19 합의 실천을 통해 비핵화와 평화 체제로 가자는 것이 핵심이죠. 우연인지 필연인지 두 가지 다 제가 통일부 장관과 NSC 위원장 할 때 다루었던 문제이고 결실을 봤던 문제여서 더 애착이 갑니다. 대북 포용 정책의 제목을 바꾸려고 사람들이 이렇게도 붙이고, 저렇게도 붙이고, 포용 정책 2.0, 3.0, 4.0 붙이고 하는데요. 중요한 것은 접촉을 통한 상호 변화입니다. 사람이 접촉을 해야 변하잖아요. 부단한 접촉, 그게 독일 동방 정책과 대북 포용 정책의 핵심입니다. 서로 '뿔 난 줄 알았는데, 똑같은 사람이구나.' 그렇게 접촉을 통한 변화 정책이 기본이고요. 헌법에 따라서 평화적으로 통일을 추구하는 것인데, 현실적으로 핵 문제를 해결하는 것이 최대 암초로 떠올랐어요.

지 ▷ 김 대중 전 대통령도 9·19 공동성명의 가치를 강조하셨었죠.

정 ▶ 그러셨습니다. 북핵 문제를 어떻게 해결할 것인가. DJ 대통령이 2009년 8월 18일에 돌아가셨는데, 직전 5월에 중국을 다녀오셨어요. 그해 5월에 핵 실험이 있었거든요. 갔다 와서 이분이 계획한 것이 워싱턴의 NPC(내셔널 프레스 클럽)에 가서 세계를 상대로 호소해야 되겠다는 것이었습니다. 15년 전인 1994년 1차 핵 위기 때 워싱턴의 내셔널 프레스 클럽에 가서 "미국이 특사를 보내야 된다, 카터가 가야 한다."라는 연설을 해서 결정적 기여를 했죠. 15년 뒤에 북한이 핵 실험을 다시 해서 한반도에 위기가 오니까, "내가 다시 미국에 가야겠다."고 하셔서 2009년 9월 19일에 내셔널 프레스 클럽에서 연설을 하기로 날짜를 잡아놓았었지요. 돌아가시는 바람에 못 가셨지만요. 그분이 워싱턴에 가서 하려고 했던 마지막 연설 초고가 있습니다.

2005년 9월 19일로 돌아가자는 거였어요. 그래서 워싱턴 NPC에 접촉을 해서 내가 대신 가면 안 되겠냐고 했더니 오라고 하더군요. 2009년 9월 19일에 가서 연설을 했습니다. 주최 측에서 알아보니까 김정일 위원장도 만났고, 9·19를 만든 데 기여한 사람이거든요. DJ는 돌아가셨고, 그래서 허락을 한 거죠. NPC에는 1년 치 초청 인사 연설 시간표가 나와 있습니다. NPC에 가서 "9·19로 돌아가자, 오바마·김정일 만나라, 이게 해법이다. 그리고 오바마를 향해 후보 시절 대통령이 되면 북한과 이란 등 적국의 수장과 직접 대화를 한다고 했지 않느냐? 지금이 오바마 외교가 작동할 때다."라는 얘기를 했습니다. 오바마의 '오' 자와 김정일의 'K'를 따서 '오케이 목장의 대화를 해라.'라는 제목으로 『오마이뉴스』에 기고를 한 것이 있어요.(웃음) 그때가 두 번째 핵 실험한 후거든요.

지금도 상황은 도돌이표예요. 다른 해법이 없다면 박근혜 정부와 한국이 9·19 합의를 돌려야 합니다. 엔진이 멈춘 지가 5년이 됐으니까 이걸 다시 씽씽 돌리려면 한국이 나서야죠. 첫 단추가 남북 대화 시동이에요. 그게 개성공단 재가동입니다. 여기서부터 해야 하는데, 제가 어제 개성공단 비대위 모임에 가서 그분들 얘기하는 것을 들었는데요. 잔뜩 요구하는 것이 손실 보전, 재고분 납품 협조, 경협 보험금 지원, 대출 지원, 국내 보완 생산라인 지원, 협력기금 저리 대출, 재산권 분할 매각 요청 등인데요. 쭉 듣고는 선가동, 후보상 얘기를 해야지, 보상 얘기만 하고 있느냐고 했습니다. 보상한다고 살아나는 것이 아니잖아요. 닫히면 영영 죽는데, 사람을 살려놓고 얘기해야지, 왜 사후 절차를 얘기하고 있냐고 했죠.

지 ▷ 어떤 조언들을 주셨나요?

정 ▶ "그러지 말고 내 얘기를 참고하십시오."라면서 세 방향으로 얘기했습니다. 북한 당국에 대해서 분명히 촉구하시오, 박근혜 정부에 대해서 촉구하시오, 국민들에게 호소하시오. 첫째, 북한이 개성 못 들어가게 4월 3일에 차단을 했는데, "통행 차단을 해제하라."고 해라. 남북 회담하기 전에 일방적으로 막았으니까 일방적으로 풀면 되잖아요. 두 번째, 5만 3,000명 철수 조치했는데, 그거 해제하라고 해라. 물론 북이 잘못을 시인한 꼴이 되니까 쉽지 않겠지만, 개성공단 업체들은 요구할 수 있습니다. 북한에 통행 차단 해제를 요구하고, 철수 조치를 풀라고 요구하고, 선 개성공단 가동 후 남북 대화 정상화를 하라고 해라. 격을 맞추든 급을 맞추든, 그것까지 기다리다가 우리 죽는다. 우선 이것부터 가동하게 해달라고 요구해야 한다는 거였습니다.

남쪽 정부에 대해서는 "오늘부터 비 올 텐데, 기계 썩지 않냐, 장마철의 특수 상황을 고려해달라."는 요구를 해라, 우리가 이북 갈 테니까 북에서 받아준다고 하면 저쪽에 방북 명단 전달해줘라. 남에 대해서도 "선 개성공단 가동, 후 남북 대화 정상화해라."라고 원 포인트로 개성공단부터 해결하라고 요구하라는 겁니다. 응급실에 교통사고 환자가 들어오면 우선 생명부터 살리고 보는 것이지 사고 책임이 누구한테 있느냐는 것을 갖고 싸우다 보면 환자는 어떻게 되겠어요. 이게 순리 아닌가요.

그리고 중요한 것은 국민 여론입니다. 왜냐하면 박근혜 정부가 대북 정책, 남북 관계를 국내 정치에 활용하고 있는 인상이 짙어요. 안보의 정치화죠. 이런 상황에서는 여론이 어떻게 움직이느냐가 결정적입니다. 1번 불편한 진실을 알려라. 우리 숨넘어가는데 첫째 핵심이 "흑자 납니다."라고 외쳐라. 그러면 "흑자 나는데 왜 문 닫으려고 해?" 하면서 국민이 가장 강력한 후원자가 될 것이다. 그러니까 흑자 난다고 외쳐라. 그리고 두 번째로 중소기업의 활로요 생명줄인데, 그걸 닫으면 되냐, 남쪽에 있는 중소기업들의 활로라고 외쳐라. 당신들이 개성공단 가기 전에 남쪽에서 사업을 하면서 얼마나 어려웠는지, 이북에 가서 인건비 한 달에 13만 원 주고, 땅값 14만 9,000원 주고 50년 쓰는 것이 기업이 회생하는 데 얼마나 도움이 됐는지 사례 발표를 하라고 한 거죠. 개성공단에서 신변 위협도 없었고, 식량난도 없었다. 개성공단의 생산액이 발표된 것의 10배다. 흑자가 난다. 대국민 홍보 선전을 적극적으로 하라는 얘기를 하고 왔어요. 이분들은 이해가 안 될 정도로 정부에 대해서 벌벌 떨고 있어요. 기업인들이 권력에 약해요. 그나마 정부한테 찍히면, 종북으로 찍히면 어떻게 하나 걱정하고 있더라고요. 아, 어떻게 기업인이 종북으로 찍힐 걱정을 하다니.

통상 관료들의 개성공단 FTA 항명

지 ▷ "종북도 안 되지만, 종북 장사도 안 된다."라고 표현하셨던 것처럼 새누리당이 종북 장사로 재미를 봤잖습니까? 그래서 사람들이 일정하게 위축되어 있고요. 2000년 이후 13년이나 지났는데도 이런 현실이 슬픈데, 일부에서는 소송을 해서 배상 판결을 받기도 했잖아요.

정 ▶ 진보 쪽의 싱크탱크가 필요해요. 저 사람들은 프레임 만들기에 아주 능해요. 미국의 보수 세력과 한국의 보수 세력의 공통점이 있어요. 잘 씌워요. 이제는 빨갱이, 용공 이게 안 먹히니까 현대화해서 종북이라고 잘 활용을 하고 있는 거죠. 레이코프의 『코끼리는 생각하지 마』라는 책도 있듯이 보수가 프레임 짜기에 능하고 진보 쪽은 무능합니다.

지 ▷ 진보 쪽에서 고민을 많이 해봐야겠네요.

정 ▶ 결국 언론 환경, 종편과 언론의 독과점이 문제죠. 조중동 3사가 신문 시장의 70%를 장악하고 있고, 방송이 모두 관영 방송 비슷하게 됐습니다. 이런 언론 환경이 보수 쪽의 프레임 짜기에 아주 유리하게 된 거죠. 프레임을 짜면 그걸 일제히 전파해주니까요.

지 ▷ 저쪽 입장에서 보면 선순환을 하고 있는 건데요. 저쪽에서 필요한 애기를 보수 신문이 하면, 새누리당은 그걸 받아서 논평을 하고요. 또 그 애기를 보수 신문이 보도를 하지 않습니까?

정 ▶ 거기다가 원세훈 전 국정원장처럼 정보기관을 이용해서 댓글 조직을 운용했는데요. 디지털 시대에 부정 선거의 한 원형이라고 볼 수 있죠. CIA 책임자, FBI 책임자가 선거 캠프하고 연결해가면서 대선에 개입하는 지경까지 온 거란 말입니다. 과거의 북풍 공작은 유도 아니지, 북풍 공작은 누굴 시켜서 한 건데, 이건 국가기관이 직접 한 거잖아요.

지 ▷ "개성공단은 남북 사이에 마지막 생명줄이자 심리적 안전판이다. 또한 경제 사업이면서 동시에 안보적·전략적 가치가 매우 높다."고 하셨는데요. 한미 FTA의 쟁점 중 하나가 개성공단 제품을 한국산으로 인정하느냐는 부분이었지요. 참여정부 때는 그런 조항이 있었다고 하던데요.

정 ▶ 근거 조항은 하나 있어요. 핵 문제가 해결되고, 남북 관계가 잘 발전되면 차후에 논의하자는 거예요. 있으나 마나 한 거죠. 그것도 노 대통령이 강조해서 된 것인데 몇 가지 의미가 있어요. 하나는 한미 FTA를 고민할 때 명분으로 작용을 했어요. FTA를 하면 개성공단 상품이 메이드 인 코리아로 인정받겠구나. 그래서 노무현 대통령의 FTA를 시작하는 데 따른 부담감을 상당 부분 완화해줬어요. 이쪽 수석대표가 미국에 갈 때 특별지침을 주기를 "최우선적으로 개성공단을 메이드 인 코리아로 인정받아야 한다. 그렇지 않으면 중단해도 좋다."고 했는데, 이 사람들이 가서 "어려운 문제는 나중에 얘기합시다." 하고 완전히 대통령 지시를 깔아뭉갠 거죠.

지 ▷ 대통령 지시를 무시한 거네요.

정 ▶ 이건 항명이에요. 대통령이 임명한 통상 관료가 대통령이 내린 지침을 어떻게 무시합니까? 최우선적으로 논의하고, 이거 안 받아들이면 협상 중단하라고 했는데, 가서 "나중에 얘기합시다." 하고, 결과는 뭐냐 "북핵 문제 해결되고 남북 관계 좋아지면 나중에 얘기합시다." 그건 말이 안 되는 얘기죠. 관료한테 속은 겁니다.

TKR과 TSR을 이어 유라시아 대륙으로 가자

지 ▷ "부산역과 목포역에서 파리행 열차표를 끊을 수 있게 하겠다." 고 하셨는데, 대륙으로 갈 때 철로를 확장한다든가 다른 나라들과 기술적인 문제도 있지 않겠습니까? 비용을 분담한다든지.

정 ▶ 철도 연결 협상은 러시아, 몽고, 중국 등이 장애물이 아니에요. 다 협조적입니다. 러시아와는 여러 차례 철도 연결 회의를 했고, 남북한 사이에도 여러 번 회의를 했었어요. 정치적 결단만 남은 거죠. 기술적인 문제는 최단시간 내에 해결할 수 있습니다. 그래서 러시아도 지금 쌍수를 들어 환영을 하죠. 철도를 연결하면 철로 부지를 타고 가스관을 매설할 수 있죠. 지금 천연가스 시장이 판매자 마켓이 아니고, 구매자 마켓으로 변하고 있거든요. 그래서 안정적인 판로를 확보하기 위해서 코리아 파이프라인, PNG라고 그걸 연결하고 싶어 하는 거죠. 우리가 세계에서 몇 번째 안에 드는 가스 소비국입니다.

특히 푸틴 대통령이 관심이 많아요. 2005년에 제가 김정일 위원장에게 제2차 남북 정상 회담 장소가 서울이 아니어도 좋으니 조속히 정상 회담을 갖자고 했을 때, 김 위원장이 제3국에서 하자는 역제안을 해왔습니다. 러시아의 이르쿠츠크를 의미했지요. 이르쿠츠크는 바이칼 호수의 세계 최대의 수자원을 이용한 전기와 천연가스, 석유 등 에너지의 보물 창고지요. 푸틴은 남북 정상을 여기에 초청해 러시아의 위상도 과시하고 아울러 파이프라인 프로젝트도 성사시키려는 구상을 했었을 겁니다. 물론 한반도를 놔두고 제3국으로 갈 수 없어서 무산되긴 했지만 아무튼 러시아는 시베리아와 한반도를 철도, 가스관, 송전선로 등으로 연결하는 일에 적극적이에요. 이게 바로 '10년 후 통일'로 가는 핵심 전략 사업이기도 합니다. 그런데 안타깝게도 지난 5년 동안 러시아와의 관계가 가장 등한시되었어요. 앞을 내다보는 국가 전략의 부재가 아닐 수 없습니다.

이명박 정부에 비하면 그래도 박근혜 정부에 대해서는 아직 일말의 기대를 걸고 있습니다. 박근혜 대통령이 야당 의원 시절 평양을 방문했을 때 김정일 위원장과 대륙 철도 구상에 대해 얘기를 나눈 적이 있다고 자서전에 썼어요. "김정일 위원장은 특히 남북한 철도 연결에 높은 관심을 보였다. 남북한 철도 연결을 통해 한반도를 국제 물류 기지로 만들어 남북 모두 경제적 이익을 창출하자는 나의 제안에 강한 긍정의 뜻을 보였다. 우리는 남북한 동해선 연결을 통해 시베리아 철도까지 연결하는 방안을 실천하기 위한 현실적 문제들에 대해 서로 의견을 나눴다." 이제 대통령이 됐고, 올 가을엔 한-러 정상 회담도 예정돼 있으니 마음만 먹으면 현실로 만들 수 있는 조건이 된 거죠. 러시아는 기다리고 있을 겁니다.

지 ▷ 일단 그쪽에서는 가스를 팔기 위해서라도 적극적으로 나온다는 거군요.

정 ▶ 철도, 가스, 전기 이렇게 같이 연결되는 것입니다. 이 부분은 사실 신나는 영역이에요. 무한한 상상력이 발휘될 수 있고, 우리가 생각하지 못했던 시너지도 발생할 수 있고요. 이른바 '평화를 위한 가스 계획' 같은 것은 북핵 문제 타결에도 중요한 카드 역할을 할 수 있어요. 바이칼 호수 옆 이르쿠츠크 가스전 또는 사할린 가스전에서 파이프를 통해 천연가스를 끌어오는 건데요. 가스관이 북한을 경유해 남한으로 오기 때문에 북이 핵 개발을 포기하는 대가로서 통과료 명목으로 합의된 가스량을 북에 공급해줄 수 있습니다. 앞서 9·19 공동성명 타결 배경에서 말한 대로 함경남도 신포에 건설 중이던 경수로 2기 공급 사업이 중단된 상태에서 북한으로 하여금 핵무기와 핵 프로그램을 포기 또는 폐기하게 하려면 국제적 합의를 통한 다자 지원 프로그램이 필요합니다. 예컨대 남쪽에서 전기를 주거나 아니면 시베리아 가스관 사업 같은 것을 통해 대가를 지불할 수밖에 없는 거죠.

북한 측에서는 이게 유훈 사업입니다. 1994년 김영삼 대통령과 남북 정상 회담을 앞둔 김일성 주석은 남북 간의 철도가 만주와 시베리아로 연결되면 남과 북 둘 다 이익이 된다면서 북한 입장에서는 최소한 1년에 1억 달러 이상의 이득이 생긴다고 말한 일이 있어요. 컨테이너 화물이나 가스관 통과료를 염두에 둔 발언이었죠.

그런데 전제가 있어요. 남북 간의 적대와 증오를 완전히 넘어서서 실질적으로 전쟁의 위협을 완전히 제거하는 것, 군사적 충돌의 가능성을 완전히 제거하는 것. 그것이 바탕이 되어야 무한한 상상력을 발휘해서 철도, 가스, 전기도 연결하고, 문화적 동질성을 회복하기 위한 여러 가지 연구, 조사, 이벤트도 하고, 다양한 것들을 할 수가 있죠. 남쪽에 사실 그런 정도 역량이 축적되어 있잖아요. 환경, 문화, 언어, 체육, 예술, 각 분야의 봇물이 터지면 민족 동질성 회복은 굉장히 빨리 진행될 것이라고 봅니다.

70년 갈라져 살았지만, 10년 정도면 상처 치유가 될 수 있을 거예요. 동서독이 하고, 대만과 중국이 하는데, 왜 우리가 안 되겠습니까? 특히 한국전쟁에서 적군으로 마주 싸웠던 중국이 이제는 '중공군 오랑캐 나라'가 아니라 일주일에 1,000편 이상의 비행기가 뜨고 내리는 친숙한 이웃으로, 공식적으로도 '전략적 협력 동반자 관계'로 규정되고 있는데 동족 간에 적대와 증오를 관용과 협력으로 바꾸지 못할 이유가 없다고 보는 거예요. 그렇게만 되면 신나는 국면이라고 했는데요. 그런 신천지를 열 상상력과 열정이 없다는 것이 가장 큰 문제입니다.

지금 우리 국민들에게 그런 상상력과 열정을 불어넣어주는 것, 그것이 이 책 제목을 '10년 후 통일'이라고 붙인 이유입니다. 주말에 갈 데가 없잖아요. 국내는 대개 다 갔다 와서. 이북은 도로가 불편하겠지만 얼마나 갈 데가 많겠습니까? 차 몰고 만주로 시베리아로 갈 거잖아요. 자동차 대륙 여행 시대, 지금 자동차 없는 집이 없으니 승용차로 북경 간다, 베를린 간다, 파리 간다, 이스탄불 간다, 갈 수 있는 거잖아요. 비자만 가지고 가면.(웃음)

지 ▷ 산티아고 순례길이나 제주 올레길처럼 걸어서 실크로드 배낭여행도 가능하겠네요.

정 ▶ 딱 단절되어 있는 섬 아닌 섬에서 벗어나면 얼마나 정신세계가 무한대로 넓어지겠어요. 도서인의 협소한 마음이 넓어지겠죠.

지 ▷ 섬보다 나쁜 것이 섬은 사방으로 배 타고 나갈 수 있는데, 그나마 한 군데가 막혀 있는 거잖아요.(웃음)

정 ▶ 상상력의 반 토막, 정신세계의 반 토막이 아니라 무한대로 넓어질 수 있습니다.

지 ▷ 그런 역량이 갖춰져 있는데도 정치가 늘 문제라고 하셨지요. "독일과 달리 통일에 대한 구체적인 전망이 없는 이유가 독일보다 열등한 한국 정치의 책임이고, 그 책임은 정치 지도자가 져야 한다."고 하셨는데요. 주위 정치인들을 보면서 답답함을 느끼시겠네요.

정 ▶ 다른 말로 하면 민주주의의 문제입니다. 독일은 아데나워, 에르하르트, 키징거, 브란트, 슈미트, 콜로 갔을 때 독일 민주주의가 한 번도 흔들린 적이 없고, 계속해서 성숙하고 발전해갔어요. 우리는 그 과정에서 도대체 민주주의를 몇 년이나 했나요? 민주주의를 한 기간과 화해 협력의 기간이 같습니다. 정치가 문제라는 것은 하나는 지도자, 리더십의 문제이고, 구조로서는 민주주의의 문제입니다. 결국 남북문제도 민주주의의 문제입니다. 이명박 시대 5년이 민주주의의 후퇴기 아닙니까? 형식적 민주주의로 후퇴한 거죠. 실질적 민주주의는 실종되고, 그 속에서 남북 관계가 실종된 것이고요. 박근혜 정부도 민주주의가 확장되면 남북 관계가 정상적으로 돌아갈 것이지만, 박근혜 시대가 민주주의 후퇴기로 기록된다면 남북 관계도 전망이 어둡죠. 이것도 민주주의의 문제입니다. 먹고사는 문제야말로 민주주의의 문제인데, 평화의 문제도 결국 민주주의의 문제입니다.

사람의 문제,
상상력의 문제,
민주주의의 문제

지 ▷ 독재자들은 내부 문제가 안 풀리면 전쟁이라도 해서 풀려고 한 경우가 많았죠. 외국에는 내부에서 권력을 잃느니 전쟁이라도 해서 지켜야겠다고 한 독재자들도 있었던 것 같습니다. 민주주의를 회복해야 그런 문제들이 풀릴 텐데요.

정 ▶ 민족 문제, 분단 문제를 선거와 국내 정치에 이용한 것은 역사가 준엄하게 심판해야 합니다. 7·4 공동성명을 그렇게 악용한 것, 남북기본합의서를 악용한 것, 이 두 가지가 결정적이에요. 분단사에서 이정표에 해당하는 7·4 성명과 기본합의서를 국내 정치와 선거에 써먹었다는 것이 얼마나 큰 죄악입니까? 7·4 성명을 써먹었다는 것도 학문적으로 제대로 규명이 안 되어 있어요. 그런데 흐름을 통해보면 명백한 거죠.

1972년 2월에 닉슨이 중국에 가고, 데탕트로 가니까 남과 북이 억지 춘향으로 1972년 7·4 공동성명, 통일에 관한 3원칙을 발표합니다. 하지만 서로 상대방도 인정하지 않으면서 통일에 관한 3원칙을 얘기한 것은 공허한 일이었어요. 그러나 대중들의 열정은 뜨거웠습니다. '아, 통일이 되는가 보다.' 싶었던 거예요. 그런데 10월 17일이니까, 석 달 2주일, 100일 뒤에 헌법을 정지하고 국민 기본권을 몰수했어요. 국민의 인권을 몰수하고, 헌법을 철폐하고 총통제를 수립한 겁니다. 영구 종신 대통령제로 가버린 거죠. 민족 문제, 분단 문제를 악용한 대표적인 예가 아닐 수 없습니다. 1991년 12월 남북기본합의서는 남북통일로 가는 장전인데, 10개월 만에 사문서화되었잖아요. 그 배경에 대해서 학자들이 규명해서 논문은 안 썼지만, 1992년 12월이 대선 아닙니까?

지 ▷ 선거에 남북 관계를 이용한 거죠.

정 ▶ 이번에도 대선을 앞두고 국정원이 댓글 공작을 했잖아요. 그때 안기부가 바로 대선 개입한 거예요. 대표적인 것이 훈령 조작 사건입니다. 남북 총리 회담, 장관급 회담 등 각종 회담이 봇물 터질 듯이 열리고 있는데, 청와대 훈령을 조작했잖아요. 그래서 회담을 깨버리고 온 거죠. 그리고 이어서 터진 것이 중부지역당 사건, 이선실 간첩단 사건, 이렇게 공안정국으로 몰고 갔습니다. 팀스피리트 훈련 재개, 그러면서 기본합의서가 파기되고, 남북 관계가 파탄이 난 거예요. 그렇게 해서 1992년 대선에서 압승을 했죠. 그렇게 압승해서 뭐하겠다는 거예요. 민족 문제와 분단 문제로 고통받는 사람들의 입장에서 보면. 결국 민주주의의 문제입니다.

지 ▷ 통일을 대비해서 국민 각자는 어떤 준비를 해야 할까요?

정 ▶ 제대로 알아야죠.

지 ▷ 알아야 면장도 하니까.(웃음)

정 ▶ 알아야 주체가 될 수 있습니다. 참 어렵죠. 보수 세력의 그럴싸한 명분 뒤에 그들의 기득권 지키기가 있다는 것을 꿰뚫어봐야 하고요. 우리를 둘러싸고 있는 강대국들이 자기들의 국익을 위해서 움직인다는 것을 분명히 봐야 합니다. 정서적으로 본때를 보여주자, 꺾어놓아야 한다, 이런 감성적인 태도는 곤란합니다. 그동안 반공 교육 아래에서 1950년대, 1960년대, 1970년대까지는 평화통일론이 불온시되었습니다. 평화라는 말과 평화통일이라는 말이 반공이나 승공과 대치되는 개념으로 받아들여진 겁니다. '저쪽은 때려잡아야 할 대상인데, 무슨 평화통일?' 극단적인 대결 시대에 서로 죽고 죽이고 없애려고 한 상처가 너무 깊었죠. 북쪽에서는 극도의 증오에 불타니까 박 대통령을 습격하는 1·21 사태가 일어났어요. 그래서 향토예비군이 창설되고 군 복무기간이 연장됐습니다.

지 ▷ 극단적인 대결 시기였죠.

정 ▶ 그런 극단적인 대결과 증오로부터 벗어나 악수하고 화해 협력하는 것이 쉬운 일은 아닙니다. 그렇다고 해서 다시 재냉전으로 돌아갈 수는 없죠. 지금이 마치 재냉전의 흐름 같거든요. 냉전 시대의 특징은 서로를 인정하지 않는 거잖아요. 서로를 반국가단체 내지는 괴뢰로 보는 거니까요. 독일은 동서독 정상 회담을 1970년부터 시작하면서 일단 상호 인정과 존중을 가지고 데탕트 국면을 받아들인 반면, 우리는 1970년대 데탕트 국면에서 7·4 공동성명을 영구 집권의 배경으로 이용했습니다. 또 상호 인정으로 간 것이 아니라 여전히 서로를 인정하지 않는 대결주의 노선으로 계속 갔어요. 그게 독일과 우리의 운명을 갈라놓은 겁니다. 과거는 과거고 세계는 1990년을 기점으로 탈냉전의 세계로 접어들어, 이제 탈냉전이 4반세기 가까이 되는데, 우리가 다시 냉전의 추억, 재냉전으로 접어들고 있는 것은 불행한 일이죠.

세계는 이미 냉전을 탈피한 지가 언제인데, 전 세계 어디나 다 마음대로 갈 수 있는데 이북만 못 가는 것 아닙니까?

지 ▷ 2007년 휴전선 155마일 평화대장정을 하셨지요. 지금 2013년에 고성도 가시고, 임진각도 가셨는데, 왜 이 시점에 다시 그곳을 가보신 건가요?

정 ▶ 6년이면 더 앞으로 나아갔어야 하는데, 그게 뒤로 돌아가버리니까 다시 우리가 해야 할 일이 평화대장정이라는 생각이 들었습니다. 역사가 사행천처럼 간다고 했지만, 이 시점에서 참 통한스러운 것은 제가 대통령이 되지 못한 아쉬움보다 우리 민족의 역사가 틀어져버렸구나 하는 아쉬움이 더 커요. 제가 승리했다면 남북문제는 국가연합까지 갔다, 대륙으로 가는 시대는 열렸다고 생각해요. 물론 부질없는 상상이지만요. 전임자인 노무현 대통령이 이미 합의해놓았잖아요. 정상 간에 10·4 합의를 했고, 저하고 김정일 위원장하고 담판한 바탕 위에서 9·19가 만들어져 있었기 때문에 10·4와 9·19를 두 바퀴처럼 밀고 가면 종착점은 남북 연합이거든요. 경제 공동체를 거쳐서 남북 연합 단계까지 갈 수 있었을 텐데, 그 기회를 얻지 못한 것이 통한스럽습니다. 그때가 적기였습니다. 민주정부가 10년에 그치지 않고, 한 텀만 더 갔으면 우리 민족에게 좋은 일이었을 것은 물론이고 남북 관계 역시 성공 발전하면서 민주정부도 계속 이어졌겠죠.

지 ▷ 이산가족 상봉도 멈춰 있습니다. 그분들이 많이 돌아가셨잖아요. 가족들을 만나게 해주자는 인도적인 차원의 접근이 통일 논의에 도움이 되는 게 사실일 텐데요. 전두환 정권 시절에도 '누가 이 사람을 모르시나요?'라는 노래가 흐르면서 이산가족 대상봉을 KBS에서 생중계하면서 전국을 눈물바다로 만들었지요.

정 ▶ 2000년 6·15 직후 적십자에 직계가족 상봉 지원자로 등록한 분이 12만 명이에요. 2005년에 김정일 위원장 만나서 얘기할 때 벌써 2만 명이 돌아가셨어요. 이 10만 명이 1년에 1,000명씩 만나도 100년이 걸려요. 그래서 "화상 상봉이라도 부지런히 합시다."라고 했는데, 김 위원장이 즉석에서 좋다고 해서 곧바로 합의가 됐습니다. 8·15를 기해서 화상 상봉을 하자, 누가 빨리 준비하는지 경쟁적으로 해보자고 해서 그해 2005년 8월에 화상 상봉이 시작이 되죠. 지금 그때로부터 7, 8년이 지나고 3만 명이 더 돌아가셨습니다. 1년에 4,000명씩 돌아가시는 것으로 보이는데, 지금 7만 명 남았으니까 10여 년 뒤면 아마 거의 다 돌아가시고 아무도 안 계실 것 같아요. 도대체 이산가족 상봉이라는 인도적·인간적 문제가 왜 이념 문제에 의해 계속 차단되어야 하는지 기막힌 현실입니다.

지 ▷ 연로하신 분이 많을 테니까요.

정 ▶ 거의가 70세 이상이시죠. 전쟁 끝난 지가 60년이니까 그때 어른들은 대부분 80대이고, 어린아이였던 분들이 70대겠죠.

지 ▷ 금강산 관광도 중단된 상태잖아요.

정 ▶ 우발적인 사고였지만, 우연치고는 불운했지요. 5년 동안 금강산이 막히는 바람에 남북 관계가 더욱 적대로 돌아섰습니다.

지 ▷ 사람이 죽은 거니까 북한이 적극적으로 사과하고, 재발 방지 약속을 했었어야 하지 않을까요?

정 ▶ 당연하지요. 그것과 관련해서 김정일 위원장이 현정은 현대아산 회장에게 그런 일이 있으면 안 되겠다, 재발 방지를 하겠다는 말을 했습니다. 그걸 정부에 전하니까 그건 민간인한테 한 얘기고 서면으로 하라고 해서, 그 뒤에 북이 서면으로 준비를 해왔어요. 남북 실무회담에서 재발 방지를 하기로 하고 합의서에 넣을 수 있다고 제안을 했는데, 정부가 그걸 은폐했습니다. 국민들한테 알리지 않은 거죠. 그것도 이명박 정부가 국민을 속인 큰 스캔들 중 하나입니다. 그게 대선국면에서 뒤늦게 공개가 된 거예요. 북한이 사실 우리가 서면으로도 줬다고 해서 대선 과정에서 얘기가 나왔는데 이미 정권은 끝났고…….

통일,
모두가 행복해지는 길

지 ▷ 그런 여러 가지 일들 때문에 국민들에게 '북한은 믿지 못할 사람들이다.'라는 불신이 쌓여왔는데요. 국민들의 인식이 바뀌어야 남북 관계 진전의 속도가 붙을 수 있을 것 같습니다. 언론하고도 연결되어 있고, 교육과도 연결되어 있고, 그런 프레임이 형성이 되면 깨기도 힘들지요. 진보 진영의 싱크탱크가 생겨서 새로운 프레임을 만들고, 헤게모니를 장악해야 할 텐데요.

정 ▶ 얘기하다 보면 답답해요. 여기 동화책을 보면 "통일은 어떻게 준비해야 할까요?"라는 질문에 "1. 전쟁 없는 한반도를 만들어요." 이건 평화 체제, 평화 협정을 하자는 얘기고요. "2. 북한의 경제 발전을 도와주어요." 이건 개성공단 얘기고요. "3. 더불어 살아가는 연습이 필요해요." 교류하자는 거죠. 축구도 하고, 공연도 하고, 서로 교류, 협력, 화해를 하자는 것입니다. 어린이들에게 잘 풀이해서 설명해준 것 같네요. 어른들에게도 마찬가지고요. 위에 든 세 가지를 차근차근 해나가면 그것이 통일로 가는 길인데 왜 어른들은 아이들도 아는 것을 모를까요?(웃음)

개성공단
희망 인터뷰

(주)개성대화 제1공장

개성공단
희망 인터뷰

2013년 7월 13일.
지난 4월 개성공단 잠정 폐쇄 결정이 나고, 5월 초 잠정 폐쇄되었다.
개성공단이 속히 재가동되기를 희망하면서 정동영 전 통일부 장관이
유동옥 개성공단정상화촉구 공동비상대책위원장과 인터뷰를 하였다.

유동옥 회장

(주) 대화연료펌프 회장, 인천테크노파크 기업협의회 회장, 개성공업지구 기업책임자회의
초대 회장, 개성공단 정상화 촉구 비상대책위원회 공동위원장

정동영(이하 정) ▶ 지난 몇 달 동안 얼마나 답답하셨어요.

유동옥(이하 유) ▷ 그전에는 3, 4일이었죠. 이렇게 긴 적은 없었습니다. 사람은 40일을 굶으면 죽지 않습니까? 기업은 90일이 임계점입니다. 여기서 더 길어지면 안 된다고 생각했습니다. 저희가 제일 안타까운 것은 그때 당시 NLL 문제, 박근혜 대통령의 방중 문제에 묻혀버리니까 종종 개성공단 문제가 관심 속에서 떠오르다가 나중에는 없어져버렸잖아요. 저희가 큰일 났다고 해서 지난 7월 3일 그러니까 중단 90일째 되던 날 비상대책회의를 열어서 남북 양측에 개성 공장 설비를 이전하겠다고 최후 통첩성 요구를 했습니다. 회원사들도 시의 적절하게 잘 해줬다고 생각하고 있고요. 주변의 전문가들도 이것은 당신들뿐만 아니라 남북 관계의 물꼬를 트는 일도 된다고 해서 상당히 높이들 평가해주시더라고요.

정 ▶ 잘하셨어요. 어제도 1,028개, 개성공단 말고 남북 경협 사업체들, 5·24 조치 이후에 전부 다 끊어졌잖아요. 그중에 자살을 한 사람들도 있고요. 그분들은 지난 5년 동안 절망 상태에 있다가 개성공단이 풀릴 기미가 보이니까 이걸 비빌 언덕으로 해서 비대위를 만들었는데요. 만시지탄이 있지만, 결국 목마른 사람이 샘을 판다는 말도 있고, 우는 아이 젖 준다는 말도 있지요. 당사자들이 가장 간절한 사람들이고, 그들이 목소리를 낼 수밖에 없고, 그래야 정부에서 정책을 결정하는 사람들도 신경을 쓰게 되는 거고요. 여쭤보고 싶은 것은 유 회장님이나 저나 똑같이 느끼고 있는 건데, 왜 남쪽 당국이 죽어가는 기업 입장을 고려하지 않는가, 왜 그런다고 생각하세요?

유 ▷ 저도 좀 이해하기 어려운데요. 저희가 제일 답답하고 원망스러운 점이 그 점입니다. 박근혜 대통령이 안보지상주의자들에게 둘러싸여서 그 사람들의 소리가 크게 반영이 되는 것 같다는 얘기가 있습니다. 그쪽 분들이 댓 사람 있는데, 통일부 장관은 외롭다는 소리도 있고요. 소리도 못 내고, 아마 그런 강경한 분들한테 싸여서 그쪽에 많이 끌려간다고 할까요?

정 ▶ 역시 주변 참모들이 문제가 있다는 거군요.

유 ▷ 원래 박 대통령도 출마할 때의 변은 6·15 합의와 10·4 공동성명을 존중하겠다는 얘기까지 했잖아요. 그리고 5·24 조치는 여러 가지가 있지 않습니까? 그중 특히 개성공단을 먼저 풀겠다는 얘기가 있어서 기업인들이 크게 기대했어요. 그랬는데 막상 대통령이 되시고서는 하는 것을 보면 그게 아니었거든요. 전 대한적십자사 회장 한완상 씨가 한 달 전인가 현대사 관련해서 KBS 프로그램에 나갔는데, 그때도 앵커가 "주변에서 한완상 선생님을 좌파라고 하는데, 그렇습니까?" 라고 하니까 그 양반이 "여보시오, 내가 어떻게 좌파입니까? 나는 근본적으로 좌파가 아니고, 굳이 얘기하면 합리적인 자유주의자라고 할까요."라고 했습니다. 문제는 우리 사회에서 자기 생각과 다르거나, 조금 진보적이라고 하면 좌파로 몰리는 것이 문제라고 했습니다.

그분의 다음 얘기가 상당히 가슴에 닿더라고요. 우리 사회에 남과 북의 관계를 악화시켜서 재미 보는 집단이 둘이 있다, 북쪽에서는 김정은도 어쩌지 못하는 김일성 시대부터 TV에 보면 훈장들 달고 나오는 그 집단들이 있고, 남쪽에는 소위 얘기하는 보수주의자들 즉 안보지상주의자들이 있습니다. 이 두 집단이 남북 관계가 나쁘면 서로 재미를 본다고 하시데요.(웃음) 그것이 우리 민족을 그르치는 두 집단이라고 용기 있는 말을 하더라고요. 그래서 상당히 가슴에 와 닿았습니다. 지금 현재 남쪽의 보수 안보주의자들에게 박 대통령이 둘러싸여서 그런 점이 좀 많다고들 생각해요. 그래서 그러지 않나 하는 생각이 들어요. 원래 출마할 때의 변은 그게 아니었거든요. 원래 깐깐한 원칙주의자이신데…….

저희도 이걸 어떻게 해야 하나, 싶습니다. 그러나 저러나 민주주의는 그렇잖아요. 일단 한국호를 끌고 있는 선장이니까요. 각 나라의 국민들은 그 국민 수준만큼의 대통령을 가진다는 정설이 있습니다. 그래서 끊임없이 어떤 경로로든지 제대로 된 판단을 하시게 메시지를 보내자, 전달이 될지 안 될지 모르겠지만요. 현재로서는 더 이상 할 것이 없잖아요. 그래서 개성공단정상화비대위에서 지난 7월 3일 이후 수차례 직간접의 호소문을 보내드렸던 것입니다. 요즘 말로 하면 저희는 갑, 을에서 을입니다. 그 사이에 끼어 있는 기업이. 이 사태가 일어나니까 얼마 전부터 인터뷰 때 "개성공단의 정상화를 위해서는 남과 북 당국만이 있지 않다. 그 사이에 기업가들과 바이어가 있다. 이 네 개의 팩터(Factor)가 제대로 다 자리매김을 해야 한다."고 주장하고 있습니다.

이제까지는 개성공단 성공의 중요한 요소인 기업가와 바이어, 이 두 가지를 간과해왔습니다. 이제는 많이 생각할 수밖에 없지요. 상당수가 힘이 없어서도 그렇고 많이 지쳐들 있었어요. 해외에서는 기업가들이 별별 장애를 다 극복해내지 않았습니까. 북은 원래가 그렇다고 해도 남쪽도 기업가들이 안중에도 없으니까 이런 정도의 나라에서 기업이 싫다는 사람들도 생기고 있어요. 재개를 해도 안 가는 사람들이 있을까 봐 걱정인데요. 아직은 안 간다는 사람이 그렇게 많지 않아요. 원체 정상적인 재가동을 갈망해왔기 때문에 그런데 그간에 너무 기력을 탕진해서 가서 얼마나 뛸는지는 걱정이 됩니다. 우리가 바이어 하나를 창출하려면 몇 년이 걸리고 산자부의 시장개척단이다 무역사절단이다 해서 시장 개척을 하기 때문에 그 소중함을 아는데요. 어떤 의미에서는 개성공단이야말로 박 대통령이 주장하는 창조경제의 가장 실효성 있는 사례일 텐데, 또한 정부가 열망하는 히든 챔피언의 최적 탄생지이기도 합니다.

정 ▶ 보시기에 어떻습니까? 경제적·안보적 가치에서 개성공단은, 역설적으로 개성공단이 위기를 맞아서 국민들이 느끼는 것이 있습니다. "값어치가 있는 것이구나." 하고. 개성공단을 운영해본 결과 개성총국이나 평양이나 북측의 노동자, 개성의 시민 등 북쪽 입장에서 개성공단 9년을 통해서 자기 나름대로 배운 것, 얻은 것, 영향을 받은 것, 어떤 게 있을 것 같습니까? 제일 가까이서 보셨으니까요.

유 ▷ 변화는 생각 이상으로 많고, 빨랐다고 생각합니다. 잘 드러나지는 않는데요. 만약 나타난다면 큰일이죠. 이명박 대통령도 자주 쓰던 용어가 있잖아요. 북한이 바람직한 방향으로 변하고 있다, 그 진원지가 개성입니다. 금강산 같은 곳은 금방 가서 2, 3일 있다가 오는 곳이고요. 우리는 계속 스킨십이 일어나는 곳이잖아요. 월급을 주고, 티격태격도 하고, 품질이 나쁘면 책임도 묻고, 아니라고도 하면서 9년을 했으니까요. 예를 들어 미운 정, 고운 정 다 들어 있는 곳이죠. 그러고 아까 초코파이 얘기도 했는데요. 그 사람들이 초기에는 남한이 굉장히 못사는 줄 알고 있었어요. 너무 모르고 있더라고요. 다는 아니지만 일부는 '남한도 어렵다는데, 밥은 제대로 먹냐.'고 하면서 먹을 것을 주는 사람들도 있었다고 해요. 남한은 미 제국주의 밑에서 거지들만 있다고 계속 그랬을 것 아닙니까?(웃음)

저희가 하는 일 중 하나가 민족 동질성 회복에 큰 기여를 하는 거라고 생각합니다. 오만 몇천 명이 출퇴근할 때 타고 내리는 것을 보면, 생각을 해보세요. 아침에 우리가 버스를 태워서 출퇴근을 시키는데요. 출퇴근할 때 보면 장관입니다. 한국 사람들이 눈치가 빠르잖아요. 많이 변했습니다. 일 년에 한두 번씩 체육대회를 남한식으로 합니다. 복리후생 차원으로 하는 건데요. 축구장에 인조 잔디를 깔아주려고 해요. 실내 배드민턴도 다 하게 하고, 배구, 축구 이런 것도 잘합니다.

아시안게임에 개성에서도 몇 팀 나올 정도로 잘합니다. 일 년에 두 번 춘계, 추계 운동회를 해요. 같이 뛰고 운동하고, 막걸리 마시고 하는데요. 그 축사 때 저는 "지금 이 자리에서 여러분이 생산하는 것, 여러분이 하루하루 보내고 있는 일상은 의식하건 안 하건 간에 우리 역사 중에 가장 중요한 시간에, 가장 중요한 장소에서 가장 중요한 일을 하고 있다는 자긍심을 가져달라."고 부탁합니다. 우리 종업원들한테 그런 얘기를 합니다. 모든 직원들이, 북한 아이들과 더불어 하고 있는 일이 민족사적으로 중요한 일을 하고 있습니다, 의식하고 하건 의식하지 않고 하건 간에, 실제로 그렇습니다. 그런 장소이고, 정말 작은 통일을 이루고 있는 것이고요.

정 ▶ 왜 개성에 갔느냐는 질문에 대해서 유 회장님이 그렇게 말씀하셨어요. "무한 경쟁 시대에 살아남으려고 개성에 갔다. 남북 화해 협력 시대에 기여하고 싶은 소명도 있었다. 우리 아들딸들한테 계속 대결하고 대립하는 세상을 물려줘서 되겠느냐."고 하셨잖아요. 훌륭한 말씀인데요.(웃음)

유 ▷ 그렇습니다. 첫 번째로 국경 없는 무한 경쟁 시대에 항구적인 경쟁력을 확보하는 것이거든요. 한국에서 개성에 갔다는 것이. 두 번째는 지구상에서 유일한 분단국가의 한 기업인으로서의 소명감이었습니다. 세 번째로는 적어도 다음 세대에서는 형제간끼리 총부리를 겨눠서는 안 되겠다는 겁니다. 멍청한 짓들이거든요. 이런 멍청한 짓들만 안 하면 우리나라는 잘나갈 수 있잖아요.(웃음) 이런 멍청한 나라가 다음 세대까지 가면 안 됩니다. 우리가 세계 무기업체들의 봉이잖습니까? 최근의 전투기 구입 건을 보십시오. 우리가 인구도 몇 명 안 되는데, 세계 무기 수입에서 2, 3등 해서 되겠습니까? 우리는 먹고살 만하다고 하지만, 북한의 경우는 어떻습니까? 이것도 멍청한 짓이거든요. 세계 무기업자들이 우리 통일을 바랄까요? 무기업자들의 로비에 많은 정치인들이 휘둘리는 게 아닌가 싶은데요. 그런 멍청한 데서 벗어나야 할 것 같아요.

얼마 전에 BBC 방송에서, 또 한 번은 미 의회조사국에서, 그 사람들도 궁금하니까 제일 먼저 하는 질문이 "당신은 왜 개성에 들어갔습니까?" 하는 겁니다. 저희 대답이 "우리는 기업인이기 때문에 이윤 추구와 경쟁력 확보 때문에 들어갔지만 분단국가의 기업인으로서 한반도 평화와 한민족 공동 번영에 기여한다는 소명감도 두 번째 큰 동기였다."고 하면 영어로 "그레이트."라고 해요. '와! 그런 면도 있었어? 장사꾼들이 싼 임금 보고 장사하러 간 줄 알았더니, 이런 기업들도 있었구나.' 하고 감탄하더라고요.

정 ▶ 개성공단 업체들의 자긍심이잖아요. 회사가 살기 위해서 갔지만, 거기에 숭고한 뜻도 있다는 것을 평가해야 하는 것이죠.

유 ▷ 요즘은 스토리텔링 시대잖아요. 스토리가 있어야 합니다. 우리한테는 얼마나 좋습니까? 회사가 실리도 취하면서 명분도 취할 수 있는 거잖아요. 저희는 신입사원 면접을 할 때 항상 묻습니다. 우리 회사에 대해서 얼마나 알고 있느냐, 개성에 들어간 것에 대해서 어떻게

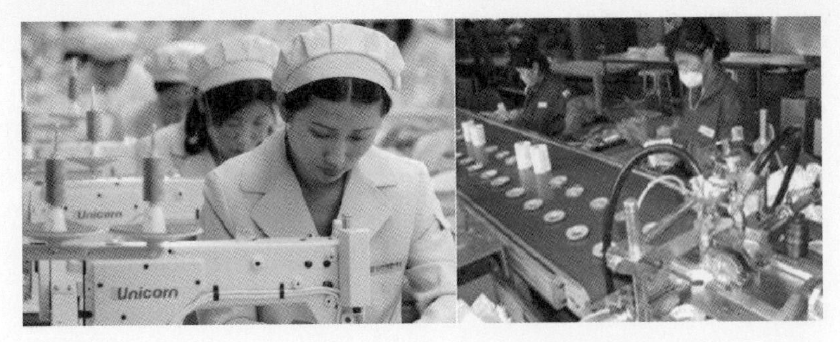

어렵게 재가동된 개성공단에서 5만 4,000명 북측 노동자가 일하고 있다. 서로 총 들고 싸우던 곳에서 남북이 모여 물건을 만들어내는 현장은 매일매일 작은 통일이 일어나는 곳이다.

생각하느냐. 거기서 제대로 얘기하면 합격, 아닌 사람은 불합격입니다.(웃음) 이 시대에 여기에 들어오는 사람이 어떤 의미인지 알아야 하잖아요.

정 ▶ 중요한 말씀입니다.

유 ▷ 저희가 맥이 빠진 것이 기업은 어디서도 해야 하잖아요. 그리고 개성 같은 데는 명분이 있었잖아요. 직원들한테 자긍심도 줘왔던 그런 개성공단이 존폐의 위기 속에 있기 때문입니다. 우리 직원이 상을 당해서 문상을 갔을 때 그 집 아이에게 "너희 아버지가 휴무 날에 바쁠 때는 많이 못 나올 때도 있고, 2주에 한 번씩 나오고, 불편하지 않니?"라고 물었습니다. 학생인데, "나는 우리 아버지가 개성에 가서 통일에 기여하는 것을 친구들한테 자랑했어요."라고 했습니다. 그야말로 기업이 자기가 하는 일에 긍지와 사명이 있는 것이 얼마나 좋습니까?

정 ▶ 개성에서 일하는 기업들이 고생스럽기는 하지만, 우리 남편이, 우리 아들, 우리 아버지가 개성에서 일하는 것을 가족들도 다 자랑스러워한다는 말이죠.

유 ▷ 제가 아까 불편한 진실이라고 했는데 그걸 웅변적으로 얘기해주는 것이 있어요. 지난 5월 정부 지시에 의거해 주재원 전부 나오라고 했을 때 제대로 안 나오려고 했잖아요. 정부도 어렵게 결정한 거니 제가 설득을 해서 나와야 한다고 하니까 일부가 남고, 숨고 해서 북측 관리 인원이 찾아서 끌고 나왔다고 하잖아요.(웃음) 그러면 생각해보세요. 인간의 목숨보다 더 중요한 것이 어디 있겠어요. 신변의 위협을 느꼈다면 튀어나와야죠. 명분도 있잖아요. 정부가 나오라고 하는데. 그럼에도 불구하고 나오지 않으려고 한 것은 바로 신변의 위협은 없었다는 겁니다.

정 ▶ 대만과 중국이 5년 사이에 어디까지 왔냐 하면요. 자유 왕래, 자유 통행, 자유 송금, 투자, 심지어 정경 분리 원칙으로 5년을 오니까 대만 인구의 10분의 1이 중국 본토 영주권을 받았습니다. 별장도 사고, 집도 사고 그러는데 아무런 고통과 불편이 없는 거죠.

유 ▷ 부러운 얘기죠.

정 ▶ 그런 조건이 되면 개성공단 사업이 얼마나 편하겠어요. 맘대로 송금하고, 투자하고, 전화하고, 편지하고, 개성 시내에 별장도 짓고 할 수 있으면 좋잖아요. 그건 사실 정치의 몫인데요. 그 방향으로 저는 가야 한다고 생각하고, 갈 수밖에 없다고 봅니다.

유 ▷ 노무현 대통령이 평양 갔다 오면서 개성에 들렀어요. 그때 노무현 대통령이 운동장에 북한 아이들을 다 모아놓고, 강연을 했습니다. 거기서 했던 얘기는 별로 안 알려졌을 거예요. 그분이 경제 전문가는 아닌데, 자기 생각에 이래야 된다고 생각했는지, "여러분들 여기서 열심히 배워서 나가서 조그마한 공장 하나 차리라."고 했어요.

개성공단은요, 앞으로 정 장관님이 말씀하신 대로 이렇게 생각하고 있습니다. 전략가들이 볼 때 개성공단이 성공적으로 가면 두 가지 이점이 있죠. 소위 나진, 선봉을 지켜보고 있지 않습니까? 거기서 많은 중간관리자들이 양성이 될 거 아닙니까? 새로 생긴 데 가서 일할 수 있을 것 아닙니까? 우리도 몇 년 걸렸어요. 관리자들 키운 것이 반장하고 직장장들까지 키웠습니다만, 관리자들이 가서 큰 역할을 하는 것이거든요. 소위 시장경제의 관리 기법을 배워서. 북한에는 그런 것이 없었어요. 그래서 북한의 전략가들이 이걸 생각하기 때문에 개성공단을 중요하게 생각합니다. 지금 현재도 공단에 사람이 부족하고 그렇지 않습니까? 그래서 공단에 기숙사 아파트를 지어야 하는 겁니다. 10·4 공동선언에서 합의했던 사안이잖아요. 그런데 이명박 대통령은 현대그룹의 CEO로서 현대조선에서 있었던 큰 폭동 사건, 그런 걸 봤으니까 사람이 모이면 불안한 거예요.

정 ▶ 개성에 기숙사 지어놓는다니까 이 대통령이 이렇게 얘기했다고

하죠. '노동자들은 모아놓는 게 아니다.'(웃음)

유 ▷ 개성 시내에는 전기가 안 들어와서 공장도 다 문 닫았고, 학교 건물 같은 것, 큰 건물들이 있던데 불이 꺼져 있어요. 유리창도 떨어져 있고. 그걸 개조하면 공장이 되겠다고 생각을 한 거죠. 제가 봤기 때문에 알고 있잖아요. 우리로서는요. 40~50대도 다 일을 하잖아요. 60대는 일을 못하겠습니까? 그런 사람들 모여가지고, 임가공을 줘요. 우리나라도 그런 것이 발달되어서 산업화 초기에 가내수공업이 소기업이 되고, 나중에 크면 중기업이 되잖아요. 그렇게 하고 다음에는 개성에서 조금 커서 거기도 중소기업이 되면 그 사람들이 북한하고 남한하고 해서 개성에도 조그마한 공장을, 아파트 공장도 있으니까 들어오고, 나진-선봉에 왜 외국 기업만 들어갑니까? 우리 기업이 나진-선봉도 가야죠.

지금은 죽을지 살지 모르지만, 좋을 때는 이런 얘기를 하곤 했었는데요. 개성 시내에 임가공, 조그만 가내수공업, 20~30명 모여서 하는 간단한 작업들이 있거든요. 개성공단을 하나의 기점으로 해서 북한 사회를 산업화 사회로 이끌려면 빈 공장에 전기가 들어가게 해야 합니다. 지금 우리가 쓰고 남은 물을 정수해서 보내주고 있는데요. 옛날에 전기 보내주신다고 한 것은 큰일 하신 겁니다. 전기에도 질이 있답디다. 개성에 가서 처음 들었는데요. 전기도 좀 주고 해서 우리 하청업체로 키우는 겁니다. 그래서 말하자면 이 모든 것이 경제적으로 얽히면, 정치적으로까지 안 얽힐 수가 없어요. 이게 죽으면 저게 죽는데, 제2, 제3의 개성공단까지 돼서 그 사람들 GDP의 30~40%가 되면 이 공단이 안 되면 자기들 기업, 나라가 망가지는데요. 이렇게 가야 합니다.

정 ▶ 에곤 바르라는 분이 계세요. 동방 정책의 설계사, 브란트 수상의 오른팔, 참모이죠. 그분이 독일형 햇볕정책의 설계사인데요. 제가 개성공단에 대해 설명을 해주니까 무릎을 치면서 놀라더군요. "대단한 상상력이다, 동방 정책을 설계하면서 동독 지역에 서독 공단을 만든다는 생각은 못 했는데, 놀라운 일이다, 이게 한국형 통일 모델이다, 한국이 통일로 가려면 개성공단을 계속 확대해가라, 그러면 중간에 경제 통일이 올 것이고, 종점이 결국 정치적 통일로 가는 길이다, 한국은 이미 자기들 스스로 통일 모델을 찾았다."고까지 칭찬을 했어요. 사실 한국의 통일 방안은 책상 위에서 1단계, 2단계, 3단계를 만드는 것이 중요한 게 아니고, 개성공단을 열심히 잘하면 그게 사실 통일 아닙니까?

유 ▷ 그렇죠. 공단 창설자인 정 장관께서는 세부 실천 방안으로서 이런 것을 좀 믹스하면 되겠죠. 그리고 북한의 겁 많은 사람들한테 세계화니 뭐니 하면 겁부터 먹습니다. 개성 시내부터 공장 만들어주고, 전 세계가 한국의 산업화뿐만 아니라 하다못해 새마을운동까지 롤 모델을 삼는데요. 가장 가까운 곳에 실현시킬 수 있잖아요. 공업화의 새마을 운동입니다. 동네마다 가내수공업부터 하면 거기서 소득이 생길 거 아닙니까? 거기서 기업가 정신을 가지고 하는 사람들이 있어요. 그 사람들이 열심히 해서 소기업이 되는 거죠. 아파트형 공장 두 번째 지은 것은 비어 있는 거 아시죠? 5·24 조치가 되니까 원래 새로운 사람을 모집해야 하는데, 모집도 안 하고, 1차로 들어가서 하는 사람들이 장소가 더 필요하다고 하니까 그 사람들이 조금 더 쓰고 있습니다. 자그마한 아파트형 공장 같은 것을 지어서, 4~5년 후가 되겠습니다만, 그러면 북한도 남한 기업뿐만 아니고 자기 안에서 기업가들이 탄생하기 때문에 참 좋은 겁니다.

정 ▶ 북한 기업을 개성공단에 입주시키기 전에 임가공부터 줘서 키우자는 말씀이네요.

유 ▷ 그렇습니다. 사리원이니 해주니 어디든지, 남포에서도 하려면 하고, 개성공단 사업처럼 나진-선봉에서도요. 저희도 평양 공단에도 가고, 중국도 교두보를 쌓고, 나진-선봉에도 가고요. 개성공단이 확대될 길이 얼마든지 있습니다.

정 ▶ 아까 골드만삭스 얘기하신 것처럼 우리가 독일, 일본을 넘어설 수 있을 거라는 전망이 있잖아요.

유 ▷ 이건 반드시 남과 북이 합쳐서, 북한이 가지고 있는 장점과 남한이 있는 장점, 양쪽의 역량을 결합시키면 가공할 힘이 나오는 겁니다. 이런 무한한 가능성을 두고 이렇게 활동 못 하는 것도 멍청한 짓이죠.(웃음) 뻔히 보이는 것을 못 하고 있는 거잖아요.

정▶ 남쪽의 자본과 기술, 저쪽의 토지와 노동, 이걸 합치면 세계적인 경쟁력이 생길 수 있었죠.

유▷ 첨단 산업도 있어야 하지만, 독일이 경쟁력이 있는 것도 결국 굴뚝 산업입니다. 화학, 첨단 다 있지만, 그것만 가지고는 안 됩니다. 풀뿌리 산업부터 해서 용접, 도금, 프레스 산업 등의 바탕 위에 서야 완전한 게 되죠. 남북한이 어울려서 가면 대단한 것이 될 수 있습니다. 저는 개성에 간 목적 중 하나가 다른 건 몰라도 자동차 부품은 그런 가능성이 있더라고요. 자동차라는 것은 우주항공 같은 첨단은 아니지만, 그렇다고 해서 아무렇게나 되는 것이 아닙니다.

중국을 봤잖아요. 5~6년 전에 세계 1등 제조국이 됐습니다. 크기가 제일 커요. 물론 기술이 1등은 아닙니다. 중국이 1,500만 대~2,000만 대 되고, 2등인 미국이 900만 대, 다음에 일본, 독일, 다음에 한국이 있는데요. 기술은 독일, 일본, 한국, 미국 이렇게 가고 있고요. 남한의 훌륭한 기술과 자본력과 북한이 결합해서 공동의 시장이 8,000만 명이 되면 그 배후에 있는 한민족 네트워크, 우즈베키스탄, 고려인까지 연결될 수 있습니다. 북한이 터지고, 개성공단의 물꼬를 터서, 경의선이 거기까지 갔잖아요. 정권이 바뀌니까 끊겼습니다만, 끝날 게 아니고, 경원선, 경의선 해서 시베리아 철도까지 가야 해요. 그럴 때는 한국은 그야말로 대륙의 진출구입니다. 역사상 가장 큰 문물의 교역이 이루어졌던 실크로드 시대가 재현되는 철길의 실크로드 시대가 오는 겁니다. 대단한 것들이 개성공단 하나에서 물꼬를 트고 있는 겁니다.

정 ▶ 웅대한 비전을 가지고 계신데요. 선구자 역할을 잘하셨어요.

유 ▷ 이렇게 해놓은 것을 뒤따라서 하지 않는다는 것은 안타까운 얘기죠. 그런 좋은 바탕이 있잖아요. 박근혜 대통령이 풀어주시겠죠. 방법이 문제지, 시간의 절박함이 문제지, 하긴 할 겁니다. 그것을 창안하셨던 정 전 장관님도 계시고요. 오히려 요즘 같은 때 속으로 내공이나 힘을 키우고 계신 것으로 알고 있습니다.

정 ▶ 이 책 제목이 '10년 후 통일'인데요. 아까 대만과 중국 얘기를 했잖아요. 5년 만에 사실상의 경제 통일까지 왔는데, 박근혜 시대에는 거기까지는 못 가겠지만, 그 다음 5년, 2022년까지는 사실상의 통일 상태, 마음대로 자유롭게 여행하고, 투자하고, 집을 지어서 살 수도 있고, 이런 정도가 되면 아무 불편과 고통이 없을 겁니다.

유 ▷ 여러 분야가 있겠지만 자동차는 이미 평화자동차가 설립되어 있잖아요. 그걸 북한에 넘겨줬습니다. 문선명 재단이 하고 있었는데요. 아까 말씀하신 대로 평양에 간 기업이 천여 개가 되는데요. 거기 중에서 다 망했는데, 망하지 않은 기업이 하나가 있어요. 평화자동차, 왜 그러냐 하면 평화자동차 사장은 국적이 미국인이었습니다. 박 사장인데, 저하고 자주 교류를 했고요. 개성에 있는 공장에 와서 샘플 시험을 해서 가져가기도 했습니다. 거기 CEO 책임자로 일본 사람을 채용했더라고요. 공장 총책임자에 일본 사람, 사장이 미국 국적이니까, 거기 기업 천여 개가 왜 망하냐 하면 통일부에서 출입증 하나 안 끊어주면 가볼 수가 없어요. 그런데 그 사람들은 북한의 출입증이 필요 없거든요. 그래서 살아남은 거죠.

그런데 자동차 산업은 첨단이 아니기 때문에 남한이 이만큼 기술을 가지고 있잖아요. 정몽구 회장은 인도에 가서 성공했습니다. 제가 거기까지는 따라갔습니다. 그 다음에 미국을 가려고 했는데, 안 따라갔습니다. 저는 개성에 가야 하기 때문에 안 따라갔습니다. 저는 그때 당시 동북공정 기사를 보고, 미국에 갈 것이 아니고 이쪽으로 가야겠다고 결심했죠. 미국은 조건이 좋았습니다. 토지를 거저 주고, 건물도 다 지어주고, 한국 파견 직원 두 사람 자녀들의 알리바마 주립대학의 스칼라십을 준다고 했어요. 우리 직원들은 난리를 쳤죠. 왜 개성을 가냐고. 자기들이 미국 가면 좋으니까.

그런데도 안 간 이유는요. 자동차 공업은 남한의 기술을 가지고 북한의 인력을 쓰면 세계적인 자동차 강국이 됩니다. 정몽구 회장은 중국에 얼마나 큰 공장을 지었습니까? 이런 게 안타깝죠. 그때 그 양반도 생각이 있었어요. 자기 아버지가 소 떼 몰고 북한에 갔잖아요. 소떼 몰고 간 트럭 500대의 수리 보전에 대해 크게 걱정을 하셨고 26세에 자동차 사업에 관심도 가졌습니다. 그런데 남북 관계가 악화되니까 싹 거둬들여요. 현대자동차가 소련에도 나가, 어느 나라에 가서 성공 못 한 곳이 없어요. 터키도 있고, 이집트에도 조립 공장이 있고 그런데, 북한에다가 하면 대단한 게 되죠. 북한이 호응하기 쉬운 것이 뭐냐 하면 협력 업체 200개, 300개가 따라갑니다.

정 ▶ 북이 제일 절실하게 가지고 싶은 것이 자동차잖아요. 평화자동차가 경량차 파랑새를 연간 5,000대 만들었죠.

유 ▷ 요즘은 많이 늘었고, 손익분기점을 넘어서 수익도 내고 있습니다.

정 ▶ 조선 산업도 있잖아요.

유 ▷ 노무현 정권 때 대우조선과 현대조선이 들어가기로 했는데, 그랬어야만 해요. 이거야말로 노동집약적인 것이거든요. 인원이 많이 붙어야 해요. 지금 북한처럼 많은 인원을 값싸게 쓸 수 있는 데가 있습니까?

정 ▶ 지금 한국은 화물선이나 여객선을 안 만들잖아요. 그걸 중국에서 만드는데, 그걸 원산에서 만들면 북한 노동자들하고 우리 기술하고 합쳐서 그 시장도 갖는 거죠. 아까 첨단과 굴뚝을 같이 갖는 것처럼 배도 남쪽에서는 유조선이나 해양 플랜트 이런 것을 하고, 일반 화물선은 이북에서 만들면 일관된 제품 생산 체계를 갖게 되죠.

유 ▷ 조선산업은 십몇 년 동안 부동의 1등을 하다가 작년에 처음으로 중국한테 1등을 뺏겼다가 찾았다고 합니다. 조선, 자동차 산업 가면 북한이 금방 산업화됩니다. 연관 사업이 크거든요.

정 ▶ 유니월드 R&D 센터를 어떤 구상과 포부를 가지고 개성에 만드셨는지, 실제 북한 노동자들을 써보니까 어떠셨어요?

유 ▷ 저희가 현대자동차하고 인도 공장을 갔습니다. 인도 측에서 졸라대더라고요. 여기는 R&D 센터 안 하냐고. 저희 심정은요. 인도 같은 데는 기술을 빼내 갈까 봐, 나중에 그런 것이 부메랑 효과로 올까 봐 안 지었습니다. 가난한 나라에서 기술까지 가지면 우리는 인건비를 감당 못 하지요. 우리는 세계에서 인건비 상위 국가잖아요. 북한에 들어간 심경은요. 한민족인데, 혹시라도 기술 빼내 가도 좋은데, 굶어 죽지만 않았으면 좋겠다고 생각했습니다. 그런 마음으로 세운 겁니다. 얼마나 가슴 아픈 일이에요. 도올 김용옥 선생이 어느 신문에 낸 것이 있습니다. 북한은 우리가 품어야 할 고향이고, 거기 있는 모든 북한 인민들은 우리가 품어야 할 형제자매들이라고 했는데요. 그런 거죠. 우리가 한민족이잖아요.

정 ▶ 세워서 운영을 해보시니까 어떤가요?

유 ▷ 그런데 더 키우지를 못 해요. 저희가 원래 연구소라고 하지 않고, 유지보수팀이라고 하는데요. 설계성의 가장 기초는 2D라고 있는데 3D까지 배우고 싶어 합니다. 머리가 좋으니까. 가능성은 있는데, 인사의 자율권이 없어요. 그래서 사람 빼 오려고 하면 티격태격하고, 북쪽 노동자들이 사무실 쪽으로 올라오는 것을 원하지 않습니다. 그래서 일단은 어느 시기 한 단계가 높아지기를 바라고, 개성공단은 노동집약 산업에서 기술 산업 쪽으로 격을 높여야 합니다.

정 ▶ 북한은 그런 제안에 대해 어떻게 생각하고 있나요?

유 ▷ 두 가지 뒷받침이 있어야 합니다. 현장을 늘 보니까 사람을 보잖아요. 그런 사람을 마음대로 이동시켜야 하는데, 인사권이 없고요. 거기는 취약하기 때문에 남쪽에 있는 연구소와 교류가 되어야 합니다. 데이터가 서로 얼마나 신속하고 정확하게 왔다 갔다 하느냐가 관건인데요. 인터넷이 안 되고 팩스로 왔다 갔다 하니까 한계가 있는 거죠.

정 ▶ 9년 동안 계시면서, 뭐라고 할까요? 환희라고 할까요, 내가 생각했던 것이 맞구나 하는 것이 있었을 거고요. 최근에 좌절하고, 상처받고, 실망을 하셨을 텐데요. 천국과 지옥을 오가셨잖아요.

유 ▷ 가장 기쁘게 생각했던 것은 두 가지입니다. 역시 우리가 생각했던 대로 북한하고 형제자매들인데, 오래 같이 일하다 보니까 남자아이들은 조카 같고, 남녀 어른은 형제자매 같아, 말하자면 동포애 같은 것이 재확인되는 거고요. 그리고 또 하나는 그중에서 창안을 하는데, 거기는 포상을 못 해요. 하려면 전부 다 해주라는 겁니다. 누구 하나가 특별하게 귀여움을 받거나 하는 것을 아주 싫어합니다. 그런 것이 안타깝죠. 우리가 남쪽의 합리적인 생산성 향상이나 이런 제도를 하다 보니까 구석구석에서 자기네들이 아이디어를 내놓는데요. 아이디어 끝에 하나 안타까운 얘기는 포상이 안 된다는 거고요. 그 부서를 전부 똑같이 포상을 해야 한다는 겁니다. 그리고 안타까운 것은 남과 북 당국은 이제까지 자기들만 생각하고, 거기 있는 기업과 거기 있는 공익성의 중요성은 간과하고 있어요. 몇 번을 호소해도 아는지, 모르는지, 이건 답답하고 절통함이죠. 저희는 그나마 좀 괜찮아요. 죽기 직전의 기업들은 어떻겠어요. 그러니까 분신 얘기까지 나오는 겁니다. 인생의 전부였으니까요.

개성공단의 경쟁력은 한마디로 압축됩니다. 전 세계가 열망하는 히든 챔피언, 우리말로 글로벌 강소 기업인데요. 그것의 최적 탄생지입니다. 저희가 2년 전에 정부로부터 글로벌 강소 기업 지정을 받았는데요. 경영 능력이 뛰어나서도 아니고, 개성공단 때문에 경쟁력이 있어서 그런 겁니다. 단적으로 표현하면 개성공단은 전 세계가 열망하는, 옛날에는 백년 기업이라고 했던 것이고요. 히든 챔피언, 국내건 해외건 간에 글로벌 강소 기업, 숨은 강소 기업을 만들 수 있는 터전입니다. 왜냐하면 우리 경제가 2만 불 턱을 못 넘잖아요. 3만 불, 4만 불 가려면, 대기업들이 스탠스를 달리하고 그 밑에 중소기업들이 경제 활성화로 커가야 하거든요. 그럴 가능성이 제일 큰 곳이 개성인데요. 활용을 하지 못하고 있는 거죠. 몇 개가 탄생을 했습니다. 막 날개를 펴려고 하는데 딱 묶인 거죠. 성장을 할 수 있는 단계에서 딱 스톱된 겁니다.

정 ▶ 개성에서 강소 기업으로 발돋움한 기업들은 어떤 회사들인가요?

유 ▷ 자화전자니, 패러글라이더니, 전 세계 시장점유율 40~50%라고 하던가, 나름대로 그 분야에서 숨은 강자가 생겼지요. 저희는 기계 시연 제품에서 월드베스트가 됐습니다. 각 분야의 세계 1등 기업들, 글로벌 강소 기업은 세계 시장점유율 3위인가, 5위 안에 드는 회사들입니다. 어렵게 여기까지 왔는데요. 이제부터 하면 크게 클 수도 있고, 저희 같은 경우 더 크려다 막혔고, 작은 업체들은 살아남을까 싶었는데 유지하고 할 만하다가 그게 막혔고, 그런 겁니다.

정 ▶ 새누리당 의원조차도 개성공단 분들이 왜 이렇게 점잖게 있냐? 항의도 안 하고 그러냐고 했다던데요. 이유가 있나요?

유 ▷ 두 가지 이유가 있는데요. 그래도 우리는 남쪽에 뿌리를 갖고 있는 기업입니다. 정부의 큰 시책에 근본적으로 궤를 같이해야 한다는 것도 있고요. 그것까지는 좋은데, 일부 업체들이, 이건 얘기하기 창피한 일입니다만, 정부에 잘못 보여서 찍힐까 봐 걱정을 하는 거죠. 요새 보상 문제니 이런 것이 있지 않습니까? 기업이 약하잖아요. 좋게 얘기하면 잘 보여서 어떤 혜택을 받거나, 불이익을 받지 않으려고 하는 거죠. 저는 벗어났습니다. 남에나 북에나 다 쓴소리를 하고 있는 것입니다만 그렇지 못한 업체들은 약하잖아요. 그것 때문에, 쉽게 얘기하면 갑, 을 관계에서 저희는 을입니다. 요새 갑을 관계의 부당함을 많이 보셨잖아요.(웃음)

정 ▶ 재개가 문제가 아니고, 시간이 문제라고 하셨는데요. 응급실 환자에도 비유하셨고요. 어떻게 보면 산소호흡기를 달고 있는 셈이라고 할 수 있는데, 다급하지 않습니까? 임계점이라고 한 90일도 지났는데요. 그러면 살리기 어렵다는 건데요.

유 ▷ 상식이에요. 사람이 40일 못 먹으면 죽듯이, 90일이면 기업이 존재하기 힘듭니다. 평소에 특별하게 일부 기업들, 저희는 상위에 들어갑니다만 중소기업이란 것이 워낙 열악하잖아요. 그런 기업이 90일을 매출 하나 올리지도 못 했다면 견디겠습니까? 그런데 그것을 알면 저렇게 놔두지를 않겠죠. 『중앙일보』의 한 칼럼니스트가 아주 정론을 썼더라고요. "일단 기업을 살리자. 90일간을 참은 기업한테 뭘 더 얼마나 기다리라고 할 것이냐." 다 망한 다음에 남북 협력 기금, 그걸 가지고 보상이라도 할 것이냐라고까지 얘기했습니다. 얼마나 무서운 얘기입니까? 거기에 답이 나와 있어요. 이건 재개가 문제가 아니고, 시간이 문제입니다. 지금은 좋게 만들었지만, 우리 들어갔을 때 개성은 전기도 안 들어왔습니다. 그때 정동영 장관이 실세 장관으로 도와줬으니까 된 거지만, 그때는 기업가 정신이 아니면 못 들어갔습니다. 제일 중요한 것이 기업가 정신인데, 기업가 정신이 다 사그라들고 있잖아요. 더 늦어지면 기업들이 상당수 죽거나 안 죽어도 기업가 정신이 사그라들면 누가 차고 나갈 겁니까?

정 ▶ "개성은 남한도 북한도 아니다. 매일매일 작은 통일이 이루어지고 있다."고 말씀하셨는데요. 그 특성을 이해 못 하니까 자존심 싸움하느라 시간 보내고 있는 것 같은데요.(웃음)

유 ▷ 장관님도 말씀하셨잖아요. 여야 의원들도 가보면 다 감격한다고 하잖아요. 60년 절단된 한민족이 거기서 오순도순 있는 것을 보세요. 거기는 별천지입니다. 우리 바이어들 보면 종종 거기서 잡니다. 그들은 그야말로 작은 통일이라고 감탄합니다.

정 ▶ 개성에는 우리은행, 패밀리마트, 찜질방, 카페 이런 편의시설도 갖춰져 있어서 남쪽에서 간 분들이 서울 비슷한 생활을 할 수는 있겠지요?

유 ▷ 어느 면에서는 더 낫죠. 한국에서 교통에 시달리는데, 다시 내려오라면 안 내려와요. 여기서는 출퇴근이 지옥이잖아요. 매주 아니면 2주에 한 번 나오는데.

정 ▶ 말씀하신 것처럼 시간이 중요한 것 같은데요. 정치권에 요구하고 싶은 것은 어떤 것인가요?

유 ▷ 어느 분이 신문에 썼습디다. "개성공단은 단순히 경제뿐이 아니고, 한반도 평화와 한민족 공동 번영을 예약한 곳이며 골드만삭스가 무한한 가능성이 있다고 평가한 곳이다." 골드만삭스가 한국 경제의 가능성을 높게 평가하는 이유가 남한과 북한의 결합을 염두에 둔 거라고 하지 않습니까? 남북 회담에 가는 분들은 그런 큰 배경을 가지고 회의에 임해주기를 바랍니다. 마찬가지로 정치하는 분들한테 정략이나 당론을 떠나서 이런 큰 차원에서 개성공단을 바라보고 해석해주기를 바란다는 겁니다. 당리당략에 의해서 결정되지 않았으면 합니다.

정 ▶ 사명감과 포부를 가지고 개성공단에 들어가셨는데요. 잘못됐을 때 후회는 안 하셨나요?

유 ▷ 후회는 없어요. 일차적인 것은 살아남는 것이죠. 국경 없는 무한 경쟁 시대에 항구적인 경쟁력을 가지려고 들어갔습니다. 그리고 두 번째는 나름대로의 사회적인 책임감 이런 것이 없겠습니까? 얘기하자면 이 지구상에 남아 있는 유일한 분단국가의 한 기업인으로서의 소명감이랄까요. 지금 무력 통일이 가능해요? 정치적인 통일이 가능해요? 이런 상황에서 이 길밖에 없다는 생각이 들어서요. 이런 것에도 기여하면서 회사는 실리를 취하면서 명분도 살릴 수 있다는 생각을 합니다.

정 ▶ "앞으로 10년 동안 세계에서 가장 경쟁력이 있는 공단이 될 것이다."라고 하셨는데, 개성공단이 재개된다면 어떤 계획을 가지고 계신가요?

유 ▷ 저는 그런 계획도 있고요. 확신도 가지고 있습니다. 접해보면 다들 한민족의 우수성이 확인됩니다. 작년 8월에 런던 올림픽을 한번 보세요. 남한만 5위를 했고, 북한도 제법 땄습니다. 이걸 합쳤을 때 생각해보세요. 대단히 우수한 잠재력을 가진 민족이 한완상 선생님이 얘기한 대로 관계가 나빠지면 재미를 보는 두 집단 때문에 안타까운 것이죠.

북한 사람들에 대해 남한에서 잘못 알고 있는 지식이 있습니다. 중국은 그래도 타협적인, 영어로 하면 네고시에이블하고, 북한은 막무

가내인 사람들이라고 알고 있거든요. 다들 그렇게 알고 있는데, 정반대입니다. 북한은 급료를 매년 5% 이내에서 인상하는데요. 중국은 매년 타협도 하지 않고, 일방적으로 20%, 30%든 통보하면 끝납니다. 살 사람은 살고, 견딜 사람 견디라는 거죠. 그러니까 야반도주도 하잖아요. 북한은 이만큼 당신들이 돈도 버니까 임금 협상에 성실하게 응해주기 바란다고 공문을 보내옵니다. 그래서 5% 올려주는 겁니다. 남한이 몇 가지 잘못된 인식들을 하고 있어요. 물론 그럴 만한 짓도 했죠. 핵 실험이니 이상한 짓을 했으니까요. 그 배경은 이해가 되지만 실제로 그것밖에 없잖아요. 얼마 전에 책으로 나왔습디다. '북한에 대한 불편한 진실.' 그것을 보면 그 사람들의 심경을 이해할 점도 있더라고요.

정 ▶ 직원 채용은 어떻게 하나요?

유 ▷ 인력 송출 기구가 있습니다. 거기다 의뢰를 하는 거죠. 지금은 인원이 바닥나서 못 받고 있습니다. 그래서 기숙사용 아파트를 짓느냐, 아니면 길이라도 개선을 해서 버스로 먼 데 있는 사람들을 데려오느냐, 지도에 보면 평촌, 금산인가, 30~40킬로미터 뒤에 배후 도시가 있는데요. 개성보다 인구가 더 많습니다. 그런 걸 추진하다가 이런 지경에 이르렀지요.

정 ▶ 개성공단이 원래 계획대로 추진되면 인력 수급 문제가 심각할 텐데요.

유 ▷ 그게 급선무입니다. 개성의 최고 장점은 인력이지 않습니까? 그게 해결이 되어야죠. 여러 가지 방법이 있는데, 제일 쉬운 것은 길 닦아서 버스 몇 대를 늘리는 거고요. 여기 식으로 큰 아파트를 짓는 것 말고, 그 사람들 움막집 같은 거 돈을 어느 정도 지원해줘서 만드는 것이 제일 쉬워요. 유지비도 안 들고, 거기서 먹고 자고. 그리고 그 다음에는 통 큰 서비스를 한다면 10·4 공동선언 때 약속했던 아파트인데, 이명박이 공포증이 있었잖아요. 그런 것을 지어서 문제를 풀어야죠. 중국은 여기저기 기숙사 많이 짓고 있잖아요. 그리고 그 다음에는 유휴 인원을 활용해서 북한의 소득도 올리는 겁니다. 북한의 원부자재를 사용해주자는 것이죠. 식당에서 쓰는 것도 남쪽에서 올라갑니다. 북한에서는 채소를 남새라고 그래요. 그걸 쓰자는 거죠. 도자기 만들면, 고려가 청자의 나라잖아요. 북한의 성균관 대학교에서도 요업과 학생들이 있다고요. 고령토 같은 것부터 해서 거기 원부자재를 쓰고, 경제가 서로 얽혀야 하는 겁니다. 지금은 철저하게 남쪽에서 원부자재를 가져가거든요.

정 ▶ 예전 같으면 서로 뿔 달린 사람처럼 묘사를 했었는데요. 가서 같이 일해보시니까 어떤 생각이 드셨나요?

유 ▷ 똑같습니다. 사고방식이나 이런 것이 똑같아요. 특히 술 한잔하면서 얘기하면 더 느끼죠. 요즘 그런 공동 행사도 못 합니다. 전 정권은 잃어버린 10년이라고 했지만, 잃어버린 5년이라고 할 수 있잖아요. 이명박 정부 때 얼마나 후퇴했어요.

정 ▶ 5·24 조치를 해제하는 것이 필요할 텐데요. 그게 계속 발목을 잡고 있잖아요.

유 ▷ 어제도 그 얘기가 나왔는데요. 이런 얘기까지 해서 복잡하게 할 필요는 없다고 했지만, 언제든지 그건 해제가 되어야 합니다. 북측에만 재발 방지 약속을 받아야 되는 게 아니고, 남쪽도 그런 것을 풀면서 얘기를 양쪽에서 해야죠.

정 ▶ 박근혜 정부는 재발 방지 약속이 구체적으로 이루어지지 않으면 안 된다는 원칙을 가지고 있는 것 같은데요. 재발 방지를 말로 약속한다는 것이 어렵지 않습니까?

유 ▷ 그렇죠. 한다고 하더라도 냉철히 생각해보세요. 남북 관계를 원만하게 유지하는 것이 제일 좋은 해결안이지, 글로 써봐야 군부나 이런 데서 나타나서 방해하면 어쩔 수 없는 거예요. 서로 도우면서 해야죠. 관계가 나빠지면 우리도 손해고, 북한한테도 손해고, 그런 깊은 동포애적인 철학관을 가지고, 신뢰로 돕는 좋은 관계가 되지 않으면 백 번 써봐야 아무 소용이 없습니다.